# 中国农村贫困家庭代际传递研究
## 1978~2012年

周宗社／著

中国财经出版传媒集团
经济科学出版社
Economic Science Press

## 图书在版编目（CIP）数据

中国农村贫困家庭代际传递研究：1978～2012年／周宗社著．—北京：经济科学出版社，2018.4
ISBN 978-7-5141-9287-2

Ⅰ.①中… Ⅱ.①周… Ⅲ.①农村-贫困问题-研究-中国-1978-2012 Ⅳ.①F323.8

中国版本图书馆CIP数据核字（2018）第079577号

责任编辑：杜　鹏　刘　瑾
责任校对：郑淑艳
责任印制：邱　天

### 中国农村贫困家庭代际传递研究：1978～2012年
周宗社　著
经济科学出版社出版、发行　新华书店经销
社址：北京市海淀区阜成路甲28号　邮编：100142
总编部电话：010-88191217　发行部电话：010-88191522
网址：www.esp.com.cn
电子邮件：esp_bj@163.com
天猫网店：经济科学出版社旗舰店
网址：http://jjkxcbs.tmall.com
固安华明印业有限公司印装
710×1000　16开　12.25印张　220000字
2018年4月第1版　2018年4月第1次印刷
ISBN 978-7-5141-9287-2　定价：49.00元
（图书出现印装问题，本社负责调换。电话：010-88191510）
（版权所有　侵权必究　举报电话：010-88191586
电子邮箱：dbts@esp.com.cn）

# 前 言

转型以来，中国一系列的改革取得了举世瞩目的成绩，即经济高速增长、经济总量跃居世界第二、市场体系渐趋健全、人民生活水平不断提高、国家综合实力不断增强等。30多年来的改革绩效为深度治理中国农村贫困问题提供了经济保障、制度保障和市场保障。在治理农村贫困方面，中央政府高度重视，措施得当，农村地区的贫困问题得到了有效治理和极大的缓解，贫困治理绩效赢得了全世界的赞誉，然而贫困治理绩效的巩固还存在一定的脆弱性，部分农村居民返贫的概率较高。并且通过文献资料和调研分析，农村贫困问题正以更复杂的形式出现：第一，贫困的内涵扩大化，贫困不只是经济的贫困，它是经济、社会、文化等因素综合作用的产物。第二，相对贫困与绝对贫困并存，但前者日渐凸显。第三，贫困呈现动态演化特征。因此，治理农村贫困就需要整体设计，以问题为导向，进行精准扶贫、微观扶贫，于是农村贫困家庭代际传递问题研究就成为一项有着特殊内涵的研究课题。目前，我国经济发展已处于新常态，经济增速减缓，面临跨越所谓的"中等收入陷阱"，在这个过程当中，各种社会矛盾将以多种方式迸发和演化，社会稳定和安全存在一定风险，诸如收入差距扩大、就业严峻、环境污染和生态危机、食品安全、粮食安全以及民族矛盾和极端恐怖主义等。如果预警不当、处置不当都将引发危机、波及社会经济可持续发展。为做到防患于未然，深度治理农村贫困，研究有效截断农村贫困家庭代际传递链条是很好的切入点。

本书的主要内容及观点如下：

第1章，导论。本章主要阐述了选题背景、研究目的和意义、研究重点及研究难点，从物质资本、社会资本、人力资本以及其他层面对国内外贫困代际传递研究文献进行了综述，提出了本书研究内容与逻辑结构，明确了本书研究思路与研究方法，并指出了本书可能的创新与不足之处。

第2章，贫困代际传递的理论基础与分析框架。本书的理论基础包括贫困代际传递理论，贫困陷阱理论以及治理理论。贫困代际传递理论涉及的理论主要有要素短缺理论、智力低下理论、贫困文化理论、环境成因理论、素质贫困理论、功能贫困论、社会排斥论、能力贫困论；贫困陷阱理论主要包括贫困恶性循环理论、低水平均衡陷阱理论、临界最小努力理论、循环积累因果关系理论；治理理论主要包括公共治理理论、多中心治理理论、协同治理理论。本书分析的三大理论工具分别是演化经济理论、人力资本理论、社会资本理论。在此基础之上，构建本书分析的三大机制分别是基于演化经济学视角的贫困代际传递演进机制，基于人力资本理论视角的贫困代际传递发生机制，基于社会资本理论视角的贫困代际传递扩散机制。

第3章，中国农村贫困家庭代际传递演进历程与现状。本章在理论分析的基础上，立足于中国1978~2012年的中国农村贫困家庭代际传递的发展历史，从经济史的视角考察了中国在这一历史时期农村贫困家庭代际传递演变历程与现状，将其划分为两个历史阶段：1978~2000年和2001~2012年，并且侧重从经济史的角度，运用演化经济学分析方法对1978~2000年、2001~2012年不同时期中国农村贫困家庭代际传递的历史演进机制进行分析，对我国农村贫困家庭代际传递的现状展开深入探讨和研究，在此基础之上，总结出了1978~2012年中国农村贫困家庭代际传递的五大演进特征：农村贫困家庭代际传递形成的多元性；农村贫困家庭代际传递的互动性；农村贫困家庭代际传递的持续性；农村贫困家庭代际传递的收缩性；农村贫困家庭代际传递的负外部性。

第4章，中国农村贫困家庭代际传递发生与扩散的诱因及机理分析。本章从五个方面展开了分析。一是农村贫困家庭代际传递的负面性分析，从微观、中观和宏观三个层面展开分析：对个人（含家庭）的不利因素分析；农村贫困家庭代际传递对区域的不利因素分析；农村贫困家庭代际传递对社会的不利因素分析。二是从教育投资、在职培训、健康投资、人口迁移、工作经验积累、性别歧视等方面对农村贫困家庭代际传递形成的人力资本诱因展开了分析。三是从社会网络、组织化程度、信任、合作与互惠互利等方面论述了农村贫困家庭代际传递扩散的社会资本诱因分析。四是论述了农村贫困家庭代际传递运行机理与贫困陷阱分析。五是在前文分析的基础上，提出了人力资本水平与贫困家庭代际传递成负相关关系、社会资本能够有效降低贫困代际传递和公共服务水平的提高有助于降低贫困代际传递三个理论命题。

第5章，中国农村贫困家庭代际传递实证分析。本章包括两个部分的内容，第一部分是利用重庆市2012年抽样调查数据构建二元离散模型，实证研究影响家庭贫困的因素；第二部分是利用CHNS数据库，采用对数线性回归方法以及相关性分析方法来研究农村贫困家庭代际影响因素和主要特征。

第6章，中国农村贫困家庭代际传递的治理策略分析。本章在前文研究基础之上，结合当代中国发展的实际，提出了科教兴国、城乡统筹协调发展、传统继承社会融合、区域协调均衡发展以及贫困治理上位升级五大反贫困战略，从物质层面、人力资本层面、社会资本层面以及公共服务层面提出了中国农村贫困家庭代际传递的治理建议。

本书立足于新经济史学派的研究方法，以演化经济学理论、人力资本理论以及社会资本理论作为本书分析的理论工具，从经济史的视角考察了我国1978~2012年中国农村贫困家庭代际传递的演化状况及特征，从人力资本理论的视角分析了农村贫困家庭代际传递的发生机制，从社会资本理论的视角分析了农村贫困家庭代际传递扩散的诱因机制，从静态的角度检验了影响农村家庭贫困的相关因素，从动态的角度实证检验了对农村贫困家庭代际传递的影响因素和主要特征。

本书可能的创新之处体现在以下三个方面：第一，贫困代际传递研究视角的创新。本书把经济史、演化经济学、发展经济学以及社会学的相关理论与农村贫困家庭贫困代际传递的演进机制结合起来进行研究，力图从新的视角研究农村贫困家庭代际传递的演化过程、发生机制以及扩散机制。第二，对贫困代际传递三大机制的理论构建。本书认为贫困代际传递既是经济现象也是社会现象，既是历史发展的动态演进，也是时代变迁的真实映射。构建了贫困代际传递三大运行机制，即贫困代际传递的历史演化机制、贫困代际传递的发生机制以及贫困代际传递的扩散机制，对于深入透析贫困代际传递问题具有学术创新价值。第三，实证计量分析有特色。一是对我国贫困代际传递进行实证检验的成果不多，尤其按照人力资本和社会资本理论构建计量模型和变量指标是本书的一个创新点；二是将实证检验分为静态和动态两步检验，也是本书设计的独创，使检验成立的理论命题依据更加可靠。

本书可能存在的不足之处主要是：中国农村贫困家庭代际传递治理对策存在一定的局限性。中国农村贫困家庭代际传递链条的截断是本书追求的缓贫重大目标，但是反贫困问题尤其是中国农村贫困家庭代际传递链条的截断问题是一个多维的公共治理目标，需要社会方方面面的协调与配合。基于笔者的知识结构和由于对农村贫困家庭现状的调查研究不够，治理贫困代际传递的对策还有空泛、粗疏的缺陷，导致所提出的对策建议存在一定的局限性也在所难免。

作者

2018 年 3 月

# 目录

**第1章 导论 / 1**

    1.1 选题背景、研究目的及意义 / 1

    1.2 研究重点与研究难点 / 5

    1.3 国内外研究现状 / 6

    1.4 研究内容与研究思路 / 16

    1.5 研究方法 / 18

    1.6 可能的创新与不足之处 / 19

**第2章 贫困代际传递的理论基础与分析框架 / 21**

    2.1 核心概念界定 / 21

    2.2 理论基础 / 27

    2.3 本书分析框架 / 53

**第3章 中国农村贫困家庭代际传递演进历程与现状 / 68**

    3.1 农村贫困家庭代际传递演进阶段 / 68

    3.2 农村贫困家庭代际传递演进现状 / 97

    3.3 农村贫困家庭代际传递演进特征 / 107

**第4章 中国农村贫困家庭代际传递发生与扩散的诱因及机理分析 / 111**

    4.1 农村贫困家庭代际传递负面性分析 / 111

    4.2 农村贫困家庭代际传递形成的人力资本诱因分析 / 122

    4.3 农村贫困家庭代际传递扩散的社会资本诱因分析 / 136

    4.4 农村贫困家庭代际传递运行机理与贫困陷阱 / 142

4.5 农村贫困家庭代际传递的主要命题 / 145

## 第5章 中国农村贫困家庭代际传递实证分析 / **147**

5.1 基于截面数据的实证分析 / 147
5.2 基于CHNS数据的实证分析 / 155

## 第6章 中国农村贫困家庭代际传递的治理策略分析 / **160**

6.1 反贫困战略 / 160
6.2 农村贫困家庭代际传递治理对策思考 / 163
6.3 研究展望 / 175

**参考文献** / 177
**致谢** / 186

# 第1章 导　　论

## 1.1　选题背景、研究目的及意义

### 1.1.1　选题背景

新中国成立之初，面对复杂的国际环境和贫穷落后的国内环境，国家采取了偏向工业发展尤其是重工业发展的赶超战略及制度安排，相应采取工农业产品价格"剪刀差"为工业发展提供资金积累。从客观的角度来讲，这是当时历史选择的结果。不过这种选择付出了高额成本和代价，从新中国成立到改革开放这段时期，我国农村还未根除贫困状态，部分年份一些农村地区甚至出现赤贫状态，在这段历史时期，农村贫困家庭代际传递逐渐成为一种常态现象。

中国的改革开放从农村开始，农村改革开放的初始阶段，农业劳动生产力水平得到了前所未有的提高，改革调整后的生产关系适应了生产力的发展，农民生产生活都得到了改善和提高，在这个阶段，城乡差距逐步缩小。自从20世纪80年代中期城市经济体制进行全面改革以来，尤其是进行市场化改革以来，发展差距在城乡之间、地域之间、阶层之间以及阶层内部之间普遍存在且渐趋扩大。但是，不能简单地认为差距是市场经济运行的结果，从而否定市场经济而回到计划经济时代，这是绝对要警醒的。然而市场经济也有自己的缺陷和局限性，即存在"市场失灵"。市场能够有效解决效率问题，但市场本身无法解决公平问题。收入差距扩大是"市场失灵"的重要体现，贫困代际传递是收入差距扩大的结果，贫困代际传递也就是"市场失灵"的必然体现。要防止这种失灵关键之处在于搞好宏观调控，科学地进行政府干预。像贫困问题的治理和消除就需要政府的干预，农村贫困家庭代际传递是贫困问题中的一种，是贫困治理当中最为难以根除的瓶颈和壁垒。

改革开放以来,中央政府高度重视贫困治理问题,为有效消除贫困,中央政府专门成立了治理农村贫困的官方机构(即国务院贫困地区经济开发领导小组①),中央政府的高度重视以及各地方政府开展的艰苦卓绝的扶贫工作,使农村地区的贫困问题得到了有效治理和极大的缓解,中国治理贫困的绩效赢得了全世界的瞩目和赞誉。由于贫困治理的绩效还有一定的脆弱性,部分农村居民返贫的概率仍然存在,陷入贫困的风险极大。可以说,前一个阶段农村贫困治理取得了不少成效,农村大面积贫困现象得以消除,而且还有针对性的进行了各种专项扶贫,如生态扶贫、异地搬迁扶贫、产业化扶贫、科技扶贫、社会扶贫、定点扶贫、以工代赈、整村推进、构建农村社会保障制度和公共服务体系等。这些扶贫行动对改变贫困地区、贫困村面貌无疑发挥着积极作用。但从扶贫的精准性来讲,扶贫瞄准将越来越微观化,要落实扶贫到户、到人头,但由于精准扶贫展开有一个过程,且各地实现不平衡,尤其是当前农村剩余贫困地区中的贫困家庭深陷困境,攻坚难度大,于是一个值得深入研究的课题便浮现出来,这就是农村贫困家庭的代际传递问题。

同时,目前我国经济发展已处于新常态,经济增速减缓,面临跨越所谓的"中等收入陷阱",在这个过程当中,各种社会矛盾将以多种方式迸发和演化,社会稳定和安全存在一定风险,诸如收入差距扩大、就业压力严峻、环境污染和生态危机、食品安全、粮食安全以及民族矛盾、极端恐怖主义等如果预警不当、处置不当都将引发危机、波及社会经济可持续发展。为了有效规避前述矛盾和问题、深度治理农村贫困,研究有效截断农村贫困家庭代际传递链条是很好的切入点。

综上所述,这正是本书选题的缘由所在。

### 1.1.2 研究目的与研究意义

#### 1.1.2.1 研究目的

在全面深化改革的宏观背景下,向贫困开战,实现全面小康社会,让全体贫困者都有尊严地活着,如何破解我国农村贫困家庭代际传递是问题

---

① 该领导小组成立于1986年,是国务院下设的一个部级单位,全面领导、规划制定农村扶贫开发工作及其政策,并且在全国各省(市)自治区、各市(县)设立有日常工作机构:扶贫开发办公室,纳入各级政府组织机构之中。

# 第 1 章 导　论

的关键。本书以 1978～2012 年农村贫困家庭代际传递历史演进为研究对象，立足于我国国情以及经济社会发展状况，紧紧围绕农村贫困家庭代际贫困产生的原因、内在逻辑及运行机制进行分析研究，吸收和借鉴相关学者的观点和理论，厘清家庭贫困与贫困代际传递之间的关系，从贫困家庭代际传递变迁的视角来分析此阶段贫困家庭代际传递的特点与变化。对贫困家庭代际传递进行历史分析、规范与实证研究、定性与定量研究以及归纳研究，对于国家完善贫困治理政策具有现实的参考价值。为此提炼的研究目的主要体现在五个方面。

（1）探讨贫困家庭代际传递运行的内在逻辑及运行机制。只有从贫困代际传递内在逻辑及运行机制上弄清楚来龙去脉，才能有针对性地提出解决方案，治理贫困才有方向性，标本兼治，深度治理贫困。

（2）分析农村家庭贫困与农村家庭代际贫困之间的相关性。贫困代际传递是贫困问题中最棘手的问题，通过深入分析梳理出导致贫困及贫困代际传递的共性因素，才能破解贫困代际传递。因此，非常有必要研究贫困与贫困代际传递之间的相关性。

（3）研究农村贫困家庭代际传递的变迁历程。从经济史、演化经济学的角度对 1978～2012 年农村贫困家庭代际传递变迁进行梳理，分析此阶段农村贫困家庭代际传递的特点，探寻尚已开展的治理贫困家庭代际传递的绩效。

（4）研究农村贫困家庭代际传递的现状，找出农村家庭代际贫困存在的症结，承上启下，为今后的扶贫治理提供一定参考。

（5）实证研究农村贫困家庭代际传递影响因素。利用重庆市 2012 年流动人口动态监测数据以及 CHNS 数据库，选取有关指标，建立相关模型，运用 spss20.0 以及 stata12.0 软件进行回归分析，得出与理论部分机制分析逻辑一致的实证检验结论。

### 1.1.2.2　研究意义

尽管我国于 2010 年在经济总量上达到世界第二，但是我国依旧是最大的发展中国家这一基本国情并没有改变。党和政府非常重视贫困及贫困治理问题，在治理贫困方面，我国政府取得了举世瞩目的成就，为人类社会消除贫困做出了杰出贡献。从新中国成立以来首次实施大规模有组织的《国家"八七"扶贫攻坚计划》（1994～2000 年）到《中国农村扶贫纲要》（2010～2020 年）的推行，无不体现出了中央政府对全体人民利益和生活困难群众的重视和关注。因此，研究农村贫困家庭代际传递具有重要的理论意义和实践意义。

（1）理论意义。中国农村贫困家庭代际传递研究的理论意义主要体现在以下两点：

第一，中国农村贫困家庭代际传递是贫困问题研究的拓展和丰富，对推进发展经济学的理论创新具有明显意义。从贫困理论研究的状况看，农村贫困家庭代际传递在我国研究还处于起步阶段。作为最大的发展中国家，在反贫困方面取得了可喜的成就，但是在贫困治理方面也存在一定的局限性，究其缘由很大部分在于相关理论自身的局限性，不同理论之间相互矛盾的现象也客观存在。随着贫困治理的推进，剩余部分的贫困对象尤其是中、西部特困连片集中地区的农村家庭贫困代际传递这部分群体，如何走出贫困的怪圈、跳出贫困陷阱、截断贫困恶性循环的链条越来越需要在理论上加以探讨和说明。本书结合经济史、区域经济学、发展经济学、产业经济学、社会学、伦理学等有关理论，深入研究与切实把握贫困家庭代际传递内在逻辑与运行机制，丰富和拓展相关学科领域的内容与边界，对相关理论进行整合，有利于丰富和推进经济史和发展经济学的理论创新。

第二，为政府和相关部门治理贫困提供有益的理论启示与政策参考。"三农"问题历来是党和政府高度关心的大问题，而"三农"问题的核心在于农民的增收问题，农民收入上不去，就很容易陷入贫困陷阱。农民的收入问题是农村贫困群体脱贫的"牛鼻子"工程，而农村贫困家庭代际传递治理则是"牛鼻子的牛鼻子"。"跳出贫困陷阱，截断贫困传递链条"是新时期治理贫困理论研究的重中之重。

（2）实践意义。中国农村贫困家庭代际传递研究的实践意义主要体现在以下三点：

第一，有利于转变农业发展方式。当前，"三农"问题面临新情况、新问题，实践已经证明，我国传统的农业发展方式已不再适应农业生产力的发展要求。实现农业的现代化，转变农业发展方式是当务之急。转变农业发展方式不仅能促进农业可持续发展，走产出高效、产品安全、环境友好的现代农业发展道路，而且有利于实现城乡公平发展，为切断农村贫困家庭代际传递提供现实条件。

第二，有利于构建农村贫困地区农民收入增长的内生机制。"三农"

问题的关键在于农民收入可持续提高的内生增长问题。目前,无论是城乡收入差距、地区之间收入差距还是同一群体内部之间的收入差距都比较严重,农村贫困地区的农民还没有很好地分享到改革发展带来的经济红利。并且贫困地区的农民有进一步被社会边缘化的风险。作为社会主义国家,有义务、有责任、有气魄更好地解决好农村贫困问题。而"中国梦"的内涵就包括广大农村地区的贫困家庭永远摆脱绝对贫困,过上全面实现小康社会的幸福生活。农村地区贫困家庭只有走上一条"内生收入"增长的道路,才有可能比较彻底地解决好贫困代际传递的恶性循环。

第三,有利于农村贫困地区人口与经济、人口与社会、人口与资源环境的全面协调可持续发展。农村地区尤其是农村贫困地区,第一产业基本上是主导产业,与传统的农业经济社会并没有什么实质性的差异,由于农业产出水平低下,人口承载力受到不同程度的考验。为避免贫困农村地区进入恶性循环的陷阱,需要统筹考虑人口与社会、人口与经济、人口与资源环境的全面协调可持续发展问题。

## 1.2 研究重点与研究难点

### 1.2.1 研究重点

本书研究重点主要体现在理论研究和实证研究两方面。理论研究主要在于从理论上研究农村贫困家庭代际传递的内在逻辑和运行机制以及历史变迁。从理论上搞清楚了农村贫困家庭代际传递的影响因素,治理农村贫困家庭代际传递就有了针对性和突破口。同时利用动态面板数据对农村贫困地区家庭代际传递进行实证研究,从实证的角度分析影响农村贫困家庭代际传递的因素有哪些,哪些是主要影响因素。

### 1.2.2 研究难点

本书研究难点主要有两个方面:一是实证研究数据的获取存在一定的难度,能够提供研究的数据时效性稍欠缺,但是所用数据能够说明问题;二是农村贫困家庭如何实现家庭收入自生增长能力,从而有效截断贫困代际传递链条,跳出贫困陷阱无论从理论诠释和政策工具上都还待深入的研究。

## 1.3 国内外研究现状

贫困代际传递理论最先是英、美等国的一些经济学家、社会学家尤其对经济社会中存在的贫困问题进行的跨代研究，尤其对发展中国家和部分发达国家的社会最底层进行长期研究得出的研究结果。从实践上看，贫困代际传递研究理论对西方反贫困理论研究和政府反贫困战略的制定与落实都起到了应有的影响；西方贫困代际传递理论对于我国的贫困研究与治理也具有一定的参考和借鉴作用。

### 1.3.1 国外贫困代际传递研究

#### 1.3.1.1 物质资本层面与贫困代际传递

贝克尔（Becker, 1979）和托姆斯（Tomas, 1986）在人力资本研究中指出，父辈的经济情况尤其是收入情况决定了其子辈人力资本投资数额的多寡。父辈收入水平高，对子辈人力资本投资的能力就高，父辈收入水平偏低，对子辈人力资本投资的能力相对低下。从而父辈的收入将影响孩子的受教育程度以及成年时的工资收入，因此，贫富关系可能会在代际间形成一种传递机制。他们利用父辈与子辈两代人的平均收入从经济理论和模型构建的层面分析研究代际传递，得出的结论是：父母的收入水平通过决定子女的人力资本水平来影响子女的收入水平。因此，贫穷的父母可能因为对子女的人力投资较少使得子女收入水平过低而继续贫困。

#### 1.3.1.2 社会资本层面与贫困代际传递

美国社会学家布劳（P. M. Blau, 1964）和邓肯（O. D. Duncan, 1964）在研究一个人取得成功的原因时认为，一个人的成功不是一种偶然现象，而是多方面因素综合作用的必然现象。个人禀赋的高低、个人勤奋的程度、个人家庭的底蕴以及个人所在行业的状况都会对一个人的成就发生影响。他们在研究社会公平问题时发现，父辈所遭遇的社会不公平现象有可能部分或者是全部被子辈所复制。为了准确测量这种代际传递的过程和传递的程度，他们构建了一个地位实现模型，该模型把父辈的受教育程度和职业地位作为主要解释变量，研究发现父辈的受教育程度以及职业地位与子辈的贫困成负相关关系，也就是说父辈受教育程度越低、职业社会地位越低，其子辈发生贫困的概率就越高，很容易发生贫困代

## 第1章 导 论

际传递。

社会学家从封闭型社会以及开放型社会的角度研究了代际传递现象。在封闭型社会中,绝大多数社会成员的社会地位是由阶级出身以及家庭背景所决定的,在封闭社会中,子辈主要继承了父辈的阶级位置。在封闭社会中,贫困家庭的父辈所拥有的阶级地位低下、所拥有的社会关系网络稀缺,处于非常不公平的社会地位,其子女难以通过自身的努力和付出获取较高的社会地位,从而达到改变与父辈不同的阶级地位,因此,往往和父辈一样处于贫困的状态,也就是说在封闭型社会中,穷二代的发生几乎是一种社会必然。在开放型社会中,贫困家庭的子女通过社会的引导、政府的帮助、社会公益组织的援助,有可能跳出父辈的贫困陷阱;在开放型社会中,社会相对成熟、完善,公平思想、公平行为成为社会的主流思想和主流行为,那么,贫困家庭的子女往往可以通过自身的奋斗和打拼获取社会成功的可能性较高。概括地讲,就是在封闭型社会中穷二代几乎是一种必然现象,在开放型社会中父辈的贫困只是子辈贫困的一个必要条件而不是充分条件。

斯切勒(Schiller,1989)从民族、性别以及经济阶层的角度研究了贫困代际。少数民族、女性以及经济收入处于底层的人,在人生的成长过程之中与其他人相比不能够接受良好的教育,在步入社会以后由于缺乏一定的社会资本与其他人相比缺少获得较高收入的概率,良好教育的缺乏以及缺乏进入社会之后获取较高收入的机会限制了其在社会结构中向上流动的可能性,较容易成为贫困阶层,容易发生贫困代际。

兰克(Rank,1994)从"结构弱式"的观点来研究贫困代际传递。父辈的社会地位偏低,导致其拥有的社会资本偏低,从而导致获取的经济价值的机会下降,从而导致经济上处于不利境遇。父辈的弱势社会地位会影响到子辈获取较高社会地位的机会和资源,从而在某种程度上导致子辈与父辈一样同样处于弱势的社会地位。在美国,性别歧视以及种族歧视的客观存在,导致美国社会中女性群体及黑人群体出现较高的贫困发生率,而且子辈比较容易复制父辈的贫困。

国际持续性贫困研究中心(CPRC,2001)从社会资本的维度研究贫困家庭代际传递颇具代表性。该中心研究了父辈经济状况会通过父辈所在的社会关系网络对子辈产生影响,研究认为父辈经济状况通过他们所在的社会关系网络发生代际传递,父辈经济状况好的家庭拥有良好的社会关系网络，其子辈从父辈社会关系网络那里能够获取更多的社会资源以及获取较高报酬的工作机会，其子辈往往比较富裕。相反，父辈贫困的家庭其社会关系网络比较稀缺，导致子辈难以拥有具有一定经济价值的社会关系网络，其结果子辈往往处于贫困状态。

### 1.3.1.3 人力资本层面与贫困代际传递

美国人类学家奥斯卡·刘易斯（Oscar Lewis，1959）从贫困文化的维度研究了贫困及贫困代际传递问题。奥斯卡·刘易斯把贫困文化作为贫困产生的主要解释变量，他认为贫困具有一种惯性的力量，在惯性力量的作用下，贫困是贫困者本身自我维系的文化体系。在社会生活中，贫困者与社会主流群体在社会层面、文化层面以及生活层面是彼此分割的。贫困生活的长期性和持续性，使得贫困者在无意之中形成了一套偏离社会主流的文化系统、行为规范系统以及价值取向系统。贫困文化是偏离社会主流文化的亚文化。贫困文化很容易对贫困者产生消极的影响，具有较强的负外部性影响，在这种文化的影响下，勤奋、努力可能被看成一种徒劳，听天由命、顺其自然被看作一种理性选择。贫困文化一旦形成，就会对贫困群体及贫困群体周围的人产生影响，贫困文化使生活在其中的个人及群体慢慢偏离社会生活的主流，其中贫困文化影响最大的是对贫困者子辈的影响，子辈在有意和无意之中复制和模仿了父辈的亚行为、亚思想、亚价值取向，很容易发生贫困家庭代际传递。[①]

在美国学者哈灵顿（Harrington，1962）看来，贫困者既是一种文化、一种制度也是一种生活方式，贫困一旦成为既定事实几乎无法改变，同时贫困本身具有代际传递的规律，这种规律类似于物理学中所讲的惯性，在贫困的初始条件没有发生改变的前提下，贫困将会保持一定的惯性使得贫困一代传给下一代。出生在贫困家庭的子女如果不借助社会力量、政府的干预以及公益性组织的援助，则其很难摆脱类似于父辈的苦难和艰辛，贫困代际发生几乎是一种必然。

美国著名社会学家布迪厄（Bourdieu，1990）在教育再生产理论中比较详细地阐释了贫困代际传递。他认为教育本身是被看作向社会上层流动的较为公平而合理的一种手段，但是他认为：首先，在教育通过考试发挥

---

① 奥斯卡·刘易斯. 五个家庭：墨西哥贫穷文化案例研究 [M]. 纽约：纽约出版社，1959：9–25.

它的淘汰作用之前，很多人就已经由于受到各种排斥而被自我淘汰了。例如，由于家庭压力而主动或被动放弃进一步学习的机会。其次，各个学校不同等级和社会地位以及各个专业不同等级和地位都会转化为社会的不平，家境贫寒的子女中的优秀分子固然可以通过艰苦得多的努力以"幸存者"的身份从高中升入大学，但他们却更多被"放逐"到"二流学校"或"二流专业"从而成为一种"延迟淘汰"群体。待他们毕业走向就业之时，在学校里所受的教育及其学校和专业的等级体系及地位，决定其在经济社会等级中的地位，这也关系到他们所形成的阶级惯习以及所能掌握到的文化和社会资本。

麦克拉罕（Mclanhan，1989）从人力资本方面研究了贫困及贫困代际发生的问题。贫困家庭未成年子女人力资本水平低下的原因在于他（她）们为了减轻家庭负担而直接参与劳动生产，有的则是为了照顾年幼的弟弟、妹妹选择了放弃学业而退学、辍学。由于没有完成相应的学业，他（她）们的教育文化水平低下，教育文化的低下，导致人力资本水平偏低，低下的人力资本水平无法在劳动力市场上胜出，往往从事劳动报酬偏低的工作，低报酬的工作岗位往往更容易降低相应的健康水平，这样反过来进一步降低了相应的人力资本水平。另外，贫困家庭的子女由于家庭的贫困以及所从事的职业使得他（她）们在婚姻市场上也处于弱势的地位，婚配对象的情况更多的与之类似有的状况甚至更低，婚配的结果，就是弱势力量的互相叠加，导致家庭更加容易陷入贫困。

理查德·赫伦斯坦（Richard Herronstan，1973）从智商的角度对贫困群体和非贫困群体进行了统计对比分析研究，研究认为贫困人群的智商整体上低于非贫困人群的智商，智商低下的人无论是学习能力、理解能力、表达能力、交际能力还是适应能力都处于较低的水平，从而智商低下的人其人力资本水平难以有效提高，人力资本水平的低下，导致其在激烈竞争的就业市场上处于劣势，由于人力资本水平的低下，其独立创业获取成功的概率也是低下的。从而理查德·赫伦斯把智商低下作为贫困成因的解释变量，而智商低下的人与智商较高的人结婚的可能性偏低，因此，从竞争的角度而言，智商偏低的人只能够与比自己智商更低的人结婚，从生物学中的进化理论可以知道，在基因没有产生变异的前提下，智商偏低家庭出生的子女智商往往也是偏低的，子辈的低智商无法形成有效的人力资本，导致就业能力低下，从而父辈的贫困在子辈身上同样存在，于是出现贫困代际传递。

国际持续性贫困研究中心（2001）从人力资本投资的角度对贫困代际传递研究做出了较好的解释。该中心主要从健康投资、教育投资以及职业技能培训三个方面开展了贫困代际研究。贫困家庭由于物质资本的匮乏没有能力支付具有较高回报率的医疗、保健投资，导致贫困家庭的整体健康状况水平低下，健康状况处于脆弱的境遇，脆弱的身体状况，使得他们劳动能力下降，劳动生产率降低，无法获取更多来自于劳动的收入。贫困家庭由于物质资本的匮乏没有能力拿出相应的资金进行教育投资以及职业技能培训，导致人力资本存量偏低、人力资本增量无法形成，使得贫困者在就业市场中往往处于边缘化的境遇，大多只能在回报率低下的非正规部门就业，因此，贫困家庭容易陷入贫困代际传递陷阱。

诺贝尔经济学奖得主、美国著名经济学家舒尔茨（Schultz，1979）创立人力资本理论。人力资本理论认为，造成贫困的主要根源之一在于穷人在人力资本投资方面的不足。对于微观家庭而言，贫困父辈对子辈在教育投资、健康投资、培训投资、迁移投资等方面的投资不足是导致子辈无法跳出贫困陷阱的主要解释变量。而父母之所以对子女教育等方面的投资不足，往往就是因为生活贫困，父母收入低下，同时又需要为工作和家庭收入担心，从而分散了家长投入在孩子身上的精力和资本，进而产生贫困的代际传递。

#### 1.3.1.4 其他层面与贫困代际传递

达伦多夫（Dalunduof，1979）从选择的不平等、机会的不平等方面研究了贫困家庭代际传递问题。在达伦多夫看来，在现实生活中，微观个体的选择与机会天然就是不平等的，微观个体选择的能力和机会的大小主要受制于微观个体在出生的时候所处的社会阶级以及社会关系。如果子辈出生在贫困家庭，则其在弱式社会结构环境里面，其成长过程中的选择能力和发展机会处于十分弱势的境遇。因此，当贫困的子辈在长大成人之后比较容易陷入家庭危机，例如，婚姻的中断成为单亲家庭等的可能性较大，家庭危机的出现比较容易陷入贫困的境遇，从而贫困家庭代际传递就比较容易发生。

朗特里（Rowntree，1901）以英国的某个具有代表性的镇（约克）作为案例开展了贫困研究。朗特里在贫困研究中发现，对于生命周期而言，在生命周期的不同阶段发生贫困的可能性是不相同的，在儿童时期、父母阶段、老年时期比较容易发生贫穷。在儿童阶段，儿童基本上是纯粹的消费者，儿童本身很难通过自己的劳动获取相应的收入，生活消费及求学等基本上依靠家庭或社会，部分儿童即或是能够通过劳动获得收入，但是获得的收入相当有限，因此，在儿童阶段容易出现贫困，儿童阶段出现贫困后，贫困儿童获取较高人力资本水平的能力下降，未来获取较高收入的概率降低，儿童阶段的贫困比较容易导致贫困代际传递；在父母阶段，家庭支出压力增加，用于家庭储蓄和财富积累的水平下降，这个阶段如果稍有不慎家庭就有可能陷入贫困，家庭陷入贫困就会导致对子女人力资本方面的投资下降，从而容易导致贫困代际传递；在老年生活阶段，绝大多数老年人丧失了相应的劳动生产能力，无法获取相应的劳动生产所带来的物质报酬，老年阶段老年人生活主要依靠工作时期所获取的劳动剩余也就是储蓄，如果工作时期所积累的储蓄不足，则老年时期比较容易陷入贫困。相比之下，儿童阶段和父母阶段的贫困则容易诱发贫困代际传递。

　　诺贝尔经济学奖得主、瑞典著名经济学家、瑞典学派代表人物纲纳·缪达尔（Myrdal K. G., 1974）等人认为贫困具有自我延续的特性，在他们看来贫困者处于贫困的时间越久，贫困者越不容易脱离贫困。贫困导致生活质量下降，贫困时间越久，贫困者的生活质量长期得不到改善，生活质量长期得不到改善则很容易诱致健康人力资本下降；贫困时间越久，贫困者用于人力资本投资的能力越差，人力资本水平将会下降；贫困时间越长，贫困者很容易自暴自弃，习惯于贫困，在贫困面前消极被动，这种状况进一步促进了贫困者的贫困。因此，如不打破环境的约束，贫困代际传递就会发生，贫困家庭的福利将会受损。

　　戴维兰德斯（Davidlanders, 2007）在研究贫困以及贫困代际传递时，把资本、资源以及科学技术作为主要的解释变量，认为资本短缺、资源不足以及科学技术落后是贫困发生的主要解释变量也是贫困代际发生的主要解释变量。在此基础之上，衍生出了土地稀缺、劳动力缺失以及资金短缺等导致贫困和贫困代际传递。

　　卡伦·穆尔（Karen Moore, 2001）关于贫困代际传递成因研究比较全面。卡伦·穆尔的研究可以概括为三个层面：一是自然资源丰裕与否、生存环境的好坏与否、地理位置的远近与否、基础设施便捷与否综合作用都会对贫困家庭代际传递的发生产生影响；二是父辈的人力资本水平、父辈对待教育的态度、父辈的职业状况与子辈的人力资本水平、职业状况具有较高的关联性；三是父辈的经济状况、税费负担、债务遗留等经济因素会对子辈的家庭造成影响，如果父辈贫困、税负过重以及子辈偿还父辈遗留的债务，则子辈比较容易陷入贫困，贫困代际传递就容易发生。与此同时卡伦·穆尔（2001）在研究贫困代际传递时发现，贫困者政治地位的不平等、贫困的亚文化以及弱势的社会结构也是贫困代际发生的主要解释变量。

### 1.3.2 国内相关内容研究

#### 1.3.2.1 经济学层面的贫困代际传递

沈红（2000）从土地以及非土地资产两个方面研究了农村贫困家庭代际传递。在没有外部力量冲击的情况下，子女结婚之后都会或早或晚要与父辈分家分产，每一次分家将会导致先前与父辈一起的家庭土地及非土地资产趋于分散化，对于农村贫困家庭而言，每一次的分家分产既是新一代农户家庭的出现，也是新贫困周期的开始。①

谢勇②（2006）从父辈的收入状况来研究贫困代际传递。不同家庭父辈之间初始的收入差异会导致不同家庭子辈之间的人力资本差异，而不同子辈之间的人力资本差异将导致子女之间形成新一轮的收入差异及差距，从而收入不平等在代际间得以动态化和长期化，于是贫困家庭代际传递得以发生。

尹海洁和关士续③（2004）采用样本调查数据对贫困代际进行了分析研究。在生命周期中，青年贫困者、中年贫困者与其父辈的文化程度相似性很高，子辈贫困者的父辈文化教育程度显著偏低，代际之间贫困的同质性也相似，贫困代际家庭父辈与子辈的职业相似度高达86%以上。

谢勇和李放（2008）④以南京市贫困群体为研究对象通过实证研究发现：贫困家庭中父母和子女的受教育水平之间具有明显的传递性，两者呈显著的正相关关系，就业状态存在显著关系。

---

① 沈红. 中国贫困研究的社会学评述 [J]. 社会学研究, 2000 (2): 91 - 103.
② 谢勇. 人力资本投资的收入弹性研究 [J]. 中国经济问题, 2006 (3): 66 - 70.
③ 尹海洁, 关士续. 城市贫困人口贫困状况的代际比较研究 [J]. 统计研究, 2004 (8): 45 - 49.
④ 谢勇, 李放. 贫困代际间传递的实证研究——以南京市为例 [J]. 贵州财经大学学报, 2008 (1): 94 - 97.

第 1 章 导　论

　　李昕（2011）在《我国农村贫困代际传递的机制分析》中分析了人力资本对贫困代际传递中的影响。教育投资不足、健康投资不足、思想落后与落后的惯例习俗是造成贫困家庭代际传递发生的主要诱因。[①]

　　朱玲（2008）从生命起点关口前移的视野研究了贫困代际传递发生问题。只有儿童有一个良好的生命起点，才能够有效规避贫困家庭代际传递的发生，国家反贫困需要从产前照料开始，这是将阻止贫困代际传递关口前移的最有代表性的文献之一。朱玲认为由于诸多因素，我国的社会公共服务相对欠缺，城乡差距显著，导致数量庞大的缺陷婴儿诞生。从"产前照料"开始能够有效规避因出生缺陷而导致的贫困代际传递。[②]

　　陈全功、程蹊（2007）从教育程度方面进行了农村贫困家庭代际传递研究。他们运用来自 14 个不同省份的 609 户农村家庭调查数据进行回归分析，回归分析的结果表明文化程度为大专的贫困家庭子女是贫困家庭代际断裂的分界点，回归结果显示子女文化程度越高，子女本身比较容易摆脱贫困，其下一代发生贫困的比例显著偏低。[③]

　　王爱君、肖晓荣[④]等（2009）从微观家庭内部原因以及家庭外部运行机制的角度研究了贫困代际发生的成因。在这里，只对家庭内部因子导致贫困代际发生做出分析。父母的教育程度与子女的教育程度呈现一定的相关性；父母是否受过教育反映了他们的财富状况，通常受过教育的父母比其他人拥有更多的财富，他们更加倾向于让自己的孩子接受更高的教育，通常不会让自己的子女中途退学、辍学而过早的进入劳动力市场，属于这种类型的家庭，其发生贫困代际的概率偏低；并且认为在营养方面，提高妇女在营养和健康方面的水平可以在一定程度上遏制贫困的传递。

#### 1.3.2.2　社会学层面的贫困代际传递

　　孙莹（2004）以北京、兰州等城市低保家庭为研究对象，从社会学的层面对贫困家庭代际传递进行了研究。研究表明城市中的贫困家庭子辈在资金储蓄相对于普通家庭而言处于劣势地位，贫困家庭社会关系网络的稀

---

① 李昕. 我国农村贫困代际传递的机制分析 [J]. 郑州轻工业学院学报, 2011, 12 (1): 66 - 71.
② 朱玲. 在生命的起点阻止贫穷的代际传递 [J]. 中国人口科学, 2008 (1): 30 - 36.
③ 陈全功, 程蹊. 子女教育与家庭贫困的代际变动 [J]. 西北人口, 2005 (5): 36 - 38.
④ 王爱君, 肖晓荣. 家庭贫困与增长：基于代际传递的视角 [J]. 中南财经政法大学学报, 2009 (4): 24 - 29.

缺以及生活就业机会的匮乏，整个社会就业压力的加大，城市贫困家庭的子辈陷入贫困的概率偏高。①

姚先国等（2006）分别从城市家庭、农村家庭代际收入传递路径对贫困代际传递做出了对比研究，结果显示农村贫困家庭社会关系网络的缺失与代际收入的传递相关性较大，父辈社会关系网络的缺失容易导致子辈与贫困的父辈一样难以获取较高的收入，子辈复制了父辈的贫困。②

李昕（2011）在《我国农村贫困代际传递的机制分析》中分析了社会资本对贫困代际传递中的影响。社会资本中的社会政治资本的缺失，社会网络关系不佳也会造成贫困在代际之间的传递。③

张爽、陆铭、章元④（2007）在《社会资本的作用随市场化进程减弱还是加强？——来自中国农村贫困的实证研究》一文中通过理论假说、实证检验发现，社会网络和公共信任能显著地减少贫困及贫困代际传递，而且在社区层面的作用尤其明显；社会越成熟，市场化程度越高，社会资本减少贫困家庭代际传递的作用会下降。

### 1.3.2.3 综合层面的贫困代际传递

有学者还重点从环境、制度、文化、贫困家庭与贫困者个人等方面分析研究贫困代际传递的根源，侧重分析研究家庭贫困代际传递发生的诱因。父辈受教育情况、性别差异、其他人力资本状况、外部的文化、机会和政策背景等因素都是贫困代际发生的主要解释变量（王爱君、肖晓荣，2009；陈文江、杨延娜，2010）。⑤⑥

王瑾（2008）在《破解中国贫困代际传递的路径探析》一文中结合个人与社会、历史与现实、客观与主观三个方面研究了导致中国贫困家庭代

---

① 孙莹. 中国城市贫困家庭第二代就业问题研究 [M]. 青年就业问题与对策研究报告——中国青少年研究会优秀论文集，2004.

② 姚先国，赵丽秋. 中国代际收入流动与传递路径研究：1989～2000 [J]. 浙江大学经济学院工作论文，2006.

③ 李昕. 我国农村贫困代际传递的机制分析 [J]. 郑州轻工业学院学报，2011（1）：66 - 71.

④ 张爽，陆铭，章元. 社会资本的作用随市场化进程减弱还是加强？——来自中国农村贫困的实证研究 [J]. 经济学季刊，2007（1）：539 - 560.

⑤ 王爱君，肖晓荣. 家庭贫困与增长：基于代际传递的视角 [J]. 中南财经政法大学学报，2009（4）：24 - 29.

⑥ 陈文江，杨延娜. 西部农村地区贫困代际传递的社会学研究——以甘肃 M 县四个村为例 [J]. 甘肃社会科学，2010（4）：18 - 23.

际传递的致因。恶劣的自然条件、观念落后及保守、素质低下、疾病、年老和残疾等都是贫困代际传递的影响因素。[①]

熊兰瑛[②]（2005）以四川农村地区贫困家庭为例研究认为导致贫困代际传递的内生原因在于疾病、懒惰、家庭破裂、养育的子女太多以及不良嗜好；而医疗保障体系的不完善、免费基础教育的不足以及农村职业技术教育的不足则是农村贫困家庭代际传递发生的外部因素。

### 1.3.3 研究文献简评

自20世纪60年代以来，国内外相关领域的专家学者分别从经济学、社会学、心理学等领域开展了贫困代际传递研究，对贫困代际传递的特点、缘由及解决方式等都做了很好的研究。其中，有很多贫困代际传递研究成果具有较高的理论和实践价值，对发展中国家的贫困代际传递治理具有较强的指导性。下面从三个层面对已有文献进行简评。

第一，已有文献在贫困代际传递方面取得的丰硕成果，是本书理论基础的重要组成部分。在已有文献中，大多数文献主要是分别从物质资本、社会资本、人力资本的视角对贫困代际传递进行理论研究；有的文献是从每个人生活中的选择和机会天生就是不平等的维度进行了贫困代际传递研究；有的文献是从婚姻的中断、单亲家庭以及贫困自我延续或恶性循环的视角对贫困代际传递展开的研究，而将上述三种视角综合起来研究贫困代际传递的成果尚不多见。

第二，已有贫困代际传递文献在研究方法上取得了新的进展以及扩展。不少文献把计量研究方法引入贫困代际传递中来开展研究，规范研究与实证研究相结合的研究范式优于以往偏重于规范研究的范式，使得研究结论更具有说服力。

第三，从目前梳理研究文献看，采用经济史的研究方法和演化经济学的理论相结合研究贫困代际传递的文献尚显不足。其一，不少贫困代际传递研究文献较少从经济史的视角来研究贫困代际传递的特征及过程；其二，把演化经济学理论与贫困代际传递结合起来研究的文献稀缺。

---

① 王瑾. 破解中国贫困代际传递的路径探析 [J]. 社会主义研究，2008（1）：119-122.
② 熊兰瑛. 四川农村地区贫困的代际转移程度及原因研究 [D]. 西南交通大学硕士学位论文，2005.

## 1.4 研究内容与研究思路

### 1.4.1 研究内容

第1章，导论。本章主要阐述了中国农村贫困家庭代际传递研究的选题背景、研究目的、研究意义、国内外研究综述、研究内容与结构、研究思路与方法以及可能的创新与不足之处。

第2章，贫困代际传递的理论基础与分析框架。本章主要包括三个方面的内容。第一，基本概念界定；第二，理论基础：贫困理论概述，贫困代际传递理论概述，贫困陷阱理论；第三，本书分析框架，构成本书三大理论工具分别是：演化经济理论、人力资本理论、社会资本理论，以及建立在此基础上的贫困代际传递演进、发生与扩散三大机制的全文分析框架。

第3章，中国农村贫困家庭代际传递演变历程与现状。本章侧重从经济史的角度，采用演化经济学分析方法对1978~2000年、2001~2011年不同时期中国农村贫困家庭代际传递的历史演进机制进行分析。本章第二部分内容对我国农村贫困家庭代际传递的现状展开深入探讨和研究。在前述研究的基础之上，总结出了农村贫困家庭代际传递的五大特点。

第4章，中国农村贫困家庭代际传递发生与扩散的诱因及机理分析。本章运用人力资本理论和社会资本理论对贫困家庭代际传递诱因机制和扩散机制展开分析。其内容包括四个方面：首先，分析农村贫困家庭代际传递对贫困者个体、家庭、社会的负面性因素分析，本章从微观因素、中观因素和宏观因素来分析贫困家庭代际传递所产生的不利影响；其次，分析贫困家庭代际传递产生的诱因；再次，分析农村贫困家庭代际传递扩散机制及其贫困陷阱，最后，在分析总结提炼的基础之上归纳出三个理论命题。

第5章，中国农村贫困家庭代际传递实证分析。本章包括两个部分的内容。第一部分是利用重庆市2012年抽样调查数据构建二元离散模型实证研究影响农村家庭贫困的因素；第二部分利用CHNS数据库，采用对数线性回归分析计量模型，实证研究中国农村贫困家庭代际收入的流动性，通过代际之间物质资本、人力资本、社会资本以及公共服务的相关性研究以此探讨农村贫困家庭代际传递的影响因素和主要特征。

第6章，中国农村贫困家庭代际传递的治理策略分析。本章的内容包括三个方面：第一方面论述了治理农村贫困家庭代际传递反贫困战略；第二方面则是根据前文研究结果，提出破解中国农村贫困家庭代际传递政策建议；第三方面是对本书研究的展望。

### 1.4.2 研究思路及逻辑结构

#### 1.4.2.1 研究思路

本书的研究思路是：文献梳理—理论构建—历史经验分析—实证检验—治理分析。

第一，本书通过文献检索，对国际国内关于贫困代际传递的经典文献进行梳理，通过文献梳理，从整体上对贫困代际传递研究现状、特点、方法及存在的不足进行把握，文献梳理是本书关于中国农村贫困代际传递研究的起点和基础。

第二，本书构建了基于演化经济学视角的贫困代际传递演进机制、基于人力资本理论视角的贫困代际传递形成机制与基于社会资本理论视角的贫困代际传递扩散机制的分析框架。本书围绕构建的框架展开研究和写作。首先，基于演化经济学的视角分析了中国农村贫困家庭代际传递演化历史过程和现状；其次，本书针对中国农村贫困家庭代际传递诱因机制与扩散机制展开分析和研究，在此基础之上本书提出了三个基本假设。

第三，本书运用调研数据，通过计量模型构建，对相关的理论和假说进行应用和实证检验。本书采用2012年重庆市的调研数据和CHNS数据分别对农村家庭贫困的影响因素和农村贫困家庭代际传递影响因素和主要特征进行了实证检验。

第四，针对本书中的实证检验，总结出了影响农村家庭贫困的相关因素和中国农村贫困家庭代际传递的有关结论。在此基础之上，本书基于世情、国情提出了相应的制度安排，为切实截断我国农村贫困家庭代际传递链条，使贫困家庭代际传递发生的概率最小化提供政策参考。农村贫困家庭代际传递研究与治理是一个系统工程，政策目标的实现需要多方面协同，限于知识结构和社会多部门实践经验的欠缺，实事求是地总结了本书中尚存在的不足，并对后继研究进行了展望。

#### 1.4.2.2 逻辑结构

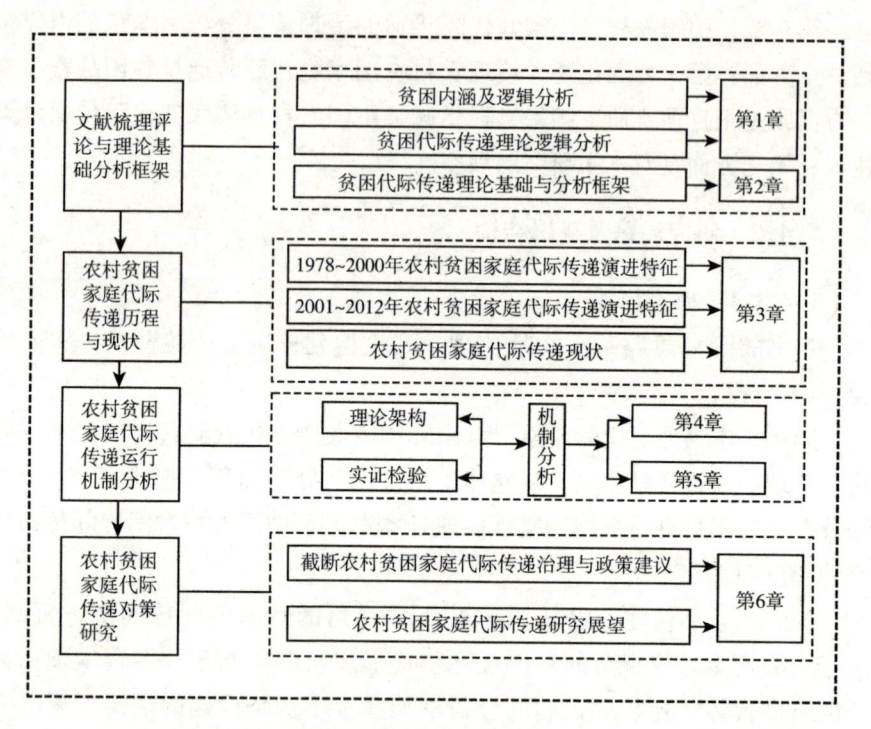

图 1-1 本书逻辑结构

## 1.5 研究方法

本书立足于中国国情，在文献梳理的基础之上，本书采用历史分析、实证分析与规范分析相结合、定性分析与定量分析相结合以及归纳分析的研究方法，对中国农村贫困家庭代际传递进行了较为深入的研究。

（1）采用历史分析方法对中国农村贫困家庭代际传递进行研究。本书立足中国国情，与国家全面反贫困的战略历程相一致，对中国农村贫困家庭代际传递研究时间界定在 1978~2012 年这段历史时期内，本书把农村贫困代际传递划分为两个大的历史阶段，其中把第一个农村贫困家庭代际传递历史阶段又细分为三个小的历史阶段，对每个农村贫困家庭代际传递的历史阶段从宏观经济状况、农村居民收入支出状况以及农村贫困家庭代际传递的内容开展了较为详细的历史描述。

（2）采用实证分析与规范分析相结合的分析方法对中国农村贫困家庭

代际传递展开研究。首先，本书在文献梳理的基础上，采用了演化经济学的理论探讨了中国农村贫困家庭代际传递的历史演进阶段、现状。其次，从人力资本理论、社会资本理论的视角展开了对中国农村贫困家庭代际传递形成机制、扩散机制以及农村贫困家庭代际传递的人力资本、社会资本诱因进行了理论与实证研究。最后，基于前文理论研究与实证检验，立足中国国情，文章提出了新时期中国农村贫困家庭代际传递的治理与破解农村贫困家庭代际传递的相关对策思考。

（3）采用定性分析和定量分析相结合的分析方法对中国农村贫困家庭代际传递进行研究。本书在农村贫困家庭代际传递发生的演化机制、形成机制以及扩散机制的研究中，一方面从演化经济学、人力资本和社会资本的维度对贫困代际传递问题进行了研究；另一方面利用调查样本数据和CHNS数据库，采用了统计描述和计量分析的研究工具对相关理论分析结果进行了实证研究。定性分析与定量分析相结合的分析方法既有助于对农村贫困家庭代际传递问题的了解，又能够确保研究结果的客观性，这为农村贫困家庭代际传递的治理提供了客观的依据。

（4）采用归纳分析方法对中国农村贫困家庭代际传递进行研究。在研究过程中对演化经济学、人力资本理论以及社会资本理论与农村贫困家庭代际传递之间的关系进行了提炼和归纳，在分析过程中对农村贫困家庭代际传递演进的特征进行了归纳，对农村贫困家庭代际传递形成的人力资本诱因进行了比较全面的归纳，对农村贫困家庭代际传递扩散的社会资本诱因进行了相对全面的归纳。归纳分析方法的运用有助于全面深入对农村贫困家庭代际传递问题的认识和把握，并且有助于制定破解农村贫困家庭代际传递链条提供一定程度的理论支持。

## 1.6 可能的创新与不足之处

### 1.6.1 本书可能的创新之处

本书可能的创新之处主要体现在以下三个方面：

第一，贫困代际传递研究视角的创新。本书把经济史、演化经济学、发展经济学以及社会学的相关理论与农村贫困家庭贫困代际传递的运行机制结合起来进行研究，力图从新的视角探析农村贫困家庭代际传递的演化过程、发生机制以及扩散机制。演化经济学理论的引入丰富了贫困代际传递研究的新内涵。

第二，对贫困代际传递三大机理的理论构建。本书认为贫困代际传递既是经济现象也是社会现象，既是历史发展的动态演进，也是时代变迁的真实映射。本书研究注重经济史学、发展经济学与社会学研究方法相结合。在此基础之上构建了贫困代际传递三大运行机理，即贫困代际传递的历史演化机理、贫困代际传递的形成机理及贫困代际传递的扩散机理，对于深入透析贫困代际传递问题具有学术创新价值。

第三，实证计量分析有特色。一是对我国贫困代际传递进行实证检验的成果不多，尤其按照人力资本和社会资本理论构建计量模型和变量指标是本书的一个创新点；二是将实证检验分为静态和动态两步检验，也是本书设计的独创，使检验成立的理论命题依据更加可靠。

### 1.6.2　本书的不足之处

本书可能存在的不足之处主要有：中国农村贫困家庭代际传递治理对策存在一定的局限性。中国农村贫困家庭代际传递链条的截断是本书追求的缓贫重大目标，但是反贫困问题尤其是中国农村贫困家庭代际传递链条的截断问题是一个多维的公共目标，需要社会方方面面的协调与配合。基于笔者的知识结构和由于对农村贫困家庭现状的调查研究不够，治理贫困代际传递的对策还有空泛、粗疏的缺陷，缺乏可操作性，导致所提出的对策建议存在一定的局限性也在所难免。

# 第 2 章 贫困代际传递的理论基础与分析框架

贫困代际传递既是一种经济现象也是一种社会现象，在一定范围内更是一种经济与社会复合的现象。贫困代际传递的产生、形成，有其微观因素、中观因素和宏观因素。人具有自然属性和社会属性，是社会关系的总和。自然属性使得人和动物一样有遗传、变异及基因突变的性质；社会属性使得人与动物区别开来，处于社会关系之中，具有了各种社会规定性。为了比较全面地研究中国农村贫困代际传递，在研究中，突出了基于演化经济学、人力资本理论和社会资本理论的视角来研究中国农村贫困家庭代际传递。

## 2.1 核心概念界定

### 2.1.1 贫困和农村贫困家庭的含义

#### 2.1.1.1 贫困的含义

何为贫困？社会不同、历史不同、研究角度不同对贫困的理解和表述存在差异性，通过文献梳理具有代表性和典型性的贫困定义有以下几个。

(1) 基于"生存贫困"的视角。通过对贫困者的整个生存状态的描述来界定贫困。康晓光的定义最具代表性，"贫困是人的一种生存状态，在这种生存状态中，人由于不能合法地获得基本的物质生活条件和参与基本的社会活动的机会，以至于不能维持一种个人生理和社会文化可以接受的生活水准。"①

(2) 基于"能力贫困"的视角。从贫困者自身能力的角度来解读贫困最具代表性的是世界银行。世界银行在《1990年世界发展报告》中，首次把传统的局限于收入的贫困定义进行了拓展，把能力不足纳入到贫困中来。世界银行认为贫困是"缺少达到最低生活水平的能力"②。世界银行在《2000/2001年的世界发展报告》中，在"能力贫困"定义基础之上，把"脆弱性"和"无助性"纳入到贫困定义中来，意指"一个家庭和一个人在一段时间内将要经受的收入和健康贫困的风险，"同时"还意味着面临许多风险（暴力、犯罪、自然灾害和被迫失学等）的可能性。"③ 对"能力贫困"具有代表性研究的是1998年经济学诺奖获得者，世界贫困研究著名学者阿玛蒂亚·森（Amartya sen），他提出，"贫困，必须被视为基本可行能力的剥夺，而不仅仅是收入低下，而这却是现在识别贫穷的通行标准"，"对基本可行能力的剥夺可以表现为过早死亡、严重的营养不良（特别是儿童营养不足）、长期流行疾病、大量的文盲以及其他失败。"④

(3) 基于"排斥之说"的视角。从排斥的角度对贫困下定义最有代表性的是欧洲共同委员会和世界银行的研究文献。"贫困应该被理解为个人、家庭和人的群体的资源（物质的、文化的和社会的）如此有限以致他们被排除在他们所在的成员国的可以接受的最低限度的生活方式之外。"⑤ "贫困是指福利的被剥夺的状态"以及"缺衣少食，没有住房，生病时得不到治疗，不识字，而又得不到教育。"⑥

(4) 基于"缺乏之说"的视角。从缺乏的视角对贫困进行定义包括两个方面：一是狭义的贫困定义，如"贫困是生活必需品的缺乏"。⑦ "所谓贫困问题，是说在美国有许多家庭，没有足够的收入可以使之有起码的生

---

① 康晓光. 中国贫困与反贫困理论 [M]. 南宁：广西人民出版社，1995：1-3.
② 世界银行. 1990年世界发展报告 [M]. 北京：中国财政经济出版社，1990：26.
③ 世界银行. 2000/2001年世界发展报告 [M]. 北京：中国财政经济出版社，2001：19.
④ 阿玛蒂亚·森. 以自由看待发展 [M]. 北京：中国人民大学出版社，2002：15，85.
⑤ 欧共体委员会：《向贫困开战的共同体特别行动计划的中期报告》，转引自阿特金森（Atkinson）《法定贫困线的制定和经济政策》（*The Institution of an official Poverty Line and Economic Policy*），载《福利国家计划论丛》（*Welfare State Program Paper Series*）1993年第98卷.
⑥ 世界银行. 2000/2001年世界发展报告 [M]. 北京：中国财政经济出版社，2001：15.
⑦ Smith, S. G. Social Pathology, P. 41.

## 第 2 章 贫困代际传递的理论基础与分析框架

活水平。"① "贫困"是"个人或家庭依靠劳动所得和其他合法收入不能维持其基本的生存需求。"② 二是广义的贫困定义,如"贫困是指物质上的、社会上的和情感上的匮乏。它意味着在食物、保暖和衣着方面的开支要少于平均水平"。③ "贫困是经济、社会、文化落后的总称,是由低收入造成的缺乏生活必需的基本物质和服务以及没有发展的机会和手段这样一种生活状况。"④

尽管上述对贫困的定义具有一定的差异性,但是能够概括出贫困内涵的共同规定性。本书中的贫困内涵应该着重从以下三个方面进行把握。第一,贫困不仅指贫困者的全部收入难以维持基本生存的需求,而且还涉及"经济、社会、文化"乃至"肉体和精神"的各个层面,但最核心的还是要从经济层面来把握贫困,也就是说"收入贫困"仍然是其硬核;第二,贫困作为一种社会上普遍接受的"最低"或低于"最起码"的生活水准的社会评价;第三,贫困作为一种由社会政策或环境造成的社会后果,直接与"缺乏"有关⑤,而这种"缺乏"在一定条件下会发生代际传递。

#### 2.1.1.2 贫困家庭、农村贫困家庭的定义

本书中的贫困家庭主要从经济收入的角度来阐述,所谓贫困家庭是指家庭人均收入低于所在地社会平均收入一半的家庭。本书中的农村贫困家庭也是从经济收入的角度来阐述,所谓农村贫困家庭是指农村家庭人均收入低于农村家庭所在地社会平均收入一半的家庭。

#### 2.1.1.3 贫困的测度

贫困的测度是从定量的角度对贫困进行描述,常见的方法包括贫困发生率、贫困缺口、贫困缺口率、人均贫困缺口、成比例贫困缺口指数、贫困线指数。

(1) 贫困发生率。贫困发生率是指贫困人口占人口总数的比率,该指标是描述贫困现象的一个最基本的指标。如果用 $pr$ 表示贫困发生率,用 $pq$

---

① 雷诺兹(Reynolds). 微观经济学 [M]. 北京:商务印书馆,1993.
② 国家统计局. 中国农村贫困标准研究报告,1989.
③ 奥本海默. 贫困真相 [M]. 伦敦:儿童贫困关注小组,1993.
④ 童星,林闽钢. 我国农村贫困标准线研究 [J]. 中国社会科学,1993 (3):86-98.
⑤ 王朝明. 中国转型期城镇反贫困理论与实践研究 [D]. 西南财经大学博士学位论文,2003.

代表贫困人口数,用 rz 表示人口总数,则贫困发生率的公式可以表示为:

$$pr = \frac{pq}{rz} \times 100/\%$$

(2) 贫困缺口。贫困缺口侧重从经济收入差额的角度对贫困的程度进行测量,假设贫困线为 pl (凡经济收入低于 pl 者则属于贫困人口群体),再设第 i 个贫困者的收入为 $y_i$($y_i < pl$, $i = 1, 2, 3, \cdots, q$),用 PG 表示贫困缺口,则贫困缺口的表达式为:

$$PG = \sum_{i=1}^{i=q} (pl - y_i)$$

(3) 贫困缺口率。贫困缺口率是指每个贫困人口的纯收入与贫困线差距的总和与达到贫困线收入的总和的比率,也是表示实际贫困缺口与理论上最大贫困缺口的比值。如果采用 PGR 表示贫困缺口率,则其表达式为:

$$PGR = \frac{PG}{q \times pl} = \sum_{i=1}^{i=q} \left( \frac{pl - y_i}{q \times pl} \right), 0 < PGR < 1$$

(4) 人均贫困缺口。人均贫困缺口是贫困缺口与贫困人口的比值,如果以 APG 表示人均贫困缺口,则其表达式为:

$$APG = \frac{PG}{q} = \frac{1}{q} \sum_{i=1}^{i=q} (pl - y_i)$$

(5) 成比例贫困缺口指数。它是贫困人口的收入与贫困线的差额加总后除以总人口得到的指数,其表达式为:

$$PPG = \frac{PG}{q} = \frac{1}{n} \sum_{i=1}^{i=q} [(pl - y_i)/pl]$$
$$= pl \times APG$$

其中,PPG 为成比例贫困缺口指数;pl 为贫困线;$y_i$ 为贫困人口收入;APG 为贫困人口的平均贫困缺口,也就是成比例收入落差。

(6) 贫困线指数。该指数是贫困线与总体人均收入的比值。假设 PLI 代表贫困线指数,则贫困线指数表达式可以表示为:

$$PLI = \frac{pl}{y} \left( y = \frac{1}{n} \sum_{i=1}^{i=n} y_i \right)$$

## 第 2 章 贫困代际传递的理论基础与分析框架

#### 2.1.1.4 贫困线及其确定的一般标准

贫困线是衡量贫困人口的定量标准，一般设定为满足最低生存消费所需花费的支出或得到的收入。贫困线是一个动态的概念，它与经济发展水平相关、与社会发展和文明程度相关，一般而言经济发展水平越高，其贫困线的标准会提高。通常以每人每天生活消费或收入低于 1.2 美元作为国际贫困线。综合来看，判断贫困线标准的常用方法有以下三种：

（1）恩格尔系数法。它是以食品消费支出占总收入的比值来表示。恩格尔系数越小表示越富裕，反之则表示越贫困。国际上通常以恩格尔系数超过 0.59 作为判断贫困的一条标准，用这个数据计算出的消费支出即为贫困线。

（2）市场菜篮法。它是按照所在社会大家公认的维持家庭或个人最起码的必需品的种类和数量，在此基础之上根据所在地市场价格算出购买起码生活必需品的现金数量，以此确定的现金数额就是贫困线。

（3）收入比例法。它是以一个国家或地区的社会平均收入的 50%~60% 作为该国家或地区的贫困线。

### 2.1.2 贫困代际传递定义

贫困代际传递中的"代"具有自然属性和社会属性。"代"的自然属性表示人类自身生产过程中祖辈、父辈、子辈等代际之间的关系，"代"的社会属性表示在一定时空范围内的社会中，具有年龄相同或者接近和社会特征相似的人群。由于所处的社会文化环境不尽相同，祖辈、父辈及子辈等不同代人在生活方式、行为方式以及价值取向上存在一定的异质性。在不同代之间存在一定差异的同时，更多的是在生活方式、思想意识、思想观念、文化习俗、行为方式以及价值取向等方面具有显著的传递性。这种传递性就是"代际传递"。[1]

本书中的贫困代际传递是指贫困以及导致贫困的相关条件和因素，在家庭内部由父辈传递给子辈，使子辈在成年后重复父辈的贫困境遇——继承父辈的贫困和不利因素并将贫困和不利因素传递给子辈这样一种恶性遗传链。贫困代际传递也指在一定的社区或阶层范围内贫困以及导致贫困的相关条件和因素在代际之间延续，使后代重复前代的贫困境遇。

---

[1] 李晓明. 贫困代际传递理论述评 [J]. 广西青年干部学院学报，2006（3）：75-84.

### 2.1.3 贫困代际传递相关解释

贫困代际传递作为一种动态的社会经济现象,在理解其内涵时还要从多种视角来审视。相关文献认为贫困代际传递主要与文化行为相关、与政府政策相关、与经济结构以及与家庭结构等因素相关。

**2.1.3.1 贫困代际传递与文化行为因素相关**

奥斯卡·刘易斯[①](Oscar Lewis 1965、1969)认为,学校教育的缺乏、经济境况的窘迫、彼此之间的猜疑、社远离社会活动以及社会资源匮乏会导致贫困文化的形成和贫困文化的代际传递。在封闭的环境中,微观家庭及其家庭成员之间会产生相互依赖和相互信任,越是在封闭、落后的环境里,父辈的权威难以动摇,这样可以使子辈从父辈那里继承固有的价值观、人生态度和生活习俗,在无意与有意之中贫困文化得到代际传递。

**2.1.3.2 贫困代际传递与福利依赖相关**

米德(Mead,1992)研究了依赖福利的家庭陷入贫困陷阱的原因。他认为长期接受福利救济的家庭其父辈与子辈的思想、意识和行为方式都会发生很大的改变,那就是接受救济理所当然,不会产生接受救济会有羞耻感,也就是不会顾及自己的社会尊严,这种消极的价值观一旦形成就会养成家庭懒惰、懈怠,从而放弃奋斗,贫困代际传递成为一种必然。[②]

**2.1.3.3 贫困代际传递与经济结构因素相关,其中人力资本对贫困代际传递具有重要作用**

贝克尔与托马斯(Becker & Tomes,1986)认为,经济资源的缺乏制约了儿童人力资本的形成与发展,人力资本低的孩子缺少找到好工作的能力。[③] 同时,贫困父母因为人力资本缺乏而导致远离劳动力市场,被劳动力市场排除在外,而非贫困父母由于人力资本较为丰富一般与劳动力市场联系紧密,从劳动力市场获取较为有利就业岗位的机会较多(Coleman,1990)。[④]

---

① Oscar Lewis. Five Families: Mexican Case Studies in the Culture of Poverty. New York, Basic Books, 1966, "The Culture of Poverty", Scientific American, 215 (4): 19 – 25.

② Mead, Lawrence M. The New Politics of Poverty: The Non-Working Poor in America. New York: Basic Books, 1992.

③ Becker, Gary S. And Nigel Tomes. Human Capital and the Rise and Fall of Families. Journal of Labor Economics, 1986, 4 (3): 1 – 47.

④ James S. Coleman, Foundations of Social Theory, Belknap Press, Cambridge, 1990.

# 第 2 章 贫困代际传递的理论基础与分析框架

威尔逊（Wilson，1987）认为，贫困代际传递和城市底层的形成根本原因在于在城市化与工业化的发展过程之中，由于城市中心的拥堵和高地租导致制造业大量的被迁出到城市的郊区，导致居住在城市中心的贫困家庭和社会底层失去了在城市中心制造业的就业岗位，从而减少了这个群体摆脱贫困的机会。①

#### 2.1.3.4 贫困代际传递与家庭结构相关

如家庭成员过多以及单亲家庭，残疾家庭、智障家庭等都可能导致儿童缺乏营养、引导、监督和必要的教育，这些因素导致儿童在贫困中成长，长大后依旧贫困。

## 2.2 理论基础

贫困是人类社会发展中的一种社会现象和经济现象，任何贫困的产生都有其特殊的背景，由于背景的不同，贫困产生的原因也可能不同，而理论是时代发展的产物，任何理论来源实践同时又高于实践，贫困理论的形成都是特殊时代的产物。标准系统的贫困理论是在工业化后的资本主义发展中逐步形成、完善起来的。据文献考察，英国古典经济学家罗伯特·马尔萨斯通过他1798年发表的《人口原理》一书第一次从经济学的角度系统地研究了贫困，尔后福利经济学、发展经济学都对贫困问题展开了原创性探究，尤其是马克思独辟蹊径从资本主义雇佣劳动制度和劳动及资本的异化角度研究了无产阶级贫困化问题，指出了消除贫困化、人类解放的道路。而本书从论文选题及研究需要出发，基于现有贫困理论的经典文献，从中选出贫困代际传递理论、贫困陷阱理论，并同时结合演化经济学、人力资本理论和社会资本理论以及治理理论的相关内容，构成全书的理论基础。

### 2.2.1 相关的贫困理论

#### 2.2.1.1 贫困代际传递理论

贫困代际传递理论在分析贫困代际传递成因时，一方面突出结构性因素对贫困代际传递的影响，另一方面强调文化因素对贫困代际传递的作用

---

① William Julius Wilson. The Truly Disadvantaged: The inner City, the Underclass and Public Policy. University of Chicago Press, Chicago, 1987.

与相互影响，并从宏观层面国家、社会的角度以及微观层面社区、家庭以及个体的角度论述贫困的成因以及贫困代际何以传递的成因。该理论认为，农村贫困家庭在政治体制、经济行为、资源环境、村居文化以及个体素质等方面在一种无形的力量作用下相互作用、相互影响以及循环累积，从而导致了农村贫困家庭的代际贫困。从已有的文献来看，贫困家庭代际传递理论主要包括要素短缺理论、智力低下理论、贫困文化理论、环境成因理论以及机制分析等九个方面的理论。

（1）要素短缺理论。戴维·S. 兰德斯[1]（2010）在《国富国穷》一书中提出，贫困的原因在于资本短缺、资源不足以及科学技术等要素的短缺。资本短缺论、资源短缺论以及科学技术落后论等导致贫困观点的逻辑起点均来源于戴维·S. 兰德斯的思想。经济学家及经济学者认为贫困是贫困主体对资金、劳动力以及土地等生产要素不能有效配置而导致的效率低下的结果。一般说来，贫困区域的资金、土地等生产要素都是稀缺的，而农村贫困家庭相对不稀缺的生产要素是劳动力，因此在资金及土地等生产要素不足的前提下，农村贫困家庭会选择劳动力增加劳动投入替代资金投入，以确保最基本的消费得到满足，这种经济模式成为农村贫困家庭最普遍的基本模式。由于受贫困条件的约束，农村贫困家庭增加劳动投入的方式要么延长劳动时间增加劳动强度要么增加劳动人口，而劳动时间的延长以及劳动强度的增加都会降低劳动者的健康水平，健康水平的下降将导致产出水平进一步下降，与此同时，在土地等生产要素有限或者没有增加的前提下，家庭人口的增加将直接导致家庭生活水平下降，间接导致资金、土地等生产要素更为短缺。在这样一种情况下，农村贫困家庭是无法进行家庭积累的，无法积蓄力量跳出贫困陷阱，从而导致贫困在代际之间传递。

（2）智力低下理论。理查德·赫伦斯坦（1973）[2]在研究贫困问题的过程中，总结提炼出了所谓的智力低下理论。在他看来，智力低下是贫困发生的基本原因，贫困者的智商要低于不贫困者的智商。受制于物质资本的匮乏，穷人家庭的小孩成人之后往往与智商较低的人婚配，根据生物学的相关理论可知，在基因没有发生变异的前提下，穷人夫妻生育的子女智

---

[1] 戴维·S. 兰德斯. 国富国穷 [M]. 北京：新华出版社，2010.
[2] 燕南，http://www.yannan.cn.

商同样低下。赫伦斯坦和查尔斯·莫雷（1994）在《钟形曲线》一书中把贫困、福利依赖、违法犯罪和低智商联系在一起，重申了贫困代际传递是由于智力低下的遗传学观点。[①]

（3）贫困文化理论。奥斯卡·刘易斯（Oscar Lewis，1959）等专家学者认为在穷人群体内形成了一种非主流的贫困文化。贫困代际传递是由于子辈从父辈那里学到了导致贫困的价值取向和消极的人生态度。贫困文化的形成和传播诱致了一系列非主流的人生信仰和行为模式，包括对周边事务的冷淡、不加选择地顺从和认为贫困是命中注定的宿命论思想，贫困文化所产生的消极影响涉及贫困者对教育的排斥，读书无用论成为不少贫困群体所信奉的教条，"今朝有酒今朝醉，不管明天是何物"的生活态度，导致贫困者过着非理性的生活，倾向于短期行为而缺乏从长计议的安排。贫困文化的内化还会导致贫困者对社会、政府的不信任，无政府主义倾向严重。生活在贫困家庭的子辈长期受贫困文化的熏陶和洗礼，在他们长大成人走向社会时，消极的人生态度和扭曲的价值观使得他们无法进入社会主流，被社会排斥成为边缘群体就成为必然。贫困圈子里面的非主流贫困文化既是贫困家庭代际传递产生的原因，也是贫困家庭代际传递产生的结果，两者之间互为因果关系。

（4）环境成因理论。在环境成因理论看来，贫困者贫困的两大原因在于：一是贫困者居住的自然环境恶；二是交通运输条件的稀缺。并认为贫困代际传递在于贫困者与其所生活的自然环境不协调、不均衡的结果。人口过多与环境资源的匮乏，导致自然环境承载能力有限，导致人地矛盾、人与自然的矛盾，为了向自然索取更多的回报，导致过度砍伐、过度垦殖，从而导致环境退化，人们生活水平进一步下降，贫困代际产生成为必然。恶劣的自然环境以及交通条件的匮乏对经济发展是极为不利的，对贫困代际的产生有影响但绝对不是贫困代际产生的根本原因，我们可以发现贫困地区也有不少家庭很富有，富裕地区也有不少家庭很贫困，从父辈那里分化而来的小家庭有富裕的也有贫困的。因此，环境是贫困的必要条件但不是充分条件。

（5）素质贫困理论。在素质贫困理论看来，贫困的真正原因在于人的素质低下。从事商品生产、商品流通以及商业经营都需要较高的人力资本

---

① 李晓明. 贫困代际理论述评 [J]. 广西青年干部学院学报，2006（3）：75-84.

素质，人力资本素质低下将会制约人们从事商品生产和买卖经营。为改变素质差的状况有不少社会学家主张不发达国家应当采取措施和办法改变贫困者的思想观念和行为习惯，提高贫困者的现代化水平及能力，适应工业化和城市化进程的要求。素质贫困理论被广泛接受和认可，但在此基础之上衍生出的政策主张是有分歧的，其中有的认为贫困者懒惰而且素质低，对贫困者扶贫是没有必要的，因为扶贫就意味着扶助懒惰、保护落后，牺牲效率，这种思想与马尔萨斯反对对贫困者救济的思想如出一辙。[1] 其实贫苦的形成以及贫困代际传递的产生是多方面因素综合的结果，素质贫困仅仅是贫困者致贫的一个重要因素，从社会公平角度而言，正因为贫困者素质低，更需要社会统筹兼顾，帮助贫困者提高素质，不能认为扶贫牺牲了效率，须知贫困既是经济问题也是社会问题，社会问题需要得到合理的解决，否则容易诱发社会的不稳定，不稳定导致的效率损失更可怕。

（6）功能贫困论。在斯宾塞[2]（Spencer H.，1910）看来，富人比别人更强更优秀、适应能力比别人强，所以他们富裕，而穷人适应生存环境的能力偏低，在残酷的生存竞争面前处于劣势，穷人的穷是生存竞争自然选择的结果。可见功能贫困理论的精髓在于贫困是社会存在的一种需要和社会运行的一种功能。如赫伯特·J. 甘斯[3]（Herbert J. Gans，2002）认为，贫困者先天禀赋偏低、人力资本素质低下，导致贫困者缺乏必要的就业竞争能力，作为劳动力市场中的弱势者，贫困者只能在非正规部门的低端劳动市场参与就业，获取的薪酬水平较低，较低的薪酬水平决定了贫困者难以摆脱贫困状态；与此同时，赫伯特·J. 甘斯认为，贫困的存在对于整个社会的存在和运行是有积极作用的，贫困发挥着某种有利于社会正常运行的功能，这种功能有助于保持社会效率。

（7）社会排斥论。社会排斥理论最初应用在各民族之间关系的亲疏对立的分析上，说明大民族在一定范围对小民族的驱斥；此后又扩大到性别、贫富、迁徙等社会活动中的强势群体对弱势群体的压制和驱使。社会排斥论认为在现实社会中，当微观个人、家庭和某些社会群体缺乏必要的

---

[1] 李晓明. 贫困代际理论述评 [J]. 广西青年干部学院学报，2006（3）：75-84.
[2] Spencer H. First Principles [M]. New York: Appleton 1910.
[3] 文森特·帕里罗等著，周兵等译. 当代社会问题 [M]. 北京：华夏出版社，2002：210，598-600，233-234.

## 第2章 贫困代际传递的理论基础与分析框架

资源时,并且被排除在社会主流群体的居住环境、社会习惯和活动之外时的个人、家庭以及相应的社会群体就处于贫困状态。这种状态在父辈与子辈之间如果不能被打破,子辈同父辈一样同样就会处于社会排斥状态,从而贫困代际传递则可能发生。①

(8)能力贫困论。阿玛蒂亚·森(Sen Amart Yak,2001)认为,贫困的本质是能力的缺乏。在他看来只有能力才能保证机会的平等,没有能力,机会的平等无从实现,换句话说要实现真正的机会平等必须通过能力的平等才能实现,阿玛蒂亚·森的"能力贫困理论"的政策内涵就是提高贫困者个人的能力,对贫困者发放失业救济只是一个方面,至关重要的是在于提高贫困者的能力②,只有提高贫困者的能力,才能截断贫困代际传递的链条。

(9)贫困代际传递机制分析。

①最小值效应机制。贫困代际传递是因为贫困主体陷入贫困陷阱而无力跳出贫困陷阱,因此,对于国家、地区以及微观家庭而言都存在一个最小值效应,那就是物质资本、人力资本、社会资本必须达到这一最小值之后,贫困国家、贫困地区以及贫困家庭才有可能跳出贫困陷阱。对于贫困国家、贫困地区而言,任何低于最小值的投资都无法使其跳出贫困陷阱,对于贫困的微观家庭而言,自身的努力加上来自家庭之外的援助、帮助和救助的力量如果小于走出贫困陷阱所需要的最小力量,贫困家庭就仍然会处于贫困陷阱之中。

②制度失灵机制。邓小平认为,"领导制度、组织制度问题更带有根本性、全局性、稳定性和长期性。制度好可以使坏人无法任意横行,制度不好可以使好人无法充分做好事,甚至会走向反面。"③ 对于社会发展、经济发展来说,好的制度能够带来社会的良性发展、经济的繁荣,而坏的制度则阻碍社会进步、制约经济发展。制度和市场一样同样存在失灵的时候,例如,制度与社会的发展不匹配、制度建设滞后于快速发展的经济社会等。在社会转型时期,社会不公平往往是一种客观存在的常态,强势群体因为强势拥有话语权和干预力量来影响或者左右有利于该群体

---

① 文森特·帕里罗等著,周兵等译. 当代社会问题 [M]. 北京:华夏出版社,2002:210, 598-600,233-234.

② 阿玛蒂亚·森. 贫困与饥荒 [M]. 北京:商务印书馆,2001:12.

③ 中共中央文献编辑委员会编辑. 邓小平文选 [M]. 北京:人民出版社,1993.

利益的制度安排,如果政府不是中性的,则弱势群体的利益诉求将得不到保障。贫困人群是弱势人群中的一个群体,该群体更需要有利于他们发展的制度安排,但是该群体因为弱势往往成为某些制度的牺牲者。制度变迁有其特有的"路径依赖",由于历史局限性所形成的坏的制度也会产生路径依赖导致贫困家庭的贫困在时间的动态演变之中继续保持或被锁定。

③示范效应机制。示范效应在同一群体内部广泛存在,同一群体不同成员之间的思想、意识、习惯以及行为方式无意和有意的对他人产生影响,在同一群体内那些与众不同的人的行为常常对其他人产生示范作用。示范效应包括积极的示范效应和消极的示范效应,积极的示范效应会产生良性循环,消极的示范效应会产生恶性循环。对于人类所生活的环境而言,如果积极的示范效应产生的力量小于消极的示范效应产生的力量,该环境就容易被消极的示范效应力量所主导。反之,积极的示范效应力量所主导。对于贫困家庭、贫困村、贫困县、连片贫困地区来说,往往消极的示范效应力量占主导作用。对于贫困家庭来说,一旦消极的示范效应起到主导作用,贫困家庭就会变得消极、懈怠乃至麻木,这种消极的示范效应就会影响和作用于贫困家庭子辈,发生贫困代际传递。

**2.2.1.2 贫困陷阱理论**

第二次世界大战之后,许多发展中国家的现状仍然是经济发展落后、社会问题突出、生态破坏严重、人民生活质量不高等。也就是说,第二次世界大战之后,发展中国家贫困问题仍然非常严重。第二次世界大战之后的国际局势影响了当时不少经济学家转向从事发展中国家的贫困和发展问题研究,推动了发展经济学的发展。在针对发展中国家的发展问题研究中形成了一系列颇有影响的有关贫困问题的理论成果,贫困陷阱理论就是其中之一。贫困陷阱理论从学理上归纳主要有:

(1)贫困恶性循环理论。纳克斯(Nurkse R.,1953)[①]通过研究发现发展中国家持续贫困的主要原因不在于该国国内资源不足,而在于该国国内经济社会中存在着若干相互联系、相互作用的"恶性循环系列",诸多"恶性循环"综合作用的结果就是该国的持续贫困,"恶性循环"中对经济社会发展起主要作用的则是贫困恶性循环。贫困恶性循环包括两个方面:

---

① 纳克斯. 不发达国家的资本形成问题 [M]. 北京:商务印书馆,1966.

## 第2章 贫困代际传递的理论基础与分析框架

一是供给层面的恶性循环;二是需求层面的恶性循环。人均收入水平的低下是恶性循环的起点和终点,是一个环的连接点。资本缺乏是恶性循环发生的根本原因,资本积累不足是经济发展的最大障碍。摆脱贫困恶性循环的束缚需要增加储蓄,提高储蓄水平,扩大投资,促进资本形成,提高资本积累。贫困恶性循环理论的政策主张在于要采取平衡增长战略,需要从供给层面、需求层面着眼有效破除贫困恶性循环。可以看出该理论特别强调资本在发展中国家经济增长中的重要作用,该理论属于发展经济学中的结构主义,结构主义特别强调资本的重要作用。

(2) 低水平均衡陷阱理论。纳尔逊(R. R Nelson, 1956) 结合人口增长率,从经济系统中的均衡角度阐述了贫困问题。纳尔逊认为在经济系统中存在低水平均衡和高水平均衡两种均衡。当人均收入低于某一水平时,国民收入增长部分会被较快的人口增速所消耗掉,从而导致人均收入低于先前的某一低水平,这就是所谓的低水平均衡;当人均收入高于某一水平时,国民收入的增幅部分不会被人口增幅部分所完全消耗掉,因而会形成新的财富积累,导致人均收入水平提高,当国民收入增长率与人口增长率相等时,人均收入水平不再增加,在其他条件没有发生改变的前提下,这种均衡状态是一种高水平均衡状态。发展中国家要跳出"低水平均衡陷阱"的束缚,必须加大投资力度,确保投资和产出的增长率高于人口增长率,才有可能步入高水平均衡。

(3) 临界最小努力理论。莱宾斯坦(Leebenstein, 1957)[①] 在研究发展中国家的贫困原因及摆脱贫困束缚的途径时认为,由于人均收入水平太低,使得资本积累无法达到经济发展所需要的最低规模水平,从而导致发展中国家无法跳出低收入恶性循环的贫困陷阱。由于诸多因素的作用,发展中国家经济增长的积极力量小于制约经济增长的消极力量,从而导致人均收入水平长期处于低水平均衡状态。发展中国家在经济发展的初始阶段投资率要足够高,确保国民收入增长率超过人口增长率,只有这样人均收入才能得到提升,人均收入水平显著提高会产生一个"临界最小努力",以推动发展中国家的经济发展,跳出低水平均衡陷阱,实现经济持续、稳定与快速增长。

---

① 莱宾斯坦. 经济落后与增长 [M]. 北京: 商务印书馆, 1957.

(4) 循环积累因果关系理论。缪尔达尔[①]（Gunnar Myrdal, 1957）在研究发展中国家经济问题时，提出了循环积累因果关系理论。在经济社会发展的过程中，各种因素之间不是彼此独立的，而是彼此之间直接和间接相互影响相互作用，双向互为因果，形成一种"循环积累"的发展趋势，一个因素的改变会导致另一个因素发生更强大的改变，在改变的过程之中，不断地累积循环，原来的因素得到进一步强化，导致先前经济发展的方向不变。在发展中国家累积循环普遍存在，例如，人均收入低→营养、教育、卫生、医疗服务需求不足→人力资本水平下降→劳动者素质下降→缺乏竞争能力→生产效率下降→产出水平恶化→人均收入更低。[②]

相对来说，缪尔达尔对发展中国家贫困发生的诱因以及解决贫困的方式方法比较符合发展中国家的基本国情。缪尔达尔认为贫困是经济、社会、政治、文化与制度综合作用的结果，而不是单独某一个因素作用的结果。在他看来，收入分配制度的不合理也是导致贫困的重要因素之一。基于此，缪尔达尔解决贫困的对策和途径相对多元和综合，缪尔达尔的政策主张是通过相关制度改革，确保穷人收入得到提高，进而实现收入平等。

在发展中国家只要政策得当，措施得力也会存在一系列的良性循环，例如，穷人收入增加→消费需求得到增加→储蓄增加，资本积累增加→投资进一步增加→产出水平增加→人均收入进一步增加。发展中国家的重要政策之一就是要千方百计地打破恶性循环的"低收入的循环积累"，形成良性循环。

### 2.2.2 演化经济学

#### 2.2.2.1 演化经济学产生的时代背景

作为主流经济学的西方经济学在近两百年的历史发展中发挥了重要作用，西方经济学的自然科学基础是建立在经典牛顿力学的基础之上的。经典牛顿力学对于自然科学的发展和演变起到了决定性的重要作用，但是任何理论的诞生和适用都有一定的时代背景和时代环境，牛顿力学也不例外，正因如此，才有爱因斯坦的相对论以及其他一大批物理科学巨匠所做出的划时代贡献，他们的智慧为人类社会带来了福利的增加与改善，科学

---

[①②] 张培刚，张建华. 发展经济学 [M]. 北京：北京大学出版社，2009.

及科学技术的力量推动了人类文明的进程。物理学科的大发展是由一批批物理学家及物理科学工作者前赴后继的投入与努力才有如今的成就。任何一门学科的兴旺与发展都离不开承前启后的投入与创新,否则就会陷入"死胡同"。近两百年来,人类社会发生了巨大的变迁,作为研究人类社会经济活动的经济学也得到了不同程度的发展,但是作为主流经济学的西方经济学也面临着诸多挑战,为了能够克服西方经济学在机械主义认识论和功利主义伦理观上所遭遇的困境,经济学家们将视野转向了生物学领域,期望借助生物学领域的理论和方法来研究经济问题,从而诞生了演化经济学。

#### 2.2.2.2 演化经济学的内涵和主要理论

(1) 演化经济学内涵。霍奇逊(Hodgson, 1999)依据本体论、方法论和隐喻这三个标准对"演化经济学"内涵进行了阐释。第一,本体论标准:强调经济的演化过程包含着持续的或者周期性出现的新事象(或者新奇性)和创造性,并由此产生的维持制度、规则、商品和技术的多样性。第二,方法论标准:是否反对还原论。还原论认为,对经济社会现象的解释必须被还原到作为因素的个体及其相互关系中去。但是反还原论则认为,复杂系统在其不同层次上呈现出凸显的特性,每一个层次都不能被完全归约到另外一个层次,或者在另外一个层次上得到完整的解释。第三,隐喻标准:即是否在理论上广泛使用生物学隐喻。在演化经济学家看来,经济系统在性质上更接近于生物系统而非力学系统,对经济系统作生物学隐喻更契合实际情况,不过,使用生物学隐喻的初衷在于取代支配着主流经济学的机械论范式。①

(2) 演化经济学的主要论点。第一,惯例。纳尔逊与温特(Narsun & Wenter, 1982)基于有限理性与知识分散性提出了"惯例"的概念,认为经济的运行是以日常惯例为基础的,惯例是经济的组织记忆,执行着传递信息和技能的功能,经济行为中的演化属于"惯例性"的,而不是"理性选择"的结果。惯例的知识是理解市场主体运行行为的要核,如果把市场主体模型化就意味着把惯例及其如何随着时间来改变的问题加以模型化。②还有经济学家认为惯例是研究组织和经济变迁的中心分析单元,惯例与组

---

① 贾根良. 演化经济学:经济学革命的策源地 [M]. 太原:山西人民出版社, 2004.
② 纳尔逊·温特. 经济变迁的演化理论 [M]. 北京:商务印书馆, 1997.

织结构、技术创新、社会化及决策制定存在相应的关系。① 第二，模仿。在经济社会中，通过引入生物学隐喻，把市场主体看作有机体，能够在竞争中胜出的市场主体被看作"适者"，而在市场竞争中出局的市场主体则是"自然选择"的结果。给市场主体带来竞争性适应能力的是其拥有的知识和技术，这些特征支撑着诸如产品设计和生产方法等。与生物基因相似，社会制度和组织机构等作为历史变迁的载体，通过模仿得到传递。在基因层面上，参与者选择学习或模仿的战略以参与发展的进程。这种方式可以被解释为既为强化学习也为模仿学习。② 第三，新奇。经济系统内的新奇事先不可预测，而是在经济系统内不断产生，新奇是经济系统演化的核心力量，也是演化经济学区别于新古典经济学的主要依据。演化经济学家魏持认为，如果"未知的范围"所包含的认识论约束得到承认，演化理论就能划分为事前显露分析和事后显露分析，界线是新奇内容的显露。事前显露分析解释新奇如何出现和为什么出现，事后显露考虑的是当新奇的内容被知道后如何去阐释新奇扩散的原因、时间和方式。新奇创造取决于个体认知模式的不同和社会制度是否鼓励创新，个体认知模式的异质性主要来自个体偏好，社会制度是否鼓励创新则是"流行的思想习惯"。③ 第四，隐喻（类比）。经济系统与生物系统有许多相似之处，不少经济学家把生物学隐喻（类比）应用到演化经济学的研究中来。也就是说经济学家开始将达尔文主义关于物种起源的解释运用于技术创新问题的研究，力求在某种生物过程和技术创新过程之间进行结构类比。在演化经济理论中，市场主体被看作有机体，给市场主体带来竞争性适应能力的是其拥有的"基因"。演化经济学摒弃掉理性经济人的假设，提出有限理性假设，因此，决策主体在决策过程中寻找"满意"标准而不是最优标准。满意假设是演化经济学对"新奇出现"进行解释的逻辑起点。满意概念既能解释惯例复制现象，也能解释惯例创新现象。如果搜寻不能带来满意结果，市场主体会调整搜寻或学习规则，进入一个搜寻、试错、学习和适应的过程。市场主体的搜寻或学习行为具有多样性，考虑到外部环境的作用，采用高收益学习行为的市场主体更容易复制成功的学习行为，通过经济体系的自然选择过程保留下来，逐渐成为产业技术标准。从而演化经济学形成了以

---

① 孙晓华. 技术创新与产业演化：理论及实证［M］. 北京：中国人民大学出版社，2012：34.
② 白瑞雪. 演化经济学与经济学的演进［M］. 北京：中国人民大学出版社，2012：70.
③ 孙晓华. 技术创新与产业演化：理论及实证［M］. 北京：中国人民大学出版社，2012：43.

## 第 2 章　贫困代际传递的理论基础与分析框架

惯例、搜寻、新奇和自然选择等为核心的技术创新研究生物学隐喻框架。[①]第五，循环累积。在经济社会中，当一社会经济因素发生变化，则会引起另一社会经济因素跟着发生变化，后一因素的变化会加强前一个因素的变化，并导致社会经济过程沿着最初变化的因素方向发展，因此，在动态的过程之中就会形成累积性的循环发展趋势。演化经济学理论认为，习惯、思想以及模仿等在演化过程中形成循环累积趋势，父辈的思想、习惯、行为方式会影响到子辈，反过来，子辈的思想、习惯以及行为方式也会对父辈产生影响。第六，协同演化。协同演化是指两个物种间各自施加自然选择上的压力，互相影响对方演化的过程。简单来说，协同演化是一场掠食者与猎物间永无止境的军备竞赛。协同演化也包括寄主与寄生虫间的演化，互利共生的行为可能会在这个过程中发生。在生物种群内，有机体之间既是一种竞争关系也是一种协作关系。有机体之间的竞争协作促进了彼此之间的依赖和协调。竞争规律是市场经济中的基本规律，正是由于有了竞争，市场才充满活力。竞争关系在市场主体集群中是一种最为常见的关系，竞争使得微观主体充满活力，对竞争对手保持高度的关注性，对市场保持相当的灵敏性。然而，在市场主体集群中，不同市场主体之间的竞争并不是一种非此即彼的竞争关系，更多的是一种协作关系，彼此之间是一种伙伴关系。因此，协同竞争是集群式创新的一个显著特点，加强了技术创新间主体之间的合作，提高了总体的竞争能力。[②]第七，演化博弈。演化博弈的核心是演化稳定策略，由史密斯（Smith）、普瑞（Puruih）和普瑞斯（Price）在研究生态现象时首次提出，后经史密斯在其著作《演化与博弈论》中得到进一步发展。同时，生态学家泰勒（Taylor）和乔克（Jonker）在研究生态演化现象时提出模仿者动态的概念，模仿者动态与演化稳定策略分别表征演化博弈的稳定状态和向这种稳定状态的动态收敛过程。在演化博弈论中，参与者能够通过模仿、试错和学习过程不断地调整自己的策略，博弈分析的核心不再是参与者的最优策略选择，而是基于有限理性假设，对博弈群体成员间的策略调整和受到干扰后重新恢复稳定均衡的探讨。演化博弈论作为演化经济学的一种分析工具，被成功地应用到社会习惯、规范、制度形成的影响因素及其过程解释的研究

---

[①] 孙晓华. 技术创新与产业演化：理论及实证 [M]. 北京：中国人民大学出版社，2012：43.
[②] 白瑞雪. 演化经济学与经济学的演进 [M]. 北京：中国人民大学出版社，2012：118.

之中。①

#### 2.2.2.3 演化经济学的哲学基础

演化经济学把达尔文主义的思想内容作为类比和隐喻的基础，达尔文主义为其提供了基本的哲学基础和分析框架的思想内容，这与新古典经济学将古典物理学作为分析范式的基础思想是完全不同的。达尔文进化论进化的本质是需要某种遗传机制。社会经济领域同样存在类似于生物学中的遗传机制，该遗传机制包括习俗、惯例、习惯以及思想的复制与遗传，产生这些遗传机制的原因在于人类交流、适应环境和模仿的行为。达尔文主义引入了不可逆的时间因素，考虑经济系统的复杂性、多样性、持续性和变动性，是一种动态的更接近现实的经济学方法论。达尔文主义坚持进化没有目的、没有方向，并不必然导致更高等事物的出现，贯彻了有机动态发展的哲学思想，摒弃了机械主义的哲学观。

#### 2.2.2.4 演化经济学的基本假设、主要流派及主要研究方法

演化经济学的基本假设主要包括六个假设，即复杂行为人假设、心智重要假设、满意假设、不确定性假设、多样性假设和历史重要假设。演化经济学的基本假设要比西方经济学的假设更为丰富，更切合实际情况。

演化经济学的基本流派包括：制度学派、新熊彼特学派、调节学派、奥地利学派以及企业遗传理论模型。

演化经济学最常见的研究方法包括：回溯法、个体发生和系统发生相结合的方法、历史和地理的相对性分析方法、比较方法、动态分析方法。

### 2.2.3 人力资本理论

#### 2.2.3.1 人力资本概念

人力资本具有丰富的内涵，海内外不同领域的学者对人力资本的理解各有侧重，但也有共同之处。

在舒尔茨（1990）看来，"人力资本是人民作为生产者和消费者的能力"，"人力资本是由人们通过对自身的投资所获得的有用的能力所组成的""人力资本，即知识和技能""我们之所以称这种资本为人力的，是由于它已经成为人的一个部分，又因为它可以带来未来的满足和收入，所以

---

① 白瑞雪. 演化经济学与经济学的演进 [M]. 北京：中国人民大学出版社，2012：138.

## 第2章 贫困代际传递的理论基础与分析框架

将其称之为资本。"①

贝克尔（1964）认为人力资本是人的才能的一种体现，并强调这种才能对其"未来货币收入和心理收入"产生重要影响，并指出，"人力资本是一种非常不能流动的资产"以及"对于人力的投资是多方面的，其中主要是教育支出、保健支出、劳动力国内流动支出或用于移民入境的支出等形成的人力资本。"② 与此同时，贝克尔把人力资本区分为"通用知识的人力资本"和"专用知识的人力资本"。

李建民（1999）认为，人力资本是指，"存在于个体之中、后天获得的具有经济价值的知识、技术、能力和健康等质量因素之和"以及人力资本是指"人存在于一个国家和或地区人口群体每一个人体之中，后天获得的具有经济价值的知识、技术、能力及健康等质量因素的整合"。③ 显然，李建民是分别侧重于从微观层面和宏观层面对人力资本进行定义的。

李忠民（1999）认为，人力资本是指"凝结在人体内，能够物化于商品或服务，增加商品或服务的效用，并以此分享收益的价值"。④

冯子标（2000）则把人力资本定义为，"所谓人力资本就是知识、技术、信息与能力同劳动分离，成为独立的商品，且在市场交换中起主导作用的条件下的高级劳动力。"⑤

李玲（2003）认为，"人力资本就是指通过后天投入而凝结于人体之中的、具有经济价值并能带来未来收益和凭以参与收益分享的知识、经验、技术、能力、工作程度、协作力、健康及其质量因素的总和。"⑥

综上所述，人力资本定义至少应该包括三方面的内容，即人力资本构成、人力资本形成和人力资本遗传。人力资本是指通过教育、培训、营养、医疗保健、迁移和经验积累等投资形成的凝聚在个人身上并具有经济价值增值的生产要素，也是个人生产劳动素质的反映，与此同时人力资本还包括从父辈遗传而来。

---

① 舒尔茨. 论人力资本投资 [M]. 北京：北京经济学院出版社，1990：17, 205, 43, 92.
② 贝克尔. 人力资本 [M]. 北京：北京大学出版社，1987：64.
③ 李建民. 人力资本通论 [M]. 上海：上海三联书店，1999：41.
④ 李忠民. 人力资本——一个理论框架及其对中国一些问题的解释 [M]. 北京：经济科学出版社，1999：34-36.
⑤ 冯子标. 人力资本运营论 [M]. 北京：经济科学出版社，2000：29.
⑥ 李玲. 人力资本运动与中国经济增长 [M]. 北京：中国计划出版社，2003.

### 2.2.3.2 人力资本投资途径

人力资本包括人力资本存量和人力资本增量两部分，部分人力资本存量取决于天赋，大部分人力资本存量和人力资本增量的形成都要依靠后天因素的影响和作用。从人力资本的内涵来看，人力资本的形成主要依靠人力资本投资，而人力资本有不同的形式，不同形式的人力资本投资途径有差异。综合来看，人力资本投资主要包括教育投资、职业培训投资、身体健康投资、人口迁移投资和劳动者经验积累等投资途径。

(1) 教育投资。教育包括正规教育和非正规教育。通过教育，受教育者的人力资本存量和增量将得到提高。对于国家来讲，教育投资形成的人力资本会很好地提升国家的竞争能力。实践表明，世界上任何一个发达国家没有一个国家是不重视教育和教育投资的；对于个人来讲，教育投资形成的人力资本会提高个人的学习能力、创造能力和劳动生产力。知识改变命运无论是在过去、现在还是将来都将具有恒久的生命力，因为知识拓展是人力资本最核心的物质基础。

(2) 在职培训。在职培训是一种培训时间较短、培训目的明确的非正规教育投资形式，通过这种形式使参训者在短期内就能获得一定的知识和能力。当今社会，技术创新日新月异，不与时俱进将被竞争所淘汰。为此，对员工的在职培训就显得极为重要。正是基于这种担心和考量，企业及行政事业单位都特别重视在职培训。为了在劳动力市场上提高就业竞争能力，获取预期的薪酬，部分从业人员会抽出业余时间参加在职培训，通过在职培训提高自己的人力资本价值。

(3) 健康投资。物质资本要发挥其功能和作用，需要借助一定的载体和平台，而人力资本要发挥其作用与功能同样需要载体和平台，其最基础的载体和平台就是人的健康。人力资本的发挥受到精力、体力、耐力等健康因素的综合影响。劳动力成为生产要素的前提条件就是劳动者的健康。一个健康的人，其精力、体力、耐力以及意志力等都有基本的保障，精力旺盛的人、体力强壮的人以及耐力可持续的人其劳动生产力一般来说都较高。身体健康是个人获取财富和实现个人及家庭效用最大化的决定性条件。健康除了来自遗传之外，还需要进行健康投资，健康投资包括如下内容：一是营养投资。营养不良与营养过剩对于人的健康都是不利的。营养不良，身体发育就会受到影响，人的智力、精力、体力、耐力都要受到影响，这样会影响劳动生产率的发挥，而营养过剩也不利于身体健康，营养

## 第2章 贫困代际传递的理论基础与分析框架

过剩容易导致诸如肥胖等疾病，同样会降低一个人的劳动生产力，正确的做法是营养结构合理。二是医疗与保健投资。医疗与保健投资有利于增强和改善医疗卫生条件，有助于人的劳动力的恢复和再生产，有助于增强人体生理素养和心理素养，从而有效降低死亡率，延长寿命，寿命的延长有助于人力资本最大限度的发挥。三是休闲投资。休闲投资有利于人的身心得到调养，有利于释放压力，缓解疲劳，这样做会有效预防因疲劳过度和劳动强度过大而导致人力资本的损耗。

（4）人口迁移。区域之间文化习俗、风土人情、历史积淀都有很大的差异；区域之间资源禀赋不同，人们在资源禀赋富裕的地区获取财富的概率要高于在资源禀赋贫瘠地区获取财富的概率。经济发达地区、文化发达地区、社会开放地区对于人们思想的影响、行为习惯的影响以及人生积极态度的影响都是显著的。人口迁移从理论上来说包括乡—城迁移、城—乡迁移、城—城迁移以及乡—乡迁移等模式，迁移的动机一般都是基于更好的追求，提高自己及家庭效用最大化，是理性决策的结果。在迁移的过程中会产生一笔交易费用，也会产生机会成本。迁移能够改变迁移者在迁入地获取先前居住地所不能获取的资源和财富，能够较好地改变迁移者的命运。一方面迁移有助于扩大迁移者的知识视野、提高迁移者的劳动技能、优化迁移者的思想意识；另一方面迁移有助于劳动力资源得到优化配置，提高劳动生产率，从而提高产出水平，提高劳动者的收入水平。迁移者要在迁入地扎稳脚跟，就会付出更多的精力和时间去学习去工作，这有助于迁移者人力资本的形成和积累。

（5）工作经验积累。无论是对于知识密集型行业还是对于技术密集型行业来说，无论是对于简单劳动还是复杂劳动来说，经验是劳动生产率提高的基本因素之一。同样的工作岗位、同样的工作环境，不同的人有着不同的工作绩效，为什么会出现这种情况？原因是多方面的，其中经验可以很好地解释这种原因。人们在工作过程中经过摸索、探索、试探、试错会总结出一些具有规律性的东西，这些规律性的东西一旦掌握，加上工作时间的积累，人们在有意和无意当中掌握了某门或者某几门的工作经验。实践工作经验的积累有助于实践者工作阅历、社会阅历的积累，这对于人力资本的形成是必要的。一个经验丰富且理性的人，其犯常识性错误的概率大大降低，其工作能力就会大大增强，其解决实际问题的本领就会大大提高。重要领导岗位为什么特别强调基层历练及不同部门的锻炼，原因就是基层历练和不同部门的锻炼可以积累丰富的经验，而这些经验是形成人力资本的载体和平台。

### 2.2.3.3 人力资本所具有的特征

人力资本作为一种资本，它具有与物质资本一样的共性。

第一，人力资本是一种稀缺资源。人的寿命是有限的，一个人所拥有的人力资本也是有限的，人力资本作用的发挥也是有限的；人力资本的形成需要耗费时间和投资成本，这使得人力资本增量具有一定的边界。在有限的工作时间阶段，人力资本作用的发挥是有限的，因而人力资本是一种稀缺资源。

第二，人力资本能够给所有者带来收益。资本的本质是逐利的，资本只有在不断地运动之中才能增值。资本只有积累和集聚到一定程度，资本的作用才能有效发挥。同样的道理，人力资本只有积累到一定程度，人力资本方能给所有者带来收益，因此，人力资本所有者要想获取理想的收益，就需要进行人力资本投资。

第三，人力资本也是一种生产要素。经济增长的方式包括粗放式增长和集约型方式增长。经济增长方式如果是粗放式增长，则一般的劳动力数量投入就可以促进经济的增长，对于劳动密集型产业来说，一般素质的劳动力就是重要的生产要素。经济增长方式如果是集约型增长，则一般素质的劳动力就无法满足经济增长的需要。因此，人力资本也是一种生产要素，其重要性超出了物质资本及土地等生产要素的重要性。

第四，人力资本也存在精神磨损。物质资本存在物质损耗和精神磨损，人力资本也存在精神磨损。人力资本存量一旦形成，需要在实践当中不断去运用，否则人力资本的存量会大大下降。为了预防人力资本的精神磨损，国家在进行教育资源配置时需要统筹考虑，微观个体在进行教育投资时需要综合思考。在发展中国家，教育升化现象比较严重，由于发展中国家资源有限，资本缺乏，投资教育形成的人力资本需要得到应有的发挥，否则过度投资就会导致人力资本精神磨损。

一般说来，人力资本具有如下四个方面的独有特性。

第一，人力资本具有不可分割性。人力资本蕴涵在生命体内，人力资本与生命体融为一体，不可分离，生命体一旦终止则蕴涵在其体内的人力资本就一同终止。正是基于如此特性，人力资本不能作为遗产传承给下一代，在市场交易时，人力资本所有者让渡使用权而所有权是不会转让的。

第二，人力资本具有收益递增性和正的外部性。物质资本存在物质损耗和精神磨损，物质资本在使用过程中，价值发生了转移，厂商要进行扩大再生产就需要补充和更新物质资本。但是人力资本在使用的过程当中，只要人力资本所有者在劳动强度可承受的范围内，在不影响健康的前提下，人力资本伴随使用的频率将得到不断积累和提高，这就是大学教授、科研机构的高级专业技术人员为什么越老越有价值，越老越受人尊重，原因就在于人力资本在不断的实践当中，人力资本会得到优化和增值。

人力资本具有正的外部性，即它的溢出性。人力资本强的人会影响身边的人，人力资本强的团队会具有更强的创造能力。物以类聚，人以群分。交流、合作、示范、引领都会增强人力资本的外溢性和正的影响力。

第三，人力资本难以准确量化。与物质资本不同，人力资本难以准确量化。在劳动力市场上，由于信息不对称，劳动者往往隐瞒自己的真实人力资本，这样容易出现激励不相容和存在道德风险。人力资本难以准确量化，厂商或者用人单位往往通过劳动者所传递的信号来甄别人才，劳动者的学历、工作经验、证书以及绩效就成为人力资本水平高低的信号之一，据此确定新进劳动者的招聘与否及薪酬等级。

第四，人力资本具有不同的层级性。人是自然属性和社会属性综合作用的产物，由于遗传和变异的因素以及后天环境之间的差异，人与人之间的能力具有异质性，由于人的能力具有异质性，从而不同个体的人力资本也是有差异的。一般说来，人的能力分为学习能力、生活能力、工作能力、创造能力、领导能力以及应变能力等，与能力相对应的人力资本则是学习能力资本、生活能力资本、工作能力资本、研究型人力资本、领导型人力资本、企业家型人力资本以及应付复杂局面的人力资本等。

### 2.2.4 社会资本理论

#### 2.2.4.1 "社会资本"一词的提出及其定义

在社会转型时期，由于法制不健全，公民意识尚未有效形成，契约精神尚不能有效发挥其作用和功能，市场主体之间的交易就存在一定的障碍和风险。中国社会目前依然是属于熟人社会，距离契约社会的目标还有一定差距。在熟人社会，社会资本具有重要的作用和影响。

"社会资本"这一术语由20世纪80年代初法国社会学家布厄迪尔（P. Bourdieu）提出，科尔曼（J. Coleman，1990）对社会资本理论进行了系统阐释，普特南（R. Putnam，1993）最先运用社会资本理论来解释经济问题。已有的经济理论对于某些存在的经济现象经济问题难以给出令人满意和信服的答案，于是不少经济学家开始专注于社会资本理论的研究，把社会资本理论引入经济学的分析领域和研究范畴，比较科学地解释了经济社会中的不少问题。目前，社会资本理论已被广泛地运用于经济增长、可持续发展、企业集群、公共物品供给、收入分配、就业与再就业、贫困与反贫困、农村治理、和谐社会等领域的研究，社会资本理论涉及的学科主要有经济学、社会学、政治学等以及学科的交叉研究。

从已有的社会资本理论文献来看，对社会资本的定义各有不同。表2-1列出了学术界关于社会资本的代表性含义。

表2-1　　　　　　　　代表性社会资本的含义

| 作者 | 含　义 |
| --- | --- |
| 布厄迪尔（Bourdieu） | "……与群体成员相联系的实际的或潜在的资源的总和，它们可以为群体的每一个成员提供集体共有资本支持……"（1986） |
| 科尔曼（Coleman） | "……一种责任与期望、信息渠道以及一套规范与有效的约束，如果社会资本缺失，那么目标可能会无法实现，或者实现的代价会比较高昂……"（1990） |
| 普特南（Putnam） | "……指社会组织的特征，例如网络、规范和信任，它们有助于人们为了共同的利益进行协调与合作……"（1993）<br>"……指个体之间的联系、社会网络以及在此基础上形成的互惠和信赖的价值规范……"（2000） |
| 福山（Fukuyama） | "……群体成员之间共享的非正式的价值观念、规范，能够促进他们之间的相互合作。如果全体的成员与其他人等会采取可靠和诚实的行为，那么他们就会逐渐相互信任。信任就像润滑剂，可以使人和群体或组织更高效地运作……"（1999） |
| 林南（Nan Lin） | "……内嵌于社会网络中的资源，行为人在采取行动时能够获取和使用这些资源，因而，这个概念包含两个重要的方面：一是它代表的是内嵌于社会关系中而非个人所有的资源；二是获取和使用这种资源的权力属于网络中的个人……"（2001） |
| 经合组织（OECD） | "……网络以及共享的规范、价值观念和理解，它们有助于促进群体内部或群体之间的合作……"（2001） |
| 世界银行（World Bank） | "……一个社会的社会资本包括组织机构、关系、态度与价值观念，它们支配人们之间的行为，并有利于经济和社会的发展……"（1998） |

资料来源：邹宜斌. 社会资本：理论与实证研究文献综述 [J]. 经济评论，2005（6）.

## 第2章 贫困代际传递的理论基础与分析框架

从表2-1中可以看出，学术界对社会资本的确切含义并没有取得一致的看法。原因在于研究社会资本的学者们各自的立场、学科背景以及研究对象和想要达到的目的不同。上述具有代表性的社会资本含义综合起来包括了信任、合作、互惠互利、组织、网络关系、价值观念以及行为规范等方面的内容。在经济社会的时代变迁中，社会资本的内涵在不断完善和丰富，从微观到中观再到宏观，社会资本都有对应的分析内容，对于社会资本内涵的把握和理解有助于人们观察社会、分析社会以及把握社会变迁的脉搏。

如托马斯·福特·布朗（2000）采用系统主义的方法①把社会资本划分三个层面，分别是微观层面的社会资本、中观层面的社会资本以及宏观层面的社会资本。微观层面的社会资本侧重于分析考察居民或家庭的行为决策过程中社会资本功能的发挥，侧重分析讨论"个体自我通过社会网络（包括自我在内）调动资源的潜力"②，主要考察在特定的社会结构情形下个人的结果。

中观层次的社会资本分析主要考察社会资本的形成过程及其结果。科尔曼和林南关于社会资本的功能尤其是社会资本的积极功能以及罗纳德·伯特的"结构洞"理论是中观层次社会资本分析的代表③。该层次的社会资本主要讨论"社会资本特定网络的结构化，该网络中自我之间联系的定型，以及资源因其特殊结构而通过该网络流动的方式"④，并侧重考察网络结构化过程及其分布的影响。

宏观层次的社会资本分析侧重于讨论"特定社会资本网络包含在政治经济体系中的方式"⑤。主要考察"外在"文化、政治和宏观经济对网络中的社会联系的性质的影响，对网络结构的影响，以及对网络构建、变化和转移的动力的影响。⑥

结合已有社会资本文献和本书的研究需要，对社会资本的定义表述

---

① 系统主义是指对系统要素、构成和环境的三维分析。在社会资本系统中，要素是构成社会网络的个体自我；系统结构是联系自我的关系类型；系统环境是把该系统包含在内的更大社会生态。

②④ 托马斯·福特·布朗. 社会资本理论综述 [J]. 马克思主义与现实，2000（2）：41.

③ 罗纳德·伯特. 结构洞：竞争的社会结构 [M]. 上海：上海人民出版社，2008.

⑤ 托马斯·福特·布朗. 社会资本理论综述 [J]. 马克思主义与现实，2000（2）：42.

⑥ 姚毅. 中国城乡贫困动态演化的理论与实证研究——基于经济增长、人力资本和社会资本的视角 [D]. 西南财经大学博士学位论文，2010.

为：社会资本是以规范、信任、合作和网络为核心，由网络中的行动者互动作用产生和发展的具有收益性和便捷性为特征的一种社会关系网络。这种社会关系网络意味着，网络中的个人和组织通过与内部、外部对象长期联系、互惠互利而逐渐形成的历史传统、价值观念、信仰和行为范式等认同关系。

### 2.2.4.2 社会资本的属性

与物质资本、人力资本一样，社会资本同样具有"资本属性"，但是社会资本有其自身的显著特性。

（1）社会资本能够增加微观个体的心理效用。按照马斯洛的需求理论，正常人的基本需求包括低层次需求和高层次需求，生理需求与安全需求是低层次需求，而交往需求、尊重需求以及自我实现需求属于高层次需求。社会关系网络为人的低层次需求和高层次需求提供了载体和平台。社会网络层次的高低、规模的大小以及网络的嫁接方式对一个人和组织的影响是不同的。换句话说社会资本低的人获取高层次需求的概率较低，而社会资本富有的个人其获取高层次需求的概率就高。

改革开放以来，尤其是党的十四大以来，市场化改革的步伐不断加快，工业化、城市化建设如火如荼，人口流动越来越频繁，原有的格局被打破，而新的格局尚未有效形成，这就注定农村向城市流动的部分人的社会交往、心理安全、受尊重以及自我价值实现等需求得不到应有的满足，这部分群体很容易被社会边缘化而不能正常享有社会资本所带来的相应福利。

在自然面前人是渺小的，往往面临着不可预测的风险。但是在社会面前人的可塑性很强，只要人处于合适的社会网络之中，则应对风险的能力就强。人最大的风险可能在于缺乏必要的社会资本维护，处于社会网络之外。

（2）社会资本可以有效减少摩擦、降低交易成本，提高交易效率。市场交易的有效进行离不开信任和法制，信任缺失将导致交易无法正常进行，法制不健全将导致市场交易成本增加。市场经济本质上是法制经济，由于转轨时期法制建设跟不上快速变迁的社会步伐。在法制不健全或执法不严的背景下，社会资本对交易往往能够起到良好的约束作用。社会资本能够使处于同一社会网络中的个体和组织产生信任，大家也十分明白不信任将导致的恶果，处于同一社会网络的人和群体及组织有动机自觉去维护

## 第2章 贫困代际传递的理论基础与分析框架

这个网络的健康运行。社会网络所衍生出的网络信任能够有效地解决"逆向选择"以及"道德风险"问题。网络信任的建立有助于交易诚信的推行，有效避免资源浪费，从而降低交易成本。与此同时，社会资本能够有效解决"激励相容"问题。社会资本能通过网络规范和网络联系协调，有助于合作和团结。个人之间和群体之间的合作可产生正的外部性，也可以导致规模经济，从而社会资本通过社会网络的作用有效地解决了准公共物品问题，对政府提高公共物品的配置效率有极大的促进作用。

在信息不对称的情况下，通过博弈建立起来的交易网络，社会资本能够化解合作的风险，有效规避"囚徒困境"，有助于提高交易绩效。这种合作关系还能够增强网络中的个人及组织的谈判能力，有助于提高和改善成员的福利水平。

（3）社会资本可以通过投资和积累为网络中的成员和组织带来收益和便利。人是社会的人，人的社会属性决定了人都是处于一定的社会网络关系之中的行动个体，每个社会人都归属于不同的社会群体以及社会阶层。同一社会阶层或者同一社会群体由于具有类似的价值取向往往自觉不自觉地为同类争取更多的资源和收益。个人获取资源的途径是多样的，一般而言社会网络是个人获取资源的最为重要的途径，处于社会网络中的个体和群体，由于拥有相应的社会资本，其获取稀缺资源的机会要远远高于被排斥在社会网络之外的个体和群体，这些稀缺资源机会的拥有对于提高其收入水平和提高其社会竞争能力的有着极为重要的影响。

（4）社会资本能有效促进信息传播，提高知识溢出水平。在信息不对称的前提下，信息是一种稀缺资源，获取有经济价值的信息需要支付一定的成本。处于同一社会网络的个人和组织获取网络内部的信息相对便捷和便宜，有的信息获取可能是零成本获取。处于工作、同事、伙伴关系网络中的个体和组织可以借助这张网络获取资深员工、对方组织的信息，并通过观察、模仿、交流、探讨和学习而提升自己。同行业企业之间以及不同行业领域企业之间的商业网络关系能够有效地推动新技术的发明和新产品的传播。文化团体之间的网络关系能有效地促进文化的交流与繁荣。

（5）社会资本具有保障功能、融资功能与应对风险的功能。发展中国家因为经济不发达，资本欠缺，一方面，社会保障滞后于经济社会的发展，表现在保障体系建设不健全，社会保障水平不高，社会保障覆盖范围有限，无法有效满足社会各阶层对社会保障的需求，尤其是社会中弱势群体、低收入群体以及边缘人群的社会保障需求难以得到满足。另一方面，金融不发达，金融体系不健全，居民融资成本高。居民一旦遭遇难以预料的风险而资金支付却又出现困难时，社会关系网络中的成员往往会主动提供帮助。在现实生活中住房、教育和医疗被称为"三座大山"，其中任意一项都需要大量的资金支付。资金支付一旦出现困难，就会导致一系列的恶性循环，为打破这个恶性循环，社会资本的有效利用就成为解决难题的不二选择。

具有较高社会资本的网络成员融资水平较高，承担风险的能力较强，风险爱好者可能会进行高风险高收益的投资活动，从而带来高收益的概率大大增加。

（6）社会资本具有规范人的行为和促进社会稳定的效应。物以类聚，人以群分。一个生理正常、心理健康的人都希望得到别人的尊重和认可，这既是人性本能的需要也是个人效用最大化的需要。处在同一社会网络的个人和组织，彼此之间都了解，如果某人的思想不健康、行为不端正、道德水平低下很容易遭到圈子内的人排斥和冷漠。一个人一旦被社会网络所拒绝，其损失是难以估量的。社会网络具有一种无形的力量约束着网络中的每个成员，社会网络就像一只无形的手牵引着网络中的成员朝着正确的方向行走。因而社会资本具有规范人的行为和促进社会稳定的作用。

（7）社会资本在使用中具有增值性。社会关系是由不同的网络交织而成的，不同的网络通过串联和并联会使社会网络的容量不断扩大。社会资本在使用的过程中不会像物质资本的使用存在有形损耗，相反，社会资本在使用的过程之中得到增加，社会资本存量的增加和增量的扩大，会使社会资本不断得到集聚和积累。原因在于，伴随社会资本的不断使用，社会网络中参与的个体和组织会不断增加，诱致更多的社会资本进入相应的社会网络，不同网络的对接将整合原有的社会资本，从而导致社会资本不断扩大和增多。因此，社会资本具有物质资本不同的一点在于"用进废退"，社会资本越使用，往往越积累，越能给拥有者带来更多的便利和收益。

### 2.2.4.3 社会资本的特征

（1）社会网络需要维护需要经营，否则容易折旧和磨损。前面论述了社会资本的不断使用会使社会资本得到不断的增加和扩大，不存在使用磨

## 第2章 贫困代际传递的理论基础与分析框架

损，但是社会资本需要维护经营和更新，否则已形成的社会资本就会慢慢消退，也就是说社会资本同样存在折旧与精神磨损。第一，社会资本如果来自父辈的传承，则随着父辈的消失，如果不及时维护关系网络的话其相应的社会资本也会消失。第二，当一个人因为职业改变或者工作单位、工作地点发生改变后，同样，如果不及时对网络维护和更新的话，先前形成的信任、互惠互利关系就会弱化，也就是所谓的人走茶凉；如果能够搞好网络的维护和继续经营，则先前形成的社会资本将继续得到保持。第三，人口迁移之后的一段时期内，迁移者容易陷入社会资本的真空地带，一方面在迁入地新的社会关系网络尚未有效建立，另一方面以前在迁出地形成的社会关系网络因为疏远而导致社会资本弱化，为了避免这种局面的出现需要迁移者做好原有社会资本的维护工作，同时需要经营好在迁入地的社会网络，形成新的社会资本。

（2）社会资本具有马太效应。社会资本具有嫌贫爱富的本性，一旦融入某个或者某几个社会关系网络，其网络中个人和组织所拥有的社会资本将会像滚雪球一样逐步越滚越大，这就是罗伯特·伯特（2008）所讲的"结构洞"的原理；[①] 相反如果一个人或者某个社会组织被排斥在社会关系网络之外或者社会关系网络层次偏低，则个人或者组织所拥有的社会资本将会越来越少，极端情况就是社会资本趋于为零，当然这是一种很可怕的情况，理性的个人和组织需要千方百计地避免。马太效应一旦出现，贫富差距将难以避免，贫困及其代际传递将成为社会问题之一。

（3）社会资本具有排他性。社会资本能够为处于社会关系网络中的个人、群体以及组织带来收益和便利，但是处于社会关系网络中的群体和组织往往把非网络内的群体和组织排除在外，例如，比较常见的就是国有垄断企业、国家行政机关以及事业单位存在内部人控制的现象，福利、机会往往仅限于体制内、圈子内流通和享有，处于组织网络之外的群体和相关弱势群体就失去了本来可以通过公平竞争获取较高地位、较高收入岗位的机会。

（4）社会资本具有负的外部性。社会网络多样化、社会关系复杂化是当今社会的真实写照，不同的社会网络有其不同的社会资源和不同社会资本能量的发挥。我们所期望的是社会中的不同网络都是正能量传递和规范

---

[①] 罗伯特·伯特. 结构洞——竞争的社会结构[M]. 上海：上海人民出版社，2008.

发挥的网络，但是客观现实是社会中存在一些具有负的外部经济性的社会网络，其网络内的社会资本所发挥的作用往往对社会是有损害的，尽管这些社会关系网络为网络内的成员带来了客观的收益和便利，但是他们的所作所为却给社会带来了负面的影响，严重影响了社会公平正义、严重损害了经济发展效益、严重污染了社会风气。如权利寻租集团、制假贩假集团、贩毒集团、行贿受贿集团等都是特殊的社会关系网，这些网络成员的行为给社会带来了负的外部性。为了避免社会资本负的外部性所带来的不良影响，需要规避庸俗、低俗、媚俗的社会关系网，净化社会关系网络，让社会网络发挥应有的正能量。由于本书选题的需要，我们不对社会资本的负外部性在后文中做更多的应用分析。

#### 2.2.4.4 社会资本的获取

（1）家族传承（血缘传递）。无论是在西方国家还是在东方国家，无论是发展中国家还是发达国家，无论是社会主义国家还是资本主义国家，家族的力量从来都是一股不可忽视的力量，无论家族实力如何背景如何，家族都会对社会或多或少的产生影响。家族网络是微观个体和微观家庭最为直接最为基本的社会关系网络，这个网络以亲情、血缘为纽带，家族网络中的个人和群体都有相应的不同于亲情血缘的其他社会关系网络，这些社会关系网络往往可以通过家族成员的介绍和推荐让家族内的其他成员进入不同的社会关系网络，从而拥有更多的社会资本。父辈往往也可以把相应的社会关系网络传承给子辈。

（2）匿名网络（社会契约）。没有血缘关系的社会成员进入不同组织、单位、团体所形成的同学关系、同事关系、战友关系以及朋友等关系各自对应于相应的社会关系网络，这种社会网络不同于亲情、血缘关系的家族网络关系，而是通过契约、组织化形成的匿名网络关系。现代社会中这种网络将越来越普遍。这些社会关系网络被称为是最重要的资源网络，处于这类网络中的个人和群体也就自然地拥有这些社会关系网络和资源。我们知道社会中的各类网络以并联、串联和混联的方式链接，因此，只要找准合适的节点，就会使社会资本发挥应有的作用。

（3）投资经营（时间与财力）。当一个人处于社会关系网络之外时，就不能够享受相应网络之内的资源和便利，而要成为网络之内的成员，除了有人引荐之外更多的则需要自己投入一定的人力、物力和财力以及时间去经营社会关系网络。进入某一社会关系网络相对简单，但是真正被网络所接纳则需要付出一定的成本。日常生活中的朋友聚会、合作伙伴聚会以及参与某种俱乐部、协会等活动其实就是一种社会关系网络的经营,这种经营有助于关系更牢固。而"搭便车"获取的社会资本往往不可持久,如果想要对应的社会关系网络可靠则需要行为人投资和经营,因为天下没有真正意义上的"免费午餐"。

(4) 个人品质(伦理道德)。一个品质良好的人,往往容易受到他人、组织和社会的认可,如见义勇为者、拾金不昧者、尊老爱幼者等,这些人容易被社会媒体所聚焦,成为社会公众人物;那些具有较强社会资本实力的被帮助者往往处于感激和被感化的道德力量所驱使会接纳那些品质优良的人进入他们的社会关系网络,这种事例在日常生活中已经司空见惯,这种现象有助于社会良好风气的形成,更有助于社会网络之间形成良性循环。

(5) 外部援助(输血、造血)。对于经济欠发达地区、对于贫困家庭以及贫困者个人,外部的援助有助于被援助地区、家庭及个人摆脱困境,走上致富之路,过上有尊严的生活。在接受外部援助的同时,只要处理得当,被援助者可以通过间接途径获取援助单位及援助者个人所拥有的社会关系网络,获取一定的社会资本,这种社会资本的获得对减少贫困及其代际传递是大有裨益的,因为被帮助者有了获取更多信息和资源的机会。

### 2.2.5 治理理论

#### 2.2.5.1 治理的相关定义

"治理"一词源自古典拉丁文或古希腊语中的"引领导航",原意是控制、引导和操纵,指的是在特定范围内行使权威。它隐含着一个政治进程,即在众多不同利益共同发挥作用的领域建立一致或取得认同,以便实施某项计划。[1]

全球治理委员会对治理定义的表述具有权威性和代表性,那就是:治理是或公或私的个人和机构经营管理相同事务的诸多方式的总和。它是使相互冲突或不同的利益得以调和并且采取联合行动的持续的过程。它包括有权迫使人们服从的正式机构和规章制度,以及种种非正式安排。而凡此

---

[1] 陈光胜. 走向善治 [M]. 杭州:浙江大学出版社, 2007: 95.

种种均由人民和机构或者同意或者认为符合他们的利益而授予其权力。①

**2.2.5.2 治理的主要内涵**

梳理学术界的相关文献，治理的内涵可以归纳表述如下：

（1）治理理论主张建立体现法治和责任的公共服务体系，政府与公民实现对公共生活的合作管理，形成政治国家与公民社会的一种新关系，达成公共利益最大化的社会管理过程。②

（2）治理理论强调多元主体的多层治理，多元主体各自依据不同的行为原则，发挥不同的社会功能。③

（3）合作、互动、服务是治理理论的主题，治理理论倡导的合作、互动、服务等理念旨在激发社会活力和人们的创造精神。政府与民间、公共部门和私人部门之间的合作和互动最终会促成建立在信任与互利基础上的社会协调网络，达成自组织网络的自主治理。④

（4）治理是一个上下互动的管理过程，它主要通过合作、协商、确立认同的目标等方式实施对公共事务的管理。政府不再是国家唯一的权力中心，各种公共的和私人的机构只要其行使的权力得到了公众的认可，就都可能在各个层面上成为权力的中心。⑤

（5）治理理论所倡导的分权不仅仅是对权力过分集中的改变，而且是试图在国家发展上促进有效的大众参与，以改进政府的服务质量和扩大基层民主。⑥

**2.2.5.3 代表性治理理论**

（1）公共治理理论。该理论的核心是政府要明确职责，突出政府公共服务的职能，特别强调政府要做好自己应该做的事情以及能够做好的事情，政府思路要清晰，不要疲于应付忙于救火，去干预市场或公共自治组织能够解决好的事情。该理论强调弱化自上而下、等级分明的社会秩序，重视网络社会各种组织之间的平等对话以及网络内的系统合作关系。

（2）多中心治理理论。单中心治理意味着政府作为唯一的主体对社会公共事务进行排他性管理，多中心治理则意味着在社会公共事务的管理过程中，存在着包括中央政府部门、地方政府部门、政府派生机构、非政府组织、私人机构以及公民个人在内的许多决策中心，它们在一定的规则约

---

① 俞可平. 治理与善治 [M]. 北京：社会科学文献出版社，2000：16-17.
②③④⑤⑥ 刘孙渊，马超. 治理理论视野下的教育公共治理 [J]. 外国教育研究，2008：16.

# 第2章 贫困代际传递的理论基础与分析框架

束下，在一定范围内以多种形式共同行使主体性权力。①

（3）协同治理理论。公共事物治理主体在运用法律、行政、科技、知识、信息、舆论等手段时，要使一个各自为政的系统中诸要素或子系统间相互协调、相互支持、共同作用，从而产生一个有序、合作、协同的整合系统，实现力量的整合与集聚，使其高效地进行社会公共事务治理，最终达到维护与确保公众享受公共利益的目的。②

## 2.3 本书分析框架

### 2.3.1 贫困代际传递的影响因素

#### 2.3.1.1 父辈的贫困是家庭贫困代际传递的起点和主要原因

贫困家庭的状态可能一样，但致贫因素则会是多样的，因体弱多病、智障残疾或者意外风险导致父辈贫困，父辈通过努力却无法跳出贫困陷阱，在自然面前、在社会面前感觉无可奈何、无计可施，在这样的环境中，人很容易滋生宿命论思想，认为自身贫困是命中注定的，是上帝的安排，有的甚至认为是祖上无德所致，这就是贫困文化观念作祟由于有这种思想认识的作用，贫困的父辈也就慢慢习惯了贫困。人类社会是自然界的一部分，同自然中的生物群体一样，人类社会中的群体、个体同样存在遗传、复制和选择，演化经济学称为"惯例"。

一般说来，父辈体弱多病以及智障残疾，则其子辈体弱多病和智障残疾的概率较高，而体弱多病及智障残疾的人劳动能力偏低，劳动生产率偏低，获取资源和财富的能力就受到极大的限制。这类人群尤其在婚姻市场上处于绝对弱势，婚姻组合的结果多半是弱势对弱势的结果，这样一种局面就导致了新组合的家庭劳动生产力依然偏低、劳动生产率依然偏低，这样一来子辈就复制了父辈的贫困。

从社会属性来看，演化经济学的"惯例""模仿"范式认为，群体内人的思想、习惯、性格以及习俗一旦形成，对群体内的其他人是有影响的，尤其是占据一定地位（家庭地位或者社会地位）的人的思想、习惯、

---

① 陈光胜. 走向善治 [M]. 杭州：浙江大学出版社，2007：99.
② 陆远权，牟小琴. 协同治理理论视角下公共危机治理探析 [J]. 沈阳大学学报，2010 (10)：105 – 107.

性格容易对别人产生影响；在家庭内部，父辈的思想、性格、习惯以及习俗很容易被子辈所模仿，或者说父辈把父辈们的思想、性格、习惯以及习俗遗传给了子辈，这种影响和遗传其实也是一种自然选择的结果。在家庭内部，家庭教育，父辈的言传身教、潜移默化对子辈的影响是不可估量的，时间久了，子辈们就自然地把父辈的思想、性格、习惯选择作为自己的思想、性格及习惯的全部或者部分。贫困家庭的父辈，往往在无力改变贫困时很容易产生和形成宿命论的思想，认为贫困是命中注定的，既然是命中注定，改变是徒劳的，与其如此还不如默默承受吧，这种宿命论思想是很容易遗传给子辈的，子辈一旦也有了这种思想和意识也就失去了同贫困做斗争的勇气，在贫困面前选择贫困，在困难面前选择逃避困难，在逆境面前选择逆来顺受，其父辈的贫困也就无意之中被选择继承和延续。客观地说，这种思想的遗传和复制是一种消极的、被动的、低效率的选择。

### 2.3.1.2 物质贫困是贫困代际传递的基本条件

农村贫困家庭的父辈往往从事的都是那种粗放型农业生产，土地产出率偏低，很多贫困农户居住分散，一家一户分散耕作、分散经营；而土地肥力差，土地产出率偏低，要想提高家庭收入（收入往往就是实物），劳动力就成为必然的投入要素，在家庭成员数量一定的前提下，劳动力数量是无法解决的，那唯一的途径就是生育更多的孩子，尤其是生育更多的男孩。于是男孩偏好成为贫困乡村在大自然面前的一种理性选择，因为男孩意味着劳动力。男孩偏好在农业经济时代，在偏远的贫困农村是一种普遍的社会认同。面对失控的人口增长局面，为了缓解人与自然的矛盾，为了控制人口数量、提高人口质量，我国在20世纪70年代实行了严格的"计划生育"基本国策，违反"计划生育"政策是需要按照规定缴纳社会抚养费的。超生的后果是严重的。一方面，由于要缴纳社会抚养费而导致超生家庭经济上陷入困境，由于经济上的困难，超生家庭的子女一般接受的教育偏低，甚至有的连起码的营养都无法保障，这样的结果就是导致了超生子女人力资本存量偏低，获取物质财富的本领低下；另一方面，对于微观家庭来说，劳动力数量的增加，就会加大微观家庭劳动力数量的投入，而先前可耕种的土地数量是有限的，为了增加产量，就只好依靠开荒来增加土地数量，这样做的恶果就是生态环境遭到了破坏，先前均衡的生态环境由于人口的增加而导致过度砍伐、过度放牧、过度捕捞，这样的利益诱致人与自然无法协调发展。生态环境破坏之后，人们从自然获取的财富就会

# 第2章 贫困代际传递的理论基础与分析框架

大大下降，子辈遭受贫困的概率几乎无法逃避。

### 2.3.1.3 贫困家庭被歧视或排斥是家庭贫困代际传递的社会因素

在自然界，不同种群之间存在激烈的生存竞争，在同一生存环境下，不同种群竞争的结果就是实力强大的种群获得了生存的主导权，其他种群沦为被支配被控制被淘汰的地位。在严酷的自然法则下，面对异族种群，同一种群会自发的团结起来形成力量共同抵御异族种群，但是在同一种群内部也存在着激烈的竞争，在同一种群内部也存在不同的亚种群，在同一种群内部往往都是那些力量强大、身材高大、相貌出众的个体成为种群内的领导者，通过角逐和竞争不同的个体归属不同的亚群体，级别低的个体和亚群体因竞争力不强而成为被歧视的被排斥的对象。在自然界，歧视与排斥是自然选择的结果，是生物群体的一种本能，通过竞争，被歧视与被排斥的个体及种群因不适应残酷的生存环境，通过遗传和选择，弱势群体将被逐出群落。这就是达尔文进化论中所描述的"物竞天择，自然淘汰"的演进图谱。同样，人类社会充满了竞争，充满了歧视与排斥，人类社会是一个高级复杂的生物群体。在人类社会同样存在弱肉强食的自然法则（就是霍布斯在《利维坦》一书中所论述的"丛林法则"[①]），有时候其残酷程度远远超出人们的想象力。强势群体是人类社会的主宰群体，弱势群体是被支配被主宰的群体。贫困群体往往是人类社会中的弱势群体，处于社会底层，因为贫困，贫困群体往往成为被歧视的对象。在现实社会中，不会因为有亲情和有血缘关系而就没有歧视和排斥，客观现实是即或存在有血缘关系的个体和家庭也会遭到拥有相同血缘的亲戚及族人的歧视与排斥，在同一家庭内部，子辈中的个体被歧视被排斥也是客观存在的一种社会现象。有血缘关系的人都会歧视和排斥那些有血缘关系的贫困者，那么贫困者遭遇非血缘关系的其他社会人群的歧视和排斥也就不足为怪了。贫困家庭的父辈因为贫困受到歧视和排斥，获取外部帮助的概率可能性很低，陷入贫困陷阱的概率增加，贫困的父辈如果跳不出贫困陷阱，则子辈很容易复制父辈的贫困，父辈遭遇歧视、被排斥的经历很容易遗传给子辈。

在此说明，贫困代际传递中，贫困家庭的物质资本匮乏虽然是一个基础因素，但由于在贫困及其代际传递的研究文献中，已有大量的研究成果

---

① 霍布斯. 利维坦 [M]. 北京：商务印书馆，2000.

和众多学者从物质财富贫乏的角度探讨了贫困家庭的代际传递，形成了丰富的科研成果，而从人力资本欠缺，尤其是社会资本不足的视角分析贫困家庭代际传递还比较鲜见。因此，这就是在下文分析框架上只以人力资本和社会资本视角来分析贫困代际传递的旨意所在。

### 2.3.2 基于演化经济学视角的贫困代际传递演进机制

演化经济学使用生物学隐喻，通过多样性原则、遗传原则和选择原则来论述事物演化过程。下面，将从惯例、模仿、循环累积、协同演化、行为演化五个方面来研究贫困家庭代际传递的演进机制。

#### 2.3.2.1 惯例与贫困家庭代际传递

演化经济学认为，人类经济行为中的演化不是"理性选择"的结果而是"惯例性"的。如中国自农村改革实行家庭联产承包责任制以来，农村地区的绝大多数家庭都是采取一家一户的分散经营，每一个家庭就是一个生产经营单位。家庭的生产经营是以日常惯例为基础的，惯例是家庭的组织记忆，扮演着信息传播和劳动技能的功能。惯例作为一种"组织基因"，每个家庭的惯例可以看作是家庭知识与经验的载体，惯例之间存在一定的异质性，从而构成了家庭之间不同的经济状况。可以说，几千年来，农耕文明形成的一些经验被当作惯例，农村地区绝大多数家庭从事家庭生产经营活动基本上按照已经形成的惯例做事，在无外力冲击之下，家庭惯例很难被打破。研究表明，农村贫困家庭按照惯例做事的方式具有很强的刚性或路径依赖，贫困家庭的父辈之所以贫困，很大程度上就是传统生产经验及模式形成的惯例使然，按照这种惯例生产经营获取的家庭收入偏低，偏低的收入导致家庭的物质贫困。在家庭生产、生活中，子辈在耳濡目染、司空见惯之中传承了父辈生产、生活的惯例，而这种惯例无法为子辈带来较高的收入，于是子辈仍然难以跳出父辈的贫困，从而贫困在代际之间发生。如果不打破不能为贫困家庭带来更高收入的惯例，则贫困家庭的代际传递链条就无法被截断。

#### 2.3.2.2 模仿与贫困家庭代际传递

模仿是动物的本能，在生物种群内，一般存在起主导作用的领头者，这个领头者的行为模式往往被种群内的其他成员所模仿。研究表明，在同一群体内，弱势者处于模仿者的角色，而强势者处于被模仿的角色。模仿是人的一种本能，模仿是一种适应性的表现。同一人群内，人的模仿行为

# 第2章 贫困代际传递的理论基础与分析框架

存在相互性，也就是彼此之间的模仿。演化经济学认为，同一群体内人的思想、习惯、性格以及习俗一旦形成，会影响到群体内的其他（她）人群，尤其是家庭地位高或者社会地位高的人，他（她）们的习惯、性格、习俗以及行为模式很容易影响到他（她）人。在家庭内部，子辈在成长的过程之中，父辈起主导作用，扮演着领导者、管理者的重要角色，父辈的习惯、性格、习俗以及行为模式很容易被子辈所模仿，这种模仿即是一种自然选择的结果，也是一种适应性的结果。在这个过程中，适应方比较容易被对方所接受，相应地降低摩擦成本，出现相互模仿。因为当子辈成长起来之后，子辈的思想、性格、习惯以及行为模式可能存在较大的改变，与父辈的思想、性格、习惯以及行为模式存在较大的差异性，这个时候，父辈在无意或有意之中接受子辈的影响，去模仿子辈。贫困家庭的父辈，通过自身力量难以改变贫困的处境时，会导致出现在贫困面前选择贫困、在困难面前选择接受困难、在逆境面前选择逆来顺受的消极行为方式。贫困对父辈的负面影响所呈现出来的消极思想、意识以及行为方式被子辈选择和模仿。这种选择和模仿将导致子辈很难走出贫困的陷阱，父辈的贫困被子辈所沿袭、复制。

### 2.3.2.3 循环累积与贫困家庭代际传递

演化经济学理论认为，市场主体在演化的过程当中都会形成循环累积趋势，循环累积趋势发展的方向存在较大的差异性。一般说来，循环累积趋势包括两个方面的内容：一是良性循环累积趋势，该循环累积趋势有助于市场主体的发展，其主体参与市场竞争的能力将得到进一步提高，获取稀缺资源的机会将会大大提高，在动态演化的过程当中，这类主体往往成为市场的主导者，成为激烈竞争中的赢家；二是恶性循环累积趋势，该循环累积趋势无助于市场主体的发展，其主体参与市场竞争的能力将得到进一步恶化，获取稀缺资源的机会有限，即或是有机会但往往没有能力把控住机会，在动态演化的过程当中，这类主体将成为市场竞争的失败者乃至出局者。演化经济学认为人们的习惯、思想以及模仿等在演化过程中会形成循环累积趋势。父辈的思想、习惯、行为方式会影响到子辈，反过来，子辈的思想、习惯以及行为方式也会对父辈产生影响。对于贫困家庭而言，往往某些不好、不良的习惯、思想以及低层级模仿成为其家庭生产、生活的主导力量，这种主导力量在贫困家庭中广泛存在，属于恶性循环。随着这种恶性循环累积力量使得贫困家庭在动态的发展中陷入比先前更为不利的境地，这种境地如果不被外力所打破，其家庭将锁定在恶性循环的路径上，从而导致贫困家庭发生贫困代际传递的概率大大提高。因此，对于贫困家庭来说，循环累积将导致贫困代际传递发生。

#### 2.3.2.4 协同演化与贫困家庭代际传递

协同演化是指两个物种间各自施加自然选择上的压力，互相影响对方演化的过程。在协同演化过程中，如果存在着一个起主导作用的互动主体，该互动主体对协同演化的影响起主导作用，则该演化就是一方主导型协同演化。在协同演化过程中，如果存在着协同双方互动主体共同主导协同演化则为双方共同主导型协同演化。除此之外的协同演化，都归并到无主导型协同演化中。无论是一方主导型协同演化还是双方共同主导协同化型以及其他类型的协同演化，都存在着相互影响的过程，是一个彼此适应的过程。协同演化的互动主体之间协同演化的结果如果是同时提高双方的适应性，则该协同演化关系就是合作的协同演化关系。如果协同演化是通过降低某一互动主体的适应性来提高另一互动主体的适应性，或者协同演化的结果同时降低了双方的适应性，这种协同演化就是基于竞争的协同演化。显而易见，一方主导型协同演化与竞争性协同演化在本质上是类似的。在经济社会的发展变迁之中，家庭变迁同样存在协同演化关系。家庭协同演化主要可以划分为家庭内部的协同演化以及家庭之间的协同演化。对于富裕家庭内部及富裕家庭之间的协同演化的结果来说，一般都会进一步提高家庭的竞争能力和发展能力。但是，对于贫困家庭来说，贫困家庭内部的协同演化以及贫困家庭之间的协同演化，并不能够改变贫困家庭的面貌。原因在于，对于贫困家庭内部及贫困家庭之间的协同演化主要是基于竞争的协同演化，降低了彼此之间的适应性，没有形成良好的合作型协同演化关系，其协同的结果，反而增加了贫困家庭的风险，降低了贫困家庭的竞争能力。于是，在演化的过程中，子辈沿袭了父辈的贫困，出现贫困代际传递。

#### 2.3.2.5 行为演化与贫困家庭代际传递

在人们的思维、行为形成过程中，其思想意识、生活习惯、消费方式、办事风格、兴趣爱好等最易受到家庭成员的影响（通常讲家庭教育是人生的第一课堂，父母是孩子的首任教师），而且在一段时期内难以发生改变，也就是所谓的习惯成自然，个人的这种习惯会遗传给自己的下一代。演化经济学以适应行为假设代替西方经济学理性行为假说，适应行为包括惯例行为和创新行为，惯例行为通过遗传机制得以保持稳定性，创新行为通过变异（创新）机制得以实现。与理性行为假设相比，适应行为假设更符合人类社会发展的实际，适应行为假设承认个人以及人群的差异性，对现实社会经济问题的解释更具有说服力。人们行为在演化的过程之中，会出现两种显著不同的情况，一是行为在演化的过程之中，先前的惯例没有得到实质性的变化或者变化些微，对行为主体影响不大；二是行为在演化过程之中先前的惯例被打破，创新行为取得显著地位。无论是个人、企业还是社会，当行为演化朝着创新行为方向演化时，个人将得到提升、企业将得到发展以及社会进步显著。按上述原理针对农村贫困家庭来讲，家庭内部行为的演化主要以惯例行为为主，而惯例行为的演化由于遗传机制的作用，导致子辈与父辈一样同样处于贫困的境遇，从而贫困代际传递得以发生。当然，贫困家庭行为演化如果能够朝着创新行为方向发展，则贫困家庭就容易走出贫困，贫困代际传递就不会发生。

### 2.3.3 基于人力资本理论视角下的贫困代际传递发生机制

许多研究及其经验事实证明，人力资本与收入之间是正相关关系，不同个体之间的人力资本存在异质性，个体的人力资本存量和人力资本增量都不同程度的影响到其收入水平，人力资本的异质性是导致收不平等的重要要素之一。从代际的角度来看，父辈的人力资本水平是其家庭获取收入的重要要素，父辈的低人力资本水平是贫困家庭代际传递的根本因素。

教育的重要功能就在于能够提高受教育者的个人素养，个人素养的提高会导致一个人的社会责任意识及社会公民意识的形成，良好教育是微观个人、家庭和宏观社会"软实力"形成的基础性条件。

从教育经济学的理论来看，通过教育使受教育者能够获取有经济价值的通识性和专业性的知识。从教育伦理学的角度来看，一个人的爱心、孝心及奉献精神都离不开良好的教育，良好的教育是微观个体道德素养形成提高的必要条件。在道德素养的引领下，可以引起财富从富裕地区向贫困地区的转移和流动，可以引起财富从富裕家庭向贫困家庭的转移和流动，可以引起财富从富裕个人向贫困个体、贫困家庭及贫困地区转移和流动。从某种程度而言，提高道德素养是传递正能量最有力的途径，因此，道德素养起到了自动调节收入分配不平等的作用。民间"扶贫济困"团体和个人自发自愿无偿资助贫困群体的诱因来自道德素养的力量。

下面，本书将从教育、健康、在职培训、迁移投资、经验积累以及性别歧视六个方面来研究人力资本与贫困家庭代际传递的发生机制。

#### 2.3.3.1 教育投资与贫困家庭代际传递

教育是获取人力资本存量和增量的重要手段，对于贫困家庭来说，教育具有双重角色的作用：一是个人的教育水平直接影响到一个人的收入水平，贫困家庭教育的贫乏是导致贫困的基本原因；二是一个人的教育水平还会影响到一个人的就业状况，就业领域和就业岗位的不同会导致收入差异。而教育层次低的个人往往处于就业的不利地位，获取的收入往往较低。贫困家庭教育的缺乏会严重制约家庭成员获取较高收入的概率，收入水平的低下很容易导致贫困恶性循环。贫困家庭一旦陷入该循环，就容易导致贫困家庭的代际传递。贫困家庭教育缺乏→就业竞争力低下→收入水平低下→缺乏必要的积累→贫困家庭贫困加重→贫困家庭教育投资缺乏→贫困家庭教育更加缺乏。

受教育程度也影响贫困家庭的就业问题。就业是获取收入的根本来源。在现实社会中，不同的行业、不同的职业、不同的岗位对于经济发展、社会发展的作用是有差异的，就业层次的不同，所获取的收入也就不同。与此同时，发达地区和欠发达地区经济发展状况不一致，就会导致相同职业相同岗位的收入大为不同。那些教育层次较高的个人从事的就业层次和就业区域相对较高较好，其对应的收入水平也相对较高。贫困家庭由于教育水平低下，教育层次较低，贫困家庭的劳动力往往从事着低技术含量低附加值的就业岗位，这些岗位可替代性高，尽管如此，这些岗位劳动力数量的需求往往低于可以从事这些岗位的劳动力数量的供给，这样一来从事这些低层次岗位的人员就只能获取低廉的收入。

#### 2.3.3.2 健康投资和贫困家庭代际传递

人力资本是蕴藏在人的生命体之内，其作用的有效发挥需要以人的健康为前提，健康投资是人力资本投资的要素之一，对于贫困家庭来说，健康投资主要是通过三种机制影响贫困家庭代际传递。

第一，个人的体力、精力、耐力都依赖于其身体状况，劳动者的健康状况直接影响劳动时间的长短和劳动质量的好坏。因此，劳动者的体力、精力以及耐力对于劳动者的劳动生产率有着决定性的影响，劳动生产率的高低与其收入水平的高低息息相关。而发生贫困代际传递家庭，由于缺吃少穿、营养结构不合理，缺乏必要的健康投资，从而导致父辈健康得不到

## 第 2 章　贫困代际传递的理论基础与分析框架

应有的保障，其劳动能力将受到制约，相应的劳动生产率水平下降，进而收入水平会下降，收入水平下降将直接影响到贫困代际传递家庭的收支状况。

第二，人的预期寿命与其身体健康状况正相关。人的储蓄动机因素是多维的，其中之一就在于储蓄者本人要将其收入平滑满足退休之后的消费。预期寿命短的人其储蓄动机较弱，预期寿命长的人其储蓄动机较强。投资来自于储蓄，而储蓄来自于微观个人、企业以及政府，其中微观个体的储蓄份额对总储蓄的影响是比较大的，因此，微观个体储蓄动机叠加的结果会影响投资水平，进而影响经济增长水平；而经济增长水平又会对整个社会的贫困状况产生影响，这在于"蛋糕"做大了有助于"蛋糕"的分配，经济总量增加了有助于拿出更多的钱去解决贫困问题。微观个体的健康状况通过社会叠加因素对经济发展产生作用，进而间接地影响微观个体的收入状况和贫困家庭的动态情况。

第三，微观个体的健康状况会影响其参加教育投资、培训投资的动机。如上所述，教育投资和培训投资对就业和收入水平有重要的影响。健康状态欠佳的人，无力承受或者参加更多的教育及培训；而健康状况好的人，其接受更多教育和培训的概率高。因此，微观个体的健康状况通过教育及培训来提高收入，有效降低本人及家庭的贫困。但贫困家庭父辈往往身体健康状况欠佳，受到收入的刚性约束，贫困家庭父辈无力为本人和子女提供教育投资和可能改变命运机会的培训投资，从而很容易导致贫困在代际之间传递。

#### 2.3.3.3　在职培训和贫困家庭代际传递

参与在职培训能够使培训者在较短的时间内获得相应的生产技能、劳动技能、经营技能以及与时俱进的学习能力。参与在职培训能够比较显著的提高劳动者的劳动生产率，降低不必要的效率损失。当今市场经济发展中，"适者生存，不适者被淘汰"的竞争法则在人类社会中普遍存在，在经济全球化的今天，竞争的强度、广度、深度都是空前的，要想在竞争中胜出，除了加强学习之外，就是要动态地参与在职培训，不断提升自己的人力资本水平。通过在职培训，不断地积累人力资本规模，使人力资本存量扩大，人力资本质量在动态的发展中提高。在职培训具有较高的经济价值回报性，能够为培训者带来显性和隐形的经济收入；在职培训提高了培训者生产、经营、竞争、创新多方面的能力，能力的提高，获取收入的概率增加，在正常条件下陷入贫困的可能性下降。因此，通过在职培训，可以显著降低贫困代际的发生。

#### 2.3.3.4 迁移投资和贫困家庭代际传递

人力资源在流动中将不断得到优化配置，从人力资源开发中凝结的人力资本也将因为优化配置而得到进一步的提升。人的出生无法选择，微观个体往往能量有限而无法改变贫困的自然环境，但是，在条件具备的情况下，通过自身和家庭的努力，可以通过家庭迁移的方式来改变所处的不利环境，从而提高人力资本水平，有助于破解家庭贫困和家庭贫困代际传递。但是，迁移是需要付出成本的，而贫困家庭往往没有财力支撑迁移发生所需要的最低成本而无法迁移，这样很容易导致父辈的贫困因无法迁移改变不利的自然环境而把贫困传递给子辈。

#### 2.3.3.5 经验积累和贫困家庭代际传递

人们在工作过程中经过实验、探索、试错会总结出一些具有经验性的东西，这些经验性的东西一旦掌握，加上工作时间的积累，人们在有意和无意中掌握了某门或者某几门的工作经验。实践工作经验的积累有助于实践者工作阅历、社会阅历的积累。一个经验丰富且理性的人，其犯常识性错误的概率就会降低，其工作能力就会增强，其解决实际问题的本领就会提高。然而贫困家庭的劳动者大多数要么从事传统的农业生产及家庭经营，要么在非正规部门就业。前者积累的是传统经验，传统经验往往只能够确保维持简单再生产的家庭生计需要，并不能够很大程度提高家庭生产经营的水平及能力和不能满足扩大家庭生产规模的要求，而且不少传统经验的积累往往成为新技术新方法引进的障碍。因此，贫困家庭劳动者的经验积累如果只是局限在传统的经验积累和低技术含量的经验积累方面，贫困家庭就难以提高家庭的收入水平，无法走出贫困的陷阱。

#### 2.3.3.6 性别歧视和贫困家庭代际传递

性别歧视在社会中是一种常见的现象，人力资本投资中的性别歧视更是司空见惯。研究表明，女性受教育的程度均低于男性受教育的程度，女性参与在职培训的机会要低于男性参与在职培训的机会，这就造成了女性的人力资本水平整体上低于男性的人力资本水平，并且还涉及劳动力市场上就业的性别歧视，造成女性就业难度大于男性。在家庭中，女性重要角色地位不可替代，尤其是孩子在成长的过程中（特别是在婴儿阶段、幼儿阶段以及少儿阶段），母亲的重要性远远超过父亲的重要性。在一些贫困

# 第 2 章 贫困代际传递的理论基础与分析框架

单亲家庭，孩子往往跟随母亲生活，如果母亲具有较高的人力资本水平，则其子女受到良好教育和情操熏陶的概率高。反之，如果母亲的人力资本水平不足，则其子女从一出生可能就面临着享受低端教育的风险。高人力资本水平的母亲其家庭发展能力、财富增长能力较高，陷入贫困境遇的可能很低，反之低人力资本水平的母亲其家庭发展能力、财富增长能力偏低，陷入贫困境遇的可能较大。因此，人力资本中的性别歧视容易导致女性贫困，女性贫困则容易导致家庭贫困代际传递。

### 2.3.4 基于社会资本理论视角的贫困代际传递扩散机制

#### 2.3.4.1 受社会地位与社会资源影响的社会网络对农村贫困家庭代际传递的扩散作用

社会地位与社会资源之间相互作用、相互影响。社会资源数量的多少影响着一个人的社会地位，相应的社会地位掌控着社会资源的配置。社会地位与社会影响力是一种正相关关系。那些社会地位较高的强势群体凭借权利、影响力、控制力占有更多的有限稀缺的社会资源，并将这种稀缺的社会资源在自身所在的社会网络内进行分配，获取稀缺社会资源所带来的收益和福利。而社会地位较低的社会底层拥有的社会资源有限甚至有的根本就没有社会资源，这类群体容易被边缘化。社会地位与社会资源相互作用相互影响的结果一般有两种情况：一是社会群体分化为强势群体与弱势群体，一方面强势群体拥有更多的社会资源，借助强势社会关系网络变得更加强势；另一方面弱势群体由于社会资源稀缺往往变得更加弱势或者弱势地位难以改变。二是社会贫富差距进一步扩大。一方面强势群体掌握着话语权对政府、社会走向以及经济发展都有重要的影响力，而弱势群体发出的声音很微弱，正当合法基本的权利诉求都有可能不被重视；另一方面弱势群体与强势群体之间的沟通交流通道被无形的力量所堵塞，使得弱势群体借助于强势群体社会关系网络获取资源的概率大大降低，这就形成了所谓的"马太效应"，马太效应使得贫困家庭难以走出贫困陷阱，家庭贫困在代际之间传递就成为一种必然。

#### 2.3.4.2 贫困文化对农村贫困家庭代际传递的扩散作用

家庭文化对于个人的成长有着不可估量的重要影响。对于微观家庭来说，父辈和亲戚是主要的社会网络。父辈和亲戚贫困很容易导致家庭文化贫困，家庭贫困文化一旦形成，子辈的思想、意识、理念往往与主流思想、意识和理念相冲突，子辈很容易形成自闭心理和逆来顺受心理，宿命论成为潜移默化的指导力量，排斥和接受新事物新文化新知识新技能成为贫困文化影响下的常态，贫困文化的形成还容易导致贫困家庭缺乏应有的动机和力量去挑战贫困，而是形成了一种等、靠、要的负面思想和意识。在贫困文化链条没有打破的情况下，父辈的贫困传递给子辈基本上是一种必然。这种情况在我国一些少数民族地区和集中连片特困地区贫困代际传递比较明显，这就是其扩散机制的体现。

### 2.3.4.3 组织资源缺乏对农村贫困家庭代际传递的扩散作用

组织资源作为社会资本的一种重要形式，在社会网络形成发展中有重要作用。作为人类社会中的一员更是离不开组织的依托和庇护。人一旦脱离组织，或者组织的力量无法覆盖到相应的个体和家庭，该个体和家庭就面临更多的风险和困难。在农村地区，尤其是贫困地区，组织的缺乏主要表现在以下三个方面：一是缺乏互助组织。互助组织有助于整合单个的力量，形成合力应对风险解决难题，在不少农村贫困地区由于地广人稀，家庭与家庭之间居住分散，互助组织的构建就十分必要。二是缺乏沟通农村家庭与市场对接的桥梁组织。不少贫困地区资源丰富，特色农作物丰富，但是由于缺乏必要的信息沟通，很难将资源转化成资本，严重制约了农村贫困家庭走出贫困，这种局面的持续就容易导致贫困在家庭代际之间传递。三是缺乏真正意义上的为贫困家庭服务的公益性组织。改革开放以来，我国农村地区尽管建立了一定数量和规模的公益性机构和组织，但是其公益的本质和作用并未得到应有的发挥，有些公益性机构和组织因缺乏必要的监管和约束，在利益的诱惑之下打着公益的旗帜干着违法获取财富的行径，严重败坏了公益组织的应有形象。公益组织的缺乏和部分公益组织的不得力导致农村贫困家庭借助组织力量跳出贫困陷阱的期望无法实现，这无意之中加重了贫困家庭的心理负荷，这种心理负荷如果得不到一定释放，很容易导致贫困在代际之间传递。

### 2.3.4.4 信任对农村贫困家庭代际传递的扩散作用

信息经济学理论表明，当信息不对称时，会出现交易双方不均衡状况，掌握信息的一方拥有主动权，具有讨价还价的优势，而信息劣势一方在交易的时候，往往只能被动接受信息优势方的定价和约束条件，支付更高的成本，信息不对称会导致信任不足，信任不足造成偏高的交易成本则会影响彼此的交易。信任的建立，主要包括三个方面：一是依赖彼此双方

## 第 2 章  贫困代际传递的理论基础与分析框架

的动态博弈，在动态博弈的过程中，彼此之间能够达成相互信任。二是依靠非正规制度，比如习俗风格、传统伦理道德的约束（即演化经济学的"惯例"），如果不讲信任，违背伦理道德准则或风俗习惯，则在圈子内难以立足，社会地位就会受到负面冲击。在现实生活中，讲究信任的人往往会给他（她）带来更多的便捷，相反缺乏信任的人，则往往陷入被动的境遇。三是依靠正规制度，如法律法规乃至村规民约等制度，市场经济的本质则是法制经济，信任是达成正规、正常、理性交易的重要条件，信任缺失将遭到法律的惩戒。所以，包括法制在内的正规制度是信任升成扩展的必要保障。可以说，讲究信任的个人、家庭及组织容易得到相应的信任，农村贫困家庭如果能够取信于人，讲究信任，在一定程度上则能够从亲友、邻居以及金融机构那里得到援助和融资，贫困代际传递的概率就会大幅度降低，相反，如果贫困家庭不讲信任，失信于人，在很大程度上难以从亲友、邻居及金融机构那里得到援助和融资，则贫困家庭发生贫困代际传递的概率就会大幅度提高。

### 2.3.4.5  合作对农村贫困家庭代际传递的扩散作用

在信任的前提下，人们才能展开合作。无论是在计划经济时代，还是在市场经济时代，合作无所不在、无处不有。合作对于个人来讲，能够使其较为迅速地掌握某项或某几项技能，能够使其提高劳动生产效率，能够使其降低生产成本，能够使其增加资本积累；合作对于家庭来讲，能够使合作之间的家庭彼此分散的资源得到优化配置，降低冗余的生产资料购买，使其有限的资金能够配置到急需和更能带来经济回报方面的投资，从而提高家庭产出水平，增加家庭财富积累；合作对于组织来讲，能够加强组织之间的交流，能够更多地掌握对方信息，能够较好地吸收对方经验，知识的外溢性得到进一步扩散，与此同时，组织之间的合作能够降低各自的运行成本，提高组织各自的运行效率，避免过度竞争造成的资源消耗和"非合作博弈困境"带来的效率损失。贫困家庭由于物质资本的欠缺，往往难以购买齐全的生产资料和生活资料，如果贫困家庭之间能够相互合作，则会降低相应的购买生产资料、生活资料的成本，把有限的资金投入到扩大再生产以及人力资本投资等方面，那么贫困家庭的贫困将会得到改变；贫困家庭之间的合作，能够提高彼此之间应对风险的能力，能够把相应的福利损失降低到最低水平；贫困家庭与富裕家庭之间同样存在合作的必要与可能，在农村地区，有的贫困家庭缺乏物质资本但是往往不缺劳动力,有的富裕家庭不缺物质资本但是往往缺乏劳动力,如果这两类家庭彼此之间能够合作,则彼此双方的福利水平都将得到提高,贫困家庭代际传递的发生率就会下降。除此之外,贫困家庭主动与各类扶贫机构、公益性组织合作是一项利好选择,通过与其合作,贫困家庭有可能获取相关机构及公益性组织所提供的资金支持、技术支持和技能培训。从某种程度而言,贫困家庭与扶贫机构、公益性组织的合作比较容易融入较高层级的社会网络,将会享受到较高层级社会网络所带来的各种资源支持,从而有助于贫困家庭摆脱贫困,截断贫困代际传递链条。总之,"合作双赢"能够降低贫困家庭代际传递的概率。

#### 2.3.4.6 互惠对农村贫困家庭代际传递的扩散作用

互惠互利能够形成稳定的人际往来,互惠互利能够形成稳定的社会结构,互惠互利能够形成稳定的交易关系,互惠互利能够达到交易者之间的利益均衡(中国文化归纳为"来而不往非礼也")。从互惠互利与信任、合作的联系看,互惠互利能够促进稳定的信任关系、能够促进稳定的合作关系、能够建立稳定的伙伴关系。信任的扩展、合作的开展又能够推动互惠互利网络的蓬勃发展。相反只惠己不惠人或者惠己损人,则难以构建稳定的合作关系以及信任关系。同样,国家与国家之间的交往离不开互惠互利,否则容易出现贸易摩擦、民族冲突甚至有可能诱发战争,国与国之间只有建立在互惠互利关系基础之上,其正常的关系才能够持久。互惠互利对于国与国之间是如此,互惠互利对于组织与组织之间、家庭与家庭之间、个人与个人之间同样如此。农村贫困家庭之间、贫困家庭与富裕家庭之间如果能够做到互惠互利,则能够增加彼此之间的家庭福利,有助于降低家庭贫困发生代际传递的风险。农村贫困家庭之间的互惠互利关系往往容易形成,农村贫困家庭与富裕家庭之间的互惠互利往往需要借助党政机关、社会公益组织的介入。总而言之,互惠互利能够降低农村家庭贫困代际传递发生的概率。

#### 2.3.4.7 获取社会资本能力高低对农村贫困家庭代际传递的扩散作用

如前所述,社会资本作为一种资本具有降低贫困、改变困境、走出贫困的功能和作用。由于个体的异质性,不同的人获取社会资本的能力也是异质的。获取社会资本能力高的人,其相应的社会关系网络层级就高,网络内可以享有的资源和信息种类范围可能更多更广,这对于消除贫困是极为重要的;相反,获取社会资本能力较低的人,其所在的社会网络层级较

第 2 章 贫困代际传递的理论基础与分析框架

低，网络内可以享有的资源和信息有限，这对于贫困的破解没有实质性影响。贫困家庭往往都是那些社会的底层，属于弱势群体和边缘群体，由于受物质资本和人力资本的限制，他们获取社会资本的能力有限，有的根本就被排斥在社会关系网络之外，没有真正意义上的社会资本。贫困家庭物质资本缺乏，物质资本缺乏导致人力资本缺乏，人力资本缺乏导致获取社会资本的能力缺乏，社会资本缺乏导致贫困家庭被排斥在社会资源丰富的社会网络之外，从而导致贫困家庭走出贫困的概率降低，导致贫困在代际之间传递的概率加大。

### 2.3.5 分析框架

具体如图 2-1 所示。

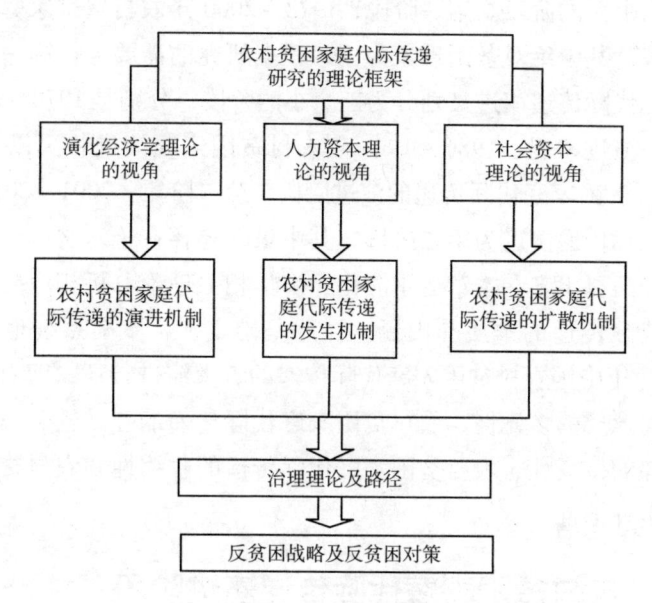

图 2-1 分析框架

# 第3章 中国农村贫困家庭代际传递演进历程与现状

本章采用经济史的研究方法，把农村贫困家庭代际传递演进的历史阶段划分为两个大的阶段。第一阶段，1978~2000年农村贫困家庭代际传递为第一阶段，其中绝对贫困现象为主；根据研究的需要，把第一阶段的农村贫困家庭代际传递演进又划分为三个小的阶段，分别是1978~1985年农村贫困家庭演进状况、1986~1993年农村贫困家庭演进状况以及1994~2000年农村贫困家庭代际传递的演进阶段。第二阶段：2001~2012年农村贫困家庭代际传递演进为第二阶段，其中虽然还存在绝对贫困，但相对贫困现象已经凸显出来。本章运用演化经济学相关理论分析相应阶段的农村贫困家庭代际传递的本质和内涵。在此基础之上，本书系统地总结出了1978~2012年中国农村贫困家庭代际传递的五大演进特征，即农村贫困家庭代际传递形成的多元性、农村贫困家庭代际传递的互动性、农村贫困家庭代际传递的持续性、农村贫困家庭代际传递的收缩性和农村贫困家庭代际传递的负外部性。

## 3.1 农村贫困家庭代际传递演进阶段

近些年来，贫困家庭代际传递问题研究引起了不少学者的关注和研究，农村贫困家庭代际传递研究的文献在逐渐增加，但是对于新中国成立以后尤其改革开放以来农村贫困家庭代际传递不同历史阶段划分的文献尚少，且划分标准存在较大的不同。结合论文的选题，本书把农村贫困家庭代际传递演进的历史阶段划分为两个大的阶段。第一阶段，1978~2000年农村贫困家庭代际传递，其中以绝对贫困现象为主；根据研究的需要，把第一阶段的农村贫困家庭代际传递演进又划分为三个小的阶段，分别

第3章 中国农村贫困家庭代际传递演进历程与现状

是1978~1985年农村贫困家庭演进状况、1986~1993年农村贫困家庭演进状况以及1994~2000年农村贫困家庭代际传递的演进阶段。第二阶段，2001~2012年农村贫困家庭代际传递演进，虽然还存在绝对贫困，但相对贫困现象已经凸显出来。农村贫困家庭代际传递演进历史阶段划分依据考虑到三个方面：一是与国家经济体制改革相结合。1978~1985年经济体制改革率先在农村进行，1986~1993年经济体制改革的重点在城市，1993~2000年市场经济体制改革全面进行。二是与国家战略相结合。进入21世纪，中央提出并有效实施西部大开发战略、中部崛起战略、统筹城乡发展战略以及全面建设小康社会战略。三是与国家扶贫历程相结合。根据国情及国情的变化，国家在农村扶贫过程中担当了应有的责任，相继出台了大规模、全覆盖、有组织的《国家"八七"扶贫攻坚计划》(1994~2000年)；《中国农村扶贫纲要》(2001~2010年)；《中国农村扶贫刚要》(2011~2020年)，三大扶贫战略规划，使贫困的深度、广度都得到了前所未有的改变。这三点就是本书划分农村贫困家庭代际传递演进历史阶段的主要依据。

### 3.1.1 1978~2000年农村贫困家庭代际传递演进第一阶段

新中国成立以来，中国各级政府一直把关注民生、改善人民生活、消除贫富差距、消除贫困作为执政的重点内容，由于历史原因，中国真正意义上的扶贫是在改革开放以后才大规模、成体系实施。中国扶贫开发从1978年到2000年历经22年，通过22年的扶贫开发，中国农村贫困代际传递状况得到了显著的改变，贫困家庭生活显著提高，贫困代际传递家庭数量显著下降。

#### 3.1.1.1 1978~1985年农村贫困家庭演进状况

（1）农村居民家庭经济情况概述。这一阶段正值党的十一届三中全会的召开，标志着中国全面结束了"文革"时期状态，工作重心全面转入经济建设领域。中央政府审时度势，高瞻远瞩，结合当时的世界情况和国内特殊的国情，实事求是地尊重群众的首创精神，改革开放在农村率先实施。农村改革主要表现在实行"家庭联产承包"责任制，在实行"家庭联产承包"责任制的同时，农产品价格逐步有序放开，因地制宜发展乡镇企业（当时称为社队企业）等改革。在这农村"三轮"改革的驱动下农村居民家庭经济状况发生了显著的改善。

第一，农村居民家庭收入情况。从1978年开始直到1985年，农村居民家庭平均每人纯收入呈现出线性增长的趋势，在1978年的基础之上，农村居民家庭平均每人纯收入只用了4年时间就翻了一番。农村居民家庭平均每人工资性纯收入表现出1978~1982年逐年小幅增加，1982年是一个拐点，自1982年后的三年中，平均每人工资性纯收入大幅下降人均不到75元。从1978~1982年，农村居民家庭平均每人家庭经营纯收入以及平均每人农业纯收入出现小幅上涨，1983~1985年农村居民家庭平均每人家庭经营纯收入以及平均每人农业纯收入增幅较快。农村居民家庭平均每人家庭经营纯收入与农村居民家庭平均每人农业纯收入表现出较高的正相关关系（见表3-1）。

表3-1　　　　　1978~1985年农村居民家庭人均收入情况　　　　　单位：元

| 项　　目 | 1978年 | 1979年 | 1980年 | 1981年 | 1982年 | 1983年 | 1984年 | 1985年 |
| --- | --- | --- | --- | --- | --- | --- | --- | --- |
| 人均纯收入 | 133.6 | 160.2 | 191.3 | 223.4 | 270.1 | 309.8 | 355.3 | 397.6 |
| 人均工资性纯收入 | 88.3 | 100.7 | 106.4 | 113.8 | 142.9 | 57.5 | 66.5 | 72.2 |
| 人均家庭经营纯收入 | 35.8 | 44.0 | 62.6 | 84.5 | 102.8 | 227.7 | 261.7 | 296.0 |
| 人均农业纯收入 | 17.9 | 18.0 | 26.3 | 34.1 | 38.5 | 173.9 | 198.4 | 202.1 |

资料来源：中华人民共和国国家统计局编，1979~1986年各年份中国统计年鉴，中国统计出版社。

第二，农村居民家庭消费情况。从表3-2中可以看出，从1980~1985年，农村居民家庭平均每人消费支出呈现出小幅增长的趋势，这段时期内，农村居民消费支出主要集中于食品消费支出，从1980~1985年各年份的农村居民恩格尔系数顺次为0.618、0.598、0.606、0.594、0.593以及0.578[1]，显然，在这个时期内，农村居民整体上逐渐告别贫困生活缓步走向温饱生活的门槛。可以发现，除了食品消费之外，农村居民家庭平均每人衣着消费支出以及农村居民家庭平均每人居住消费支出增加比较显著，显然，当人们的温饱基本满足以后，消费开始转向穿得好、住得好转变。此外，在这个时期内，农村居民家庭平均每人家庭设备及用品消费支出以及农村居民家庭平均每人文教娱乐消费支出增加相对明显，家庭设备支出的增加，给家庭生活带来了便捷和舒适，而文教娱乐支出费用的增加则表明基本温饱满足之后，部分人群开始追求精神层面的享受，通过读书增加自己的人

---

[1] 中华人民共和国国家统计局编．中国统计年鉴（2001）[M]．北京：中国统计出版社，2002：340．

# 第3章　中国农村贫困家庭代际传递演进历程与现状

力资本积累，通过娱乐增加自己的幸福感受。研究发现，在这个时期内，农村居民家庭平均每人交通通信消费支出无论是绝对数还是相对比例均比较低，反映出这个时期内，农村居民外出流动性偏低、与外界联系较少，处于相对封闭状态。与此同时，该时期内农村居民家庭平均每人医疗保健消费支出绝对数和相对数都是偏低的。相关数据见表3-2。

表3-2　1978~1985年农村居民家庭消费情况　　　单位：元

| 项目 | 1980年 | 1981年 | 1982年 | 1983年 | 1984年 | 1985年 |
|---|---|---|---|---|---|---|
| 人均消费支出 | 162.2 | 190.8 | 220.2 | 248.3 | 273.8 | 317.4 |
| 人均食品消费支出 | 100.2 | 114.1 | 133.5 | 147.6 | 162.3 | 183.4 |
| 人均衣着消费支出 | 20.0 | 23.8 | 25.0 | 28.0 | 28.9 | 30.8 |
| 人均居住消费支出 | 22.5 | 31.6 | 35.6 | 42.0 | 48.4 | 57.9 |
| 人均家庭设备及用品消费支出 | 4.1 | 4.2 | 9.4 | 14.0 | 14.8 | 16.2 |
| 人均交通通信消费支出 | 0.6 | 0.6 | 0.6 | 3.6 | 3.4 | 5.6 |
| 人均文教娱乐消费支出 | 8.3 | 10.1 | 7.5 | 5.7 | 8.2 | 12.4 |
| 人均医疗保健消费支出 | 3.4 | 4.2 | 4.7 | 4.4 | 5.0 | 7.7 |
| 人均其他消费支出 | 3.2 | 2.2 | 4.0 | 3.0 | 2.7 | 3.6 |

资料来源：中华人民共和国家统计局编，1981~1986年各年份中国统计年鉴，中国统计出版社。

第三，农村居民家庭居住情况。数据显示，农村居民家庭人均住房面积从1978年的8.1平方米/人增加到1985年的14.7平方米/人，显然人均住房条件得到一定程度的改善，人均住房面积的增加在一定程度上缓解了先前人均住房紧张的局面。1980~1985年，农村居民家庭住房价值在逐年缓慢增加；1980~1985年，农村居民家庭住房结构也在缓慢发生改变，农村居民家庭住房钢筋混凝土结构从1980年的0.1平方米/人增加到1985年的0.3平方米/人，农村居民家庭住房砖木结构从1980年的4.9平方米/人增加到1985年的7.5平方米/人（见表3-3）。

表3-3　1978~1985年农村居民家庭居住情况

| 项目 | 1978年 | 1979年 | 1980年 | 1981年 | 1982年 | 1983年 | 1984年 | 1985年 |
|---|---|---|---|---|---|---|---|---|
| 农村居民人均住房面积（平方米/人） | 8.1 | 8.4 | 9.4 | 10.2 | 10.7 | 11.6 | 13.6 | 14.7 |
| 农村居民家庭住房价值（元/平方米） | — | — | 17.0 | 17.9 | 19.2 | 21.6 | 23.8 | 26.8 |

续表

| 项 目 | 1978 年 | 1979 年 | 1980 年 | 1981 年 | 1982 年 | 1983 年 | 1984 年 | 1985 年 |
|---|---|---|---|---|---|---|---|---|
| 农村居民家庭住房钢筋混凝土结构（平方米/人） | — | — | — | 0.1 | 0.1 | 0.3 | 0.2 | 0.3 |
| 农村居民家庭住房砖木结构（平方米/人） |  |  |  | 4.9 | 5.2 | 6.2 | 6.8 | 7.5 |

资料来源：中华人民共和国国家统计局编，1979~1986年各年份中国统计年鉴，中国统计出版社。

（2）农村贫困家庭数量大幅下降。如上所述，改革极大地释放了农村劳动者的积极性，农村劳动生产率得到了极大提高，农村改革有力推动了农业经济停滞不前的不利局面。农村土地承包到户，农产品价格的放开、农业产业结构的有效调整以及农村部分劳动力进入非农领域的就业使得农民生活大面积得到提高，充分享受到了改革开放初期带来的经济红利，许多贫困家庭由此受益而脱贫。同时，1984年9月，中共中央、国务院联合出台了《关于帮助贫困地区尽快改变面貌的通知》，确定了对贫困地区实施开发式扶贫的方针。农村不少贫困家庭得以脱贫致富，先前农村大面积贫困的现象得到了大幅度的下降。1978年按照125元的贫困标准计算，当年农村贫困人口数量为2.5亿人，贫困发生率达到30.70%，到了1985年，按照205元的贫困标准计算，当年农村贫困人口为1.25亿人，贫困发生率为14.80%。从1978~1985年贫困人口减半，在这7年内，年均减少贫困人口1 785.7万人。相关数据如表3-4所示。

表3-4　　　　　　　　　　农村居民贫困状况

| 相关指标 | 1978 年 | 1985 年 |
|---|---|---|
| 贫困标准（元/人） | 125 | 205 |
| 贫困人口（万人） | 25 000 | 12 500 |
| 贫困发生率（%） | 30.7 | 14.8 |
| 调查农民总户（万户） | 15 914 | 66 642 |
| 平均每户常住人口（人） | 5.54 | 5.12 |

资料来源：中华人民共和国国家统计局编，1979年、1986年中国统计年鉴，中国统计出版社。

（3）农村贫困家庭收入、消费及其他状况。在上述1978~1985年农村居民家庭经济发展的背景下，这一阶段农村贫困家庭人均收入缺口处于

## 第3章 中国农村贫困家庭代际传递演进历程与现状

小幅下降区间内,从1978年的75.03元下降到1984年的37.73元,说明在本阶段内农村家庭土地承包责任制从试点到全面推行,极大地解放了农村生产力,一大批农村家庭(包括贫困家庭)得益于生产关系的改善,释放出了潜在的劳动生产力,农业收益在本阶段内显著上升,农村贫困家庭数量得以显著减少。尽管如此,到了1985年农村贫困家庭人均收入缺口数则又上升到50.96元,说明在该阶段内农村贫困家庭处于绝对贫困状态,扶贫标准低,缓贫成效还待巩固,因此,到这一阶段的年尾贫困家庭人均收入缺口数又上翘,表明农村贫困家庭的收入状况不容乐观,这也在很大程度上影响到贫困家庭代际传递(见表3-5)。

表3-5　　　　1978~1985年农村贫困家庭人均收入缺口数　　　　单位:元

| 年份 | 1978 | 1980 | 1981 | 1982 | 1983 | 1984 | 1985 |
|---|---|---|---|---|---|---|---|
| 人均 | 75.03 | 62.51 | 51.77 | 44.18 | 40.7 | 37.73 | 50.96 |

资料来源:王雨林. 中国农村贫困与反贫困问题研究 [M]. 杭州:浙江大学出版社,2008:71.

根据《新中国50年统计资料汇编》的统计,全国农村居民人均消费支出由1979年的158元上升到1985年的347元[①]。1980年国贫标准是130元,1980年数据显示按照五等分标准划分的低收入农村贫困家庭和次低收入农村贫困家庭人均消费支出低于130元,低收入农村贫困家庭当年人均消费支出只有105元,而次低收入农村贫困家庭当年人均消费支出也只有126元。在本阶段农村贫困家庭主要属于绝对贫困,在绝对贫困的刚性约束下,本阶段农村贫困家庭人均消费支出明显偏低(见表3-6)。

表3-6　　　　1980年农村贫困家庭人均消费支出情况　　　　单位:元

| 低收入户 | 次低收入户 | 中等收入户 | 次高收入户 | 高收入户 |
|---|---|---|---|---|
| 105 | 126 | 152 | 190 | 261 |

资料来源:国家统计局农村社会经济调查司编. 历史的跨越——农村改革开放30年 [M]. 北京:中国统计出版社,2008:19.

1978~1985年这个时期内,农村贫困地区师资力量奇缺,不少教师教学方法、教学能力难以满足社会发展的需要,在本阶段内,农村贫困地区

---

[①] 国家统计局国民经济综合统计司. 新中国50年统计资料汇编 [M]. 北京:中国统计出版社,1999:20.

教师教育教学的供给能力有限,这是当时的社会大环境所决定的。与此同时,本阶段内农村贫困家庭普遍缺乏的就是劳动力,贫困家庭劳动力的数量在一定程度上决定了其家庭是否能够解决基本的温饱问题。因此,在本阶段内,农村贫困家庭的上学适龄子女没有上学或者中途辍学的比例显著偏高,从而在本阶段内农村贫困家庭人力资本水平的积累也是偏低的。农村贫困家庭人力资本的偏低会诱发贫困家庭代际传递的扩散。

本阶段农村改革由试点到大范围展开,先前建立在以集体经济为基础之上的合作医疗体制、公益性服务体系逐渐解体,如先前遍布农村的"赤脚医生"等公益性服务项目退出、先前由集体经济承担的大病治疗风险转嫁到家庭个人;由于本阶段农村贫困家庭处于绝对贫困状态,大部分农村贫困家庭在生病后除非到了迫不得已的程度才会去看病之外,一般选择就是忍受和硬抗,从而导致健康资本水平受到损伤,因病致贫现象也就比较突出。

本阶段处于绝对贫困状态的农村家庭居住条件比较恶劣,主要表现在:居住面积偏低,几代人挤在狭窄的住房里,人畜混居,居住在草房、土坯房、危旧房的贫困家庭偏多。有的农村贫困家庭在下雨时根本无法正常居住,冬天下雪时,基本无法保暖。

本阶段,城乡流动壁垒依然顽固,农村贫困家庭人员流动范围基本局限于所在居住地,社会上穷人被歧视、忽视的不良习俗仍顽固地存在。因此,本阶段的农村贫困家庭在社会交往上微乎其微,获取社会资本的能力极为低下。

(4) 农村贫困家庭代际传递演进状况。本阶段虽然农村贫困家庭数量下降速度较快,但贫困人口数量还是较大,有的贫困地区不仅土地贫瘠,而且人多地少,有限的土地无法满足贫困家庭对粮食的需求,粮食不足无法喂养一定数量的能够改善生活需求的猪、鸡、鸭、鹅、鱼等家畜、家禽以及水产品。粮食不足导致贫困家庭正常的生活无法保障,家畜、家禽以及水产品的缺乏无法为贫困家庭提供营养保障,因此,物质匮乏,基本生存难以保证温饱没有解决,以致营养不足。物质资本贫乏导致的人力资本不足成为本期农村贫困家庭代际传递的主要诱因,绝对贫困成为较普遍现象。在农村贫困家庭生产、生活中,子辈传承了父辈生产、生活的惯例,而这种惯例无法为子辈带来较高的收入,于是农村贫困家庭的子辈难以跳出父辈的贫困。农村贫困家庭内部行为的演化主要以惯例行为为主,而惯例行为的演化由于遗传机制的作用,导致子辈与父辈一样同样处于贫困的

第3章 中国农村贫困家庭代际传递演进历程与现状

境遇。

本阶段整个国家教育处于百废待兴的局面,农村地区大面积师资奇缺,能够满足教书育人的教师数量极度稀缺,农村地区的师资队伍主要以民办教师、代课教师为主。该时期农村贫困地区父辈文化水平普遍低下,对教育的重要性认识不足,父辈基本谈不上对子辈教育的投入,贫困家庭尤其如此,因此,小学及初中的辍学率偏高,适龄儿童失学、辍学现象极为普遍。人力资本的稀缺,导致农村贫困家庭父辈所呈现出来的消极思想、意识以及行为方式被子辈选择和模仿,从而诱致贫困家庭的子辈无法走出父辈的贫困。

当然,这一阶段脱贫家庭数的增加和贫困发生率下降的速度还是比较高的,但由于贫困标准低,贫困家庭要解决温饱进入小康还需走较长的路。

### 3.1.1.2 1986~1993年农村贫困家庭演进状况

(1) 农村居民家庭经济情况概述。第一,农村居民家庭收入状况。从1986年开始直到1993年,农村居民家庭平均每人纯收入呈现出单调递增的趋势,在1986年的基础之上,农村居民家庭人均纯收入将近用了7年时间翻了一番。从1986~1993年,农村居民家庭平均每人家庭经营纯收入以及平均每人农业纯收入表现出小幅上涨,二者增长趋势比较一致,没有大起大落的情况出现。农村居民家庭人均经营纯收入与农村居民家庭人均农业纯收入表现出较高的正相关关系。1986~1993年,农村居民家庭人均工资性纯收入小幅增加。研究表明,在这个时期内,农村居民家庭人均纯收入主要来源于家庭经营纯收入,其次是工资性纯收入,表明农民外出打工收入,逐渐占据家庭收入结构中的重要地位,这不仅会改变农村家庭务农收入与非农收入结构,也将对许多贫困家庭的经济状况产生重要影响(见表3-7)。

表3-7　　1986~1993年农村居民家庭平均每人收入情况　　单位:元

| 项目 | 1986年 | 1987年 | 1988年 | 1989年 | 1990年 | 1991年 | 1992年 | 1993年 |
|---|---|---|---|---|---|---|---|---|
| 纯收入 | 423.8 | 462.6 | 544.9 | 601.5 | 686.3 | 708.6 | 784.0 | 921.6 |
| 工资性纯收入 | 81.6 | 95.5 | 117.8 | 136.5 | 138.8 | 151.9 | 184.4 | 194.5 |
| 家庭经营纯收入 | 313.3 | 345.5 | 403.2 | 434.6 | 518.6 | 523.6 | 561.6 | 678.5 |
| 每人农业纯收入 | 216.2 | 220.2 | 236.0 | 253.9 | 344.6 | 338.7 | 354.5 | 448.4 |

资料来源:中华人民共和国国家统计局编,1987~1994年各年份中国统计年鉴,中国统计出版社。

第二，农村居民家庭消费情况。从表3-8可以看出，1986~1993年，农村居民家庭平均每人消费支出呈现出小幅平缓增长趋势，与1978~1985年相似，该时期内农村居民消费支出仍然集中于食品消费支出，1986~1993年各年份的农村居民恩格尔系数顺次为0.564、0.558、0.540、0.548、0.588、0.576、0.576以及0.580[①]，显然，该时期内农村居民恩格尔系数依然较高，农村居民整体上处于温饱水平。可以发现，除了食品消费之外，该时期内另外两大消费主要集中于居住消费和衣着消费，与1978~1985年这个时间段相比，该时期农村居民更注重居住消费的支出。从1986~1989年，人均农村居民家庭设备及用品消费支出高于其文教娱乐人均消费支出，从1990~1993年，农村居民家庭人均文教娱乐支出高于其家庭设备及用品消费支出。该时期内，农村居民家庭人均交通通信消费支出以及医疗保健消费支出依然偏低。农村居民外出流动性依然不足、与外界联系相对较少，整体上处于相对封闭和绝对贫困状态。

表3-8　　1986~1993年农村居民家庭平均每人消费支出情况　　单位：元

| 项　目 | 1986年 | 1987年 | 1988年 | 1989年 | 1990年 | 1991年 | 1992年 | 1993年 |
|---|---|---|---|---|---|---|---|---|
| 消费支出 | 357.0 | 398.3 | 476.7 | 535.4 | 584.6 | 619.8 | 659.0 | 769.7 |
| 食品消费支出 | 201.5 | 222.1 | 257.4 | 293.4 | 343.8 | 357.1 | 379.3 | 446.8 |
| 衣着消费支出 | 33.0 | 34.2 | 41.1 | 44.5 | 45.4 | 51.1 | 52.5 | 55.3 |
| 居住消费支出 | 70.3 | 79.8 | 96.3 | 105.2 | 101.4 | 102.3 | 104.9 | 106.8 |
| 家庭设备及用品消费支出 | 19.6 | 21.5 | 30.0 | 32.4 | 30.9 | 35.3 | 36.7 | 44.7 |
| 交通通信消费支出 | 6.2 | 8.2 | 8.9 | 8.5 | 8.4 | 10.3 | 12.2 | 17.4 |
| 文教娱乐消费支出 | 14.4 | 18.5 | 25.7 | 30.6 | 31.4 | 36.4 | 43.8 | 58.4 |
| 医疗保健消费支出 | 8.7 | 10.7 | 13.4 | 16.4 | 19.0 | 22.3 | 24.2 | 27.2 |
| 其他消费支出 | 3.3 | 3.4 | 3.9 | 4.3 | 4.3 | 5.0 | 5.5 | 13.1 |

资料来源：中华人民共和国国家统计局编，1987~1994年各年份中国统计年鉴，中国统计出版社。

第三，农村居民家庭居住情况。从表3-9可以看出，农村居民家庭人均住房面积从1986年的15.3平方米/人，增加到1993年的20.7平方米/人，人均住房面积的增加缓解了住房紧张的局面。1986~1993年，农村居

---

① 中华人民共和国国家统计局编.2001年中国统计年鉴[M].北京：中国统计出版社，2002：340.

民家庭住房价值在逐年增加，反映出农村居民家庭住房档次的提升；从1986~1993年，农村居民家庭住房结构得到优化提升，农村居民家庭住房钢筋混凝土结构从1986年的人均0.4平方米/人增加到1993年2.3平方米/人，农村居民家庭住房砖木结构从1986的8.2平方米/人增加到1993年的11.8平方米/人。

表3-9　　　　　　　1986~1993年农村居民居住情况

| 项　目 | 1986年 | 1987年 | 1988年 | 1989年 | 1990年 | 1991年 | 1992年 | 1993年 |
|---|---|---|---|---|---|---|---|---|
| 农村居民人均住房面积（平方米/人） | 15.3 | 16.0 | 16.6 | 17.2 | 17.8 | 18.5 | 18.9 | 20.7 |
| 农村居民家庭住房价值（元/平方米） | 29.2 | 30.5 | 33.4 | 37.3 | 44.6 | 56.6 | 60.1 | 73.4 |
| 农村居民家庭住房钢筋混凝土结构（平方米/人） | 0.4 | 0.6 | 0.7 | 0.9 | 1.2 | 1.6 | 1.8 | 2.3 |
| 居民家庭住房砖木结构（平方米/人） | 8.2 | 8.6 | 9.0 |  | 9.8 | 10.4 | 10.7 | 11.8 |

资料来源：中华人民共和国国家统计局编，1987~1994年各年份中国统计年鉴，中国统计出版社。

（2）农村贫困家庭数量小幅下降。在改革开放政策红利的持续推动下，我国广大的农村地区在经济整体上取得了显著的成绩，但是区域之间存在较大的差异。东部地区、中部地区、西部地区以及南方地区和北方地区都存在经济、文化、社会、自然、人文、历史以及地理等差异，凡是综合条件相对较好的农村地区经济发展较好，人民生活得到切实改善，但是综合条件相对较差的地区经济发展相对滞后，农村地区之间的发展差距逐渐显现，农村发展不均衡问题较为突出，低收入群体当中有一部分贫困群体的经济收入难以支撑其本人及家庭维持基本生存。

面对当时复杂多变的国际环境，为了体现出社会主义制度的优越性，为了稳定国内环境，中央政府从战略高度出发，为了切实有效推进扶贫工作，中央政府于1986年打出了一套有力的政策组合拳：成立了权威性极高的专门扶贫工作机构,[①] 安排扶贫专项资金，有针对性地制定扶贫优惠政

---

① 设立国务院贫困地区经济开发领导小组，相应的在各省（直辖市）自治区，各市、县成立直属的扶贫办公室，农村扶贫工作的这套组织系统成为农村扶贫工作的直接领导机构，沿用至今。

策，进一步完善了带有自生能力性质的开发式扶贫方针。当初认为传统的救济式扶贫只能够在一定程度上解决问题，标本不能够兼得，而开发式扶贫则能够有效调动扶贫对象的积极性，提高扶贫对象经济发展的自生能力，也就是所谓的"授之以鱼不如授之以渔"。这个时期的扶贫特点在于有专门扶贫组织机构，扶贫范围广，扶贫有组织、有计划，但是也存在一定的瑕疵，如扶贫资金存在"片撒胡椒粉"的现象，导致有些深度扶贫绩效不佳。

1986~1993年的扶贫开发工作是中国历史上从未有过的大规模有计划地向贫困宣战时期，通过8年的艰苦卓绝的工作，我国农村的贫困人口从1986年的1.25亿人下降到1993年的0.8亿人，在这期间内，年均减少贫困人口642.85万人，年平均递减率为6.00%；1993年按照国家贫困标准483.70元来计算，当年的农村贫困发生率为8.7%[①]，而1986年农村贫困发生率为16%。1985年、1990年和1993年农村抽样调查数据显示：按照人均家庭纯收入中位数占比前的累积占比分别为77.68%、34.95%和20.40%，从中我们可以看出从1985~1993年的9年中，农村贫困家庭数量在趋于小幅下降（见表3-10）。

表3-10　　　　　1985~1993年农村抽样调查情况

| 指标 | 1985年 | 1990年 | 1993年 |
| --- | --- | --- | --- |
| 调查户数（户） | 66 642 | 66 960 | 67 570 |
| 调查户人（人） | 341 525 | 321 429 | 310 194 |
| 平均每户常住人（人） | 5.12 | 4.80 | 4.59 |
| 平均每户整半劳动力（人） | 2.95 | 2.92 | 2.87 |
| 平均每个劳动力负担人口（人） | 1.74 | 1.64 | 1.60 |
| 平均每人年收入（元） | 547.31 | 990.38 | 1 333.82 |
| 总收入（元） | 547.31 | 990.38 | 1 333.82 |
| 现金收入（元） | 357.39 | 676.67 | 910.15 |
| 纯收入（元） | 397.60 | 686.31 | 921.62 |
| 现金收入（元） | 357.39 | 676.67 | 910.15 |
| 按纯收入分组户数占调查户比重（%） | | | |

---

① 李兴江. 中国农村扶贫开发的伟大实践与创新［M］. 北京：中国社会科学出版社，2005：63.

续表

| 指　　标 | 1985 年 | 1990 年 | 1993 年 |
|---|---|---|---|
| 100 元以下 | 0.96 | 0.22 | 0.45 |
| 100～200 元 | 11.26 | 1.80 | 1.16 |
| 200～300 元 | 25.61 | 6.57 | 3.41 |
| 300～400 元 | 24.00 | 11.99 | 6.33 |
| 400～500 元 | 15.85 | 14.37 | 9.054 |
| 500～600 元 | 9.06 | 13.99 | 10.38 |
| 600～800 元 | 8.02 | 20.83 | 20.28 |
| 800～1 000 元 | 2.93 | 12.45 | 15.77 |
| 1 000～1 500 元 | 1.89 | 12.20 | 19.35 |
| 1 500～2 000 元 | 0.26 | 3.47 | 7.06 |
| 2 000 元以上 | 0.16 | 2.11 | 6.76 |

资料来源：中华人民共和国国家统计局编，1986 年、1994 年中国统计年鉴，中国统计出版社。

（3）农村贫困家庭收入、消费及其他状况。1986～1993 年的 8 年时间内，农村贫困家庭人均收入缺口一直稳定在 50 元左右，其中最小值为 1992 年的 51.32 元，最大值为 1989 年的 57.22 元。从 1986～1993 年的 8 年中，整个国民经济发展较为迅速，尤其是在本时段内，城市经济改革全面进行，相比前一阶段（1978～1985 年）虽然农村居民收入水平相应得到一定程度提高，农村贫困家庭收入水平也得到一定程度的提高。但在本阶段城乡收入差距在上升，从 1986～1993 年城乡居民人均可支配收入差距指数分别为 2.60、2.64、2.49、2.73、2.84、2.92、3.05 和 3.27[①]，数据表明在本阶段内城乡收入差距在扩大，农村贫困家庭依然处于绝对贫困状态（见表 3-11）。

表 3-11　　　　1986～1993 年农村贫困家庭人均收入缺口数　　　　单位：人

| 年份 | 1986 | 1987 | 1988 | 1989 | 1990 | 1991 | 1992 | 1993 |
|---|---|---|---|---|---|---|---|---|
| 人均 | 52.86 | 51.61 | 51.76 | 57.22 | 56.1 | 53.24 | 51.32 | 54.16 |

资料来源：王雨林．中国农村贫困与反贫困问题研究 [M]．杭州：浙江大学出版社，2008：71．

---

① 李佐军．中国的根本问题九亿农民何处去 [M]．北京：中国发展出版社，2000：25．

20世纪90年代初期,农村人口跨区域流动显著加快,农村贫困家庭与农村家庭人均消费支出差距逐渐拉开,基于数据的可得性,本阶段选取1990年的农村贫困家庭消费支出数据进行分析。1990年国贫标准是275元,1990年数据显示按照五等分标准划分的低收入农村贫困家庭和次低收入农村贫困家庭人均消费支出均高于275元,低收入农村贫困家庭当年人均消费支出为332元,而次低收入农村贫困家庭当年人均消费支出为440元。在本阶段农村贫困家庭整体上依然属于绝对贫困,但是绝对贫困程度要低于前一阶段的绝对贫困程度。受制于收入偏低的刚性约束,与相对富裕的农村家庭人均消费支出相比,本阶段农村贫困家庭人均消费支出偏低是显著的(见表3-12)。

表3-12　　　　　1990年农村家庭人均消费支出情况　　　　单位:元

| 低收入户 | 次低收入户 | 中等收入户 | 次高收入户 | 高收入户 |
| --- | --- | --- | --- | --- |
| 332 | 440 | 538 | 668 | 1 018 |

资料来源:国家统计局农村社会经济调查司编.历史的跨越——农村改革开放30年[M].北京:中国统计出版社,2008:19。

在本阶段内,整个农村地区农民负担仍沉重,加上农村中小学学费不断上涨,经济困难的农村贫困家庭因无力提供子女学费和相应的生活费不得不中途辍学或者直接放弃入学,失去人生发展重要阶段上人力资本积累的窗口期,这就是农村贫困家庭贫困代际传递发生的人力资本诱因之所在。

本阶段改革主战场转向城市,先前农村改革所释放的活力红利基本走到尽头,1988~1991年我国宏观经济处于过热阶段,通货膨胀比较显著,农村居民负担相对过高,在收入水平难以提高的前提下,加上通货膨胀,使得农村贫困家庭名义收入水平根本无法满足正常的开支需要,在本阶段农村贫困居民无钱看病的现象依然十分突出。

本阶段处于绝对贫困状态的农村家庭居住条件相对较差,体现在:人均居住面积偏低,几代人挤在狭窄的住房里现象依然比较明显,人畜混居尚未得到实质性改变,存在安全隐患的住房较多。遇上恶劣天气时,有的农村贫困家庭根本无法正常居住。

本阶段,城乡流动壁垒虽然有所放松,但是城乡劳动市场就业壁垒以及城乡分割的制度性障碍依然比较突出。不少农村贫困家庭成员由于缺乏必要的流动经费以及缺乏相应的人力资本和社会资本，从而无法流动到经济相对发达的东部地区打工挣钱，只有留守在老家务农，靠微薄的务农收入为生，致使家庭富裕的经营性收入、工资性收入等非农收入少之又少；加上贫困地区交通状况恶劣、信息不灵，不少贫困家庭处于与外界不通的相对封闭状态，因此，本阶段的农村贫困家庭在社会交往上处于劣势，获取社会资本的能力偏低，社会资本能力偏低会导致农村贫困家庭贫困代际传递的扩散。

（4）本阶段农村贫困家庭代际传递演进状况。本阶段，城市经济改革全面展开，城市经济发展活力得到释放，与此同时，受宏观经济影响以及"家庭联产承包"责任制改革所带来的活力基本上得到全部释放，农村经济发展陷入停滞状态。具体讲，宏观经济运行出现了过热，农业生产资料价格上涨较快，农民税负较重，农民务农收入的空间急剧下降，在这样一种背景下，农村贫困家庭更是雪上加霜。同时，农村教育缓慢发展，农村地区师资依然稀缺，教师队伍结构失衡比较突出且稳定性不足，地区之间的教育差距凸显；本阶段虽然通过读书想改变命运的农村孩子占比较高，但是对于贫困家庭来说，绝大多数贫困家庭还是无力支付相应上涨的学费和生活费；由于经济上的贫困，不少品学兼优的贫困农家孩子不得不辍学，与知识改变命运失之交臂。因此，本阶段农村贫困家庭在生产、生活中，子辈传承了父辈落后的生产、生活的惯例和习惯，文化的贫困导致子辈不得不选择和模仿父辈的思想观念以及行为方式，而这种惯例、习惯、选择以及模仿实际上不能够为子辈带来较高的劳动生产率，可以说贫困家庭在上述因素的影响下，由于循环累积的作用，难以跳出贫困陷阱，导致农村贫困家庭的子辈难以走出父辈的贫困。

**3.1.1.3 1994~2000年农村贫困家庭演进状况**

（1）农村居民家庭经济情况概述。

第一，农村居民家庭收入状况。从1994~2000年，农村居民家庭人均纯收入呈现出单调递增的趋势，1997年是农村居民家庭人均纯收入增长的拐点。从1994~2000年，农村居民家庭人均家庭经营纯收入以及平均每人农业纯收入表现出增长趋势，1997年是农村居民家庭平均每人家庭经营纯收入以及平均每人农业纯收入增长的拐点。1994~2000年，农村居民家庭平均每人工资性纯收入呈现出线性增长的趋势，这为农村大规模治理绝对贫困奠定了基础（见表3-13）。

表3-13　　　　1994~2000年农村居民家庭人均收入情况　　　　单位：元

| 项　目 | 1994年 | 1995年 | 1996年 | 1997年 | 1998年 | 1999年 | 2000年 |
|---|---|---|---|---|---|---|---|
| 纯收入 | 1 221.0 | 1 577.7 | 1 926.1 | 2 090.1 | 2 162.0 | 2 210.3 | 2 253.4 |
| 工资性纯收入 | 263.0 | 353.7 | 450.8 | 514.6 | 573.6 | 630.3 | 702.3 |
| 家庭经营纯收入 | 881.9 | 1 125.8 | 1 362.5 | 1 472.7 | 1 466.0 | 1 448.4 | 1 427.3 |
| 农业纯收入 | 610 | 799.4 | 955.1 | 976.2 | 962.8 | 918.3 | 833.9 |

资料来源：中华人民共和国国家统计局编，1994~2000年各年份中国统计年鉴，中国统计出版社。

第二，农村居民家庭消费情况。从表3-14中可以看出，从1994年开始直到1997年，农村居民家庭平均每人消费支出呈现出较大幅度的增长，相对于1997年、1998年和1999年农村居民家庭人均消费支出出现小幅下降的趋势，到了2000年人均消费支出超出了1997年的人均消费支出。研究发现该时期内农村居民家庭人均消费支出依旧集中于食品消费支出，除了2000年之外，1994~1999年各年份的农村居民家庭人均消费支出超过一半用于食品消费支出，1994~2000年各年份的农村居民恩格尔系数顺次为0.589、0.586、0.563、0.551、0.534、0.526、0.491[①]，显然，1994~1999年农村居民恩格尔系数依然较高，农村居民整体上处于温饱水平，进入2000年后，农村居民整体上处于小康水平，这是农村贫困主体由绝对贫困转向相对贫困的一个重要背景因素。研究发现，本期内农村居民家庭人均用于文教娱乐消费支出的水平显著高于前几期用于衣着消费支出的水平，此外，本期内农村居民家庭人均用于交通通信支出水平增长较快，反映出该时期内农村居民的社会流动性以及在信息获取和交流方面在显著提高。

表3-14　　　　1994~2000年农村居民家庭人均消费支出情况　　　　单位：元

| 项　目 | 1994年 | 1995年 | 1996年 | 1997年 | 1998年 | 1999年 | 2000年 |
|---|---|---|---|---|---|---|---|
| 消费支出 | 1 016.8 | 1 310.4 | 1 572.1 | 1 617.2 | 1 590.3 | 1 577.4 | 1 670.1 |
| 食品消费支出 | 598.5 | 768.2 | 885.5 | 890.3 | 849.6 | 829.0 | 820.5 |
| 衣着消费支出 | 70.3 | 89.8 | 113.8 | 109.4 | 98.1 | 92.0 | 96.0 |

---

① 中华人民共和国国家统计局编. 2001年中国统计年鉴 [M]. 北京：中国统计出版社，2002：340.

第3章 中国农村贫困家庭代际传递演进历程与现状

续表

| 项　　目 | 1994年 | 1995年 | 1996年 | 1997年 | 1998年 | 1999年 | 2000年 |
|---|---|---|---|---|---|---|---|
| 居住消费支出 | 142.3 | 182.2 | 219.1 | 233.2 | 239.6 | 232.7 | 258.3 |
| 家庭设备及用品消费支出 | 55.5 | 68.5 | 84.2 | 85.4 | 81.9 | 82.3 | 75.4 |
| 交通通信消费支出 | 24.0 | 33.8 | 47.1 | 53.9 | 60.7 | 68.7 | 93.1 |
| 文教娱乐消费支出 | 75.1 | 102.4 | 132.5 | 148.2 | 159.4 | 168.3 | 186.7 |
| 医疗保健消费支出 | 32.1 | 42.5 | 58.3 | 62.5 | 68.1 | 70.0 | 87.6 |
| 其他消费支出 | 19.0 | 23.1 | 31.7 | 34.3 | 32.9 | 34.3 | 52.5 |

资料来源：中华人民共和国国家统计局编，1994~2000年各年份中国统计年鉴，中国统计出版社。

第三，农村居民家庭居住情况。数据显示，我国农村居民家庭人均住房面积从1994年的20.2平方米/人，增加到2000年的24.8平方米/人，人均住房面积的进一步增加整体上提高了农村居民的居住水平。从1994~2000年，农村居民家庭住房价值呈现出比较稳定提高的态势，表明农村居民家庭住房档次在继续提升。1994~2000年，农村居民家庭住房结构优化升级的速度在不断提高，表现在农村居民家庭住房钢筋混凝土结构从1994年的人均2.7平方米/人增加到2000年的6.2平方米/人，农村居民家庭住房砖木结构从1994年的11.5平方米/人增加到2000年的13.6平方米/人（见表3-15）。

表3-15　　　　　1994~2000年农村居民家庭人均住房情况

| 项　　目 | 1994年 | 1995年 | 1996年 | 1997年 | 1998年 | 1999年 | 2000年 |
|---|---|---|---|---|---|---|---|
| 住房面积（平方米/人） | 20.2 | 21.0 | 21.7 | 22.5 | 23.3 | 24.2 | 24.8 |
| 住房价值（元/平方米） | 83.2 | 101.6 | 133.9 | 149.7 | 153.0 | 157.6 | 187.4 |
| 住房钢筋混凝土结构（平方米/人） | 2.7 | 3.1 | 4.4 | 5.1 | 5.7 | 6.4 | 6.2 |
| 住房砖木结构（平方米/人） | 11.5 | 11.9 | 11.7 | 11.9 | 12.2 | 12.3 | 13.6 |

资料来源：中华人民共和国国家统计局编，1994~2000年各年份中国统计年鉴，中国统计出版社。

（2）农村贫困家庭分布呈现显著的地域性。党的十四大召开，我国进入了市场经济建设和发展的时代，且逐步融入世界经济建设与发展的舞台。伴随着经济体制改革释放的活力，国民经济发展迅猛，居民分配的蛋糕不断做大；与此同时国家加大了对农村地区的扶贫开发力度，1994年3

月，国务院正式颁布新时期第一个农村扶贫的规划：《国家"八七"扶贫攻坚计划》（1994~2000年），农村扶贫进入了正规化、系统化、制度化的整体推进阶段，基于此种情况，农村地区贫困人口逐步减少，农村地区贫困特征发生了显著变化，农村地区贫困家庭分布呈现出显著的地域性特点。该时期农村地区贫困家庭主要分布在中、西部地区，尤其集中在青藏高寒地区、西北黄土高原地区、西南喀斯特地貌地区和秦巴贫困山区以及一些边疆地区。这些地区具有的共性表现在：一是整体上自然环境不适宜人类居住和生存，人与自然和谐共处程度偏低，自然环境承载能力显著下降；二是该类地区基础设施稀缺，导致该类地区与外部世界、外部地区交流受阻，基本上处于原始自然状态，市场力量难以在该类地区展现其应有的活力；三是该类地区社会化程度偏低，社会组织稀缺，仅有的社会组织无法正常发挥其应有的社会功能，也就是说该类地区基本上处于现代市场组织的真空化状态。

（3）农村贫困家庭数量进一步小幅下降。在《国家"八七"扶贫攻坚计划》的推动下，1994~2000年是我国扶贫攻坚时期，扶贫开发力度、深度、广度堪称发展中国家治理贫困问题之最。经过7年的克难攻坚、众志成城，中国农村的贫困人口由1994年的0.7亿人下降到2000年的0.3亿人，在这期间内，年均减少贫困人口约666.66万人，年平均递减率为9.52%[①]。国家通过"八七"扶贫攻坚，东部地区农村人口贫困化率由1993年的10%下降到2000年的5.43%，农村人口贫困化率年平均下降0.65个百分点；中部地区农村人口贫困化率由1993年的39%下降到2000年的34%，农村人口贫困化率年平均下降0.71个百分点；西部地区农村人口贫困化率由1993年的51%上升到2000年的60.57%，农村人口贫困化率年平均上升1.37个百分点[②]。可见，农村贫困家庭分布呈现典型的区域性特征，剩余贫困家庭体现出在西部地区聚集的状态。根据国家统计局抽样调查的数据显示，1995年按照国家贫困标准530元来计算，当年的农村贫困人口为6 540万人，当年的农村贫困发生率为7.69%；而2000年按照国家贫困标准625元来计算，当年的农村贫困人口为3 209万人，当年的农村贫困发生率为4.03%，可见两个调查年份相比较，无论贫困人口还是贫困发生率都在下降（见表3-16）。

---

[①] 王碧玉.中国农村反贫困问题研究[M].北京：中国农业出版社，2006：44.
[②] 国家统计局住户调查办公室编.2004年中国农村贫困监测报告[M].北京：中国统计出版社，2005：13.

## 第3章 中国农村贫困家庭代际传递演进历程与现状

表 3-16　　　　1995 年、2000 年农村居民贫困状况

| 指标 | 1995 年 | 2000 年 |
| --- | --- | --- |
| 贫困标准（元/人） | 530 | 625 |
| 贫困人口（万人） | 6 540 | 3 209 |
| 贫困发生率（%） | 7.69 | 4.03 |
| 调查农民总户（万户） | 67 340 | 68 116 |
| 平均每户常住人口（人） | 4.48 | 4.20 |

资料来源：中华人民共和国国家统计局编，1996 年、2001 年各年份中国统计年鉴，中国统计出版社。

（4）农村贫困家庭收入、消费及其他情况。从 1994～2000 年的 7 年时间内，无论是在经济发展方面还是在社会发展等方面，伴随中央及各级政府部门的强力干预，农村贫困家庭的贫困程度在不断下降，东部地区、中部地区以及西部地区农村贫困家庭贫困程度出现较为显著的异质性。在本阶段内对于我国来说，1997 年和 2000 年是两个比较具有代表性的年份，如前所言 1997 年是农村居民家庭人均纯收入增长的拐点年份，2000 年是新千年的开始，并且基于数据的可得性，在本阶段对农村贫困家庭收入、消费及其他情况论述的数据选取的年份为 1997 年和 2000 年。

1997 年国家农村贫困二类地区、三类地区和四类地区家庭经营收入在九成左右，与此同时国家农村贫困二类地区、三类地区和四类地区第一产业收入占比在 85% 左右，表明第一产业收入是农村贫困家庭的主要收入来源。

与非贫困家庭相比，1997 年，除了一类地区农村贫困家庭人均住房面积达到 20 平方米以外，其他三类农村贫困家庭人均住房面积均低于 20 平方米，其中三类地区人均住房面积不到 13 平方米，可以看出全国农村贫困家庭居住条件有待改善。

1997 年，一类贫困地区所在村有学校的比重为 72.6%，其他三类地区所在村有学校的比重均达到 90% 以上。

对于卫生所占比情况来说，1997 年只有一类地区所在村卫生所占比达到 80% 以上，其他三类地区所在村卫生所占比均在 80% 之下，表明农村贫困家庭看病不方便，这是不少贫困农村地区贫困家庭人力资本偏低的根本原因所在；与非贫困家庭相比，四类贫困地区 6～11 岁、12～14 岁以及 15～17 岁儿童在校率比重均低于对应的非贫困家庭儿童在校比率（见表 3-17），这些人文贫困状况对农村贫困家庭代际传递都会发生直接的影响。

表 3-17　1997 年农村贫困家庭与非贫困家庭的收入、支出及其他基本情况

| 指　标 | 非贫困家庭 | 贫困家庭 ||||
|---|---|---|---|---|---|
| ^ | ^ | 一类地区 | 二类地区 | 三类地区 | 四类地区 |
| 家庭经营收入比重（%） | 76.3 | 73.5 | 86.3 | 87.5 | 93.2 |
| 第一产业收入比重（%） | 65.0 | 67.3 | 81.2 | 79.8 | 91.0 |
| 人均住房面积（平方米） | 24.2 | 20.4 | 16.6 | 12.3 | 14.2 |
| 人均家庭生产费用支出（元） | 668 | 259.4 | 316 | 274 | 572 |
| 所在村有学校的比重（%） | 91.0 | 72.6 | 93.2 | 95.2 | 90.5 |
| 所在村有卫生所的比重（%） | 85.6 | 82.4 | 79.8 | 65.9 | 74.3 |
| 6～11 岁儿童在校率（%） | 88.5 | 83.3 | 84.1 | 80.1 | 75.4 |
| 12～14 岁儿童在校率（%） | 96.9 | 90.4 | 90.9 | 87.4 | 92.1 |
| 15～17 岁儿童在校率（%） | 92.1 | 85.2 | 82.9 | 80.0 | 86.1 |

资料来源：国家统计局农村社会经济调查总队.2000 年中国农村贫困监测报告［M］.北京：中国统计出版社，2000：12.

2000 年全国农村贫困家庭人均纯收入是当年度全国农村家庭人均纯收入的 31.38%，前者仅为 707 元；2000 年全国农村贫困家庭人均工资性收入是当年度全国农村家庭人均工资性收入的 22.79%；2000 年全国农村家庭经营收入是贫困家庭经营收入的 2.76 倍，后者只有 517 元；2000 年全国农村家庭农业收入是贫困家庭农业收入的 2.35 倍，后者仅为 464 元；2000 年全国农村家庭非农收入是贫困家庭非农收入的 6.22 倍，后者只有 54 元，可以看出贫困家庭的各项收入都是偏低的（见表 3-18）。

表 3-18　　　　2000 年全国农村贫困家庭收入来源　　　　单位：元

| 指标 | 全国 | 贫困家庭 |
|---|---|---|
| 人均纯收入 | 2 253 | 707 |
| 工资性收入 | 702 | 160 |
| 家庭经营 | 1 427 | 517 |
| 农业收入 | 91 | 464 |
| 非农收入 | 336 | 54 |
| 财产性收入 | 45 | 8 |
| 转移性收入 | 79 | 22 |

资料来源：国家统计局住户调查办公室编.2011 年中国农村贫困监测报告［M］.北京：中国统计出版社，2012：14.

# 第3章 中国农村贫困家庭代际传递演进历程与现状

2000年全国农村贫困家庭人均生活消费支出是当年全国农村家庭人均消费支出的41.68%，前者仅为696元；2000年全国农村贫困家庭自给性消费比重占比43.1%，而当年全国农村家庭人均消费支出占比为23.1%[①]，可以看出农村贫困家庭自给自足的小农经济生活方式占比较高，生活社会化程度偏低可见一斑。与全国农村家庭相比，2000年全国农村贫困家庭在食品、衣着、居住以及家庭设备用品及服务、交通通信、文教娱乐、医疗保健以及其他商品服务方面的消费支出都要低于农村家庭消费支出。数据表明，全国农村家庭在人力资本投资（如医疗保健等）、社会资本投资（如交通通信、文化娱乐等）方面要高于全国农村贫困家庭（见表3-19）。

表3-19　　2000年全国农村贫困家庭生活消费支出情况

| 指　标 | 全　国 | 贫困家庭 |
| --- | --- | --- |
| 人均生活消费支出（元） | 1 670 | 696 |
| 恩格尔系数 | 49.2 | 64.7 |
| 食品（元） | 821 | 450 |
| 衣着（元） | 96 | 43 |
| 居住（元） | 258 | 61 |
| 家庭设备用品及服务（元） | 75 | 23 |
| 交通通信（元） | 93 | 15 |
| 文教娱乐（元） | 187 | 51 |
| 医疗保健（元） | 88 | 28 |
| 其他商品及服务 | 52 | 12 |

资料来源：国家统计局住户调查办公室编.2011年中国农村贫困监测报告[M].北京：中国统计出版社，2012：15.

2000年全国农村贫困家庭7~15岁儿童在校率比当年全国农村家庭7~15岁儿童在校率低10.9个百分点，比当年全国农村低收入家庭7~15岁儿童在校率低5.7个百分点，前者为94.1%，后者为90.7%；2000年全国农村贫困家庭成人文盲率比当年全国农村家庭成人文盲率高出14个百分点，比当年全国农村低收入家庭成人文盲率高出6.7个百分点，前者为

---

[①] 国家统计局住户调查办公室编.2011年中国农村贫困监测报告[M].北京：中国统计出版社，2012：15.

11.5%，后者为 18.8%。显然，2000 年全国农村贫困家庭人力资本水平是比较偏低的，贫困家庭代际传递的风险性仍然较大（见表 3-20）。

表 3-20　　2000 年全国农村贫困家庭与低收入家庭儿童在校率和成人文盲率　　单位:%

| 指　标 | 全国 | 贫困家庭 | 低收入家庭 |
| --- | --- | --- | --- |
| 7~15 岁儿童在校率 | 94.1 | 85.0 | 90.7 |
| 7~12 岁儿童在校率 | 96.4 | 88.4 | 94.0 |
| 13~15 岁儿童在校率 | 90.6 | 78.6 | 84.5 |
| 成人文盲率 | 11.5 | 25.5 | 18.8 |
| 青年文盲率 | 2.5 | 11.9 | 6.5 |

资料来源：国家统计局住户调查办公室编. 2011 年中国农村贫困监测报告 [M]. 北京：中国统计出版社，2012：14.

（5）本阶段农村贫困家庭代际传递演进状况。本阶段的宏观背景发生了深刻的变化，中国共产党第十四次全国代表大会确立了市场经济体制改革的目标，市场配置资源的活力逐步显现，城乡之间的交流交往日益密切，大量的农村劳动力流动到各大城市以及经济相对发达的沿海地区打工或经商，面对蜂拥而来的民工潮，不少大城市管理部门采取歧视的就业政策，很多岗位只为本地市民提供，尽管如此，并没有阻挡住日益增加的农村流动人口，"盲流"是本阶段最为流行的一个关键词。农村人口流动到城市和经济相对发达的沿海地区就业需要一定的经济条件，也需要一定的就业能力，还需要一定的社会资源。而农村贫困代际传递家庭由于诸多因素的作用，导致家庭中的劳动力无法外出务工或者缺乏必要的劳动就业能力。本阶段随着《国家"八七"扶贫攻坚计划》的推行，农村贫困人口和贫困发生率都在降低，连片集中的贫困地区也在收缩，农村贫困家庭代际传递无论在区域分布还是人群分布上也出现收缩；同时，这一阶段是我国市场经济体制改革的起始时期，市场竞争逐步渗透到经济生活的各个方面，对农村贫困家庭内部及贫困家庭之间而言主要是基于竞争的协同演化，竞争协同演化降低了彼此之间的适应性和互助性，难以构建良性合作协同演化关系，降低了贫困家庭的自我竞争能力，增加了贫困家庭继续贫困的风险。与此同时，农村贫困家庭内部行为的演化主要以循环累积行为为主，而循环累积行为的演化由于遗传机制的作用，导致子辈与父辈一样同样处于贫困的境遇，表明贫困家庭代际传递具有较为顽固的负外部性和持续性。

# 第3章 中国农村贫困家庭代际传递演进历程与现状

## 3.1.2 2001~2012年农村贫困家庭代际传递演进第二阶段

进入21世纪以来,我国整体进入小康社会,但是区域差距、城乡差距、收入差距、生态恶化等都成为时代发展无法回避的挑战。为了缩小区域之间的发展差距,在进入21世纪之后,中央政府提出并实施了西部大开发战略的区域发展战略,西部大开发有力地促进了西部地区经济发展、社会发展、民生改善以及生态环境得到一定程度的改善,但是由于西部地区基础薄弱,经济实力与发达的东部地区相比依然有较大的差距。区域差距、城乡差距、收入差距等问题并没有伴随经济的发展而得到有效改善。尽管整个社会进步显著,老百姓福祉得到提高与改善,但是贫困问题依然相对突出,相比城市,农村地区的贫困问题依然是社会需要加以强调和重点突破的问题。然而,21世纪的前十年,农村贫困问题依然客观存在,由于贫困而诱发的社会问题依旧比较突出,这个时期内,农村贫困人口和贫困发生率下降相当缓慢,说明农村扶贫已经进入"啃硬骨头"的攻坚克难阶段。为此,在《国家"八七"扶贫攻坚计划》完成的基础上,2001年6月国务院发布和着手实施《中国农村扶贫开发纲要》(2001~2010年),这是21世纪前10年农村扶贫的指导性方案和战略部署,目的在于继续扶贫攻坚,解决中国农村剩余的贫困顽症。

(1) 农村居民家庭经济情况概述。

第一,农村居民家庭收入情况。从2001年开始直到2011年,农村居民家庭人均纯收入依然呈现出单调递增的趋势,增速相对平缓。农村居民家庭人均经营纯收入是总的人均纯收入的主要来源,2001~2008年农村居民家庭人均纯收入的1/2以上来自家庭经营,不过从2001~2008年农村居民家庭人均纯收入来自家庭经营的人均纯收入比例一直在缓慢下降。2001~2011年农村居民家庭人均工资性纯收入在波动中平缓上涨,到了2009年农村居民家庭人均工资性纯收入占人均总纯收入的比例首次超过40%(见表3-21)。

表3-21 2001~2011年农村居民家庭人均收入情况 单位:元

| 年份 | 纯收入 | 工资性纯收入 | 家庭经营纯收入 | 农业纯收入 |
| --- | --- | --- | --- | --- |
| 2001 | 2 366.40 | 771.9 | 1 459.60 | 863.6 |
| 2002 | 2 475.60 | 840.2 | 1 486.50 | 866.7 |

续表

| 年份 | 纯收入 | 工资性纯收入 | 家庭经营纯收入 | 农业纯收入 |
|---|---|---|---|---|
| 2003 | 2 622.20 | 918.4 | 1 541.30 | 885.7 |
| 2004 | 2 936.40 | 998.5 | 1 745.80 | 1 056.50 |
| 2005 | 3 254.90 | 1 174.50 | 1 844.50 | 1 097.70 |
| 2006 | 3 587.00 | 1 374.80 | 1 931.00 | 1 159.60 |
| 2007 | 4 140.40 | 1 596.20 | 2 193.70 | 1 303.80 |
| 2008 | 4 760.60 | 1 853.70 | 2 435.60 | 1 427.00 |
| 2009 | 5 153.20 | 2 061.30 | 2 526.80 | 1 497.90 |
| 2010 | 5 919.00 | 2 431.10 | 2 832.80 | 1 723.50 |
| 2011 | 6 977.30 | 2 963.40 | 3 222.00 | 1 896.70 |

资料来源：中华人民共和国国家统计局编，2002～2012年各年份中国统计年鉴，中国统计出版社。

第二，农村居民家庭消费情况。从2001～2011年，农村居民家庭人均消费支出呈现出小幅增长，增长趋势比较平缓。研究发现该时期内农村居民家庭人均消费支出中用于食品消费支出的占比波动中稳步下降，2008～2011年农村居民恩格尔系数稳步下降。尽管如此，食品消费支出仍然是农村居民家庭人均消费支出中占比最高的一项。本时期农村居民家庭恩格尔系数的下降表明农村居民家庭生活水平在继续上升，逐步在向比较富裕生活阶段逼近。研究发现，除食品消费支出占比最高之外，人均居住消费支出排名第二，该时期内农村居民家庭人均居住消费支出呈现出一定的波动性，波动性可以分为三个小的阶段，2001～2005年人均居住消费平稳下降，2006～2009年人均居住消费平稳上升，2009年之后人均居住消费又平稳下降，2009年是人均居住消费支出占比最高的一年达到20%。研究发现，除了食品消费、居住消费之外，农村居民家庭人均用于文教娱乐消费支出以及交通通信支出占比比例相对较高。2001～2006年，农村居民家庭人均文教娱乐消费支出基本上维持在11%～12%，但是到了2007年及以后农村居民家庭人均文教娱乐消费支出水平下降，其占比在8%～9%。2001～2005年农村居民家庭人均交通通信支出占比稳步增长，由2001年的6%增长到2010年的10%；2006～2011年农村居民家庭人均交通通信支出处于相对平稳阶段。研究表明，本期内农村居民家庭人均用于医疗保健支出的占比维持在7%左右，与衣着消费支出基本持平（见表3-22）。

## 第3章 中国农村贫困家庭代际传递演进历程与现状

表3-22　　2001~2011年农村居民家庭人均支出情况　　单位：元

| 年份 | 消费支出 | 食品消费支出 | 衣着消费支出 | 居住消费支出 | 家庭设备及用品消费支出 | 交通通信消费支出 | 文教娱乐消费支出 | 医疗保健消费支出 | 其他消费支出 |
|---|---|---|---|---|---|---|---|---|---|
| 2001 | 1 741.10 | 830.7 | 98.7 | 279.1 | 77 | 110 | 192.6 | 96.6 | 56.4 |
| 2002 | 1 834.30 | 848.4 | 105 | 300.2 | 80.4 | 128.5 | 210.3 | 103.9 | 57.7 |
| 2003 | 1 943.30 | 886 | 110.3 | 308.4 | 81.7 | 162.5 | 235.7 | 115.8 | 43 |
| 2004 | 2 184.70 | 1 031.90 | 120.2 | 324.3 | 89.2 | 192.6 | 247.6 | 130.6 | 48.3 |
| 2005 | 2 555.40 | 1 162.20 | 148.6 | 370.2 | 111.4 | 245 | 295.5 | 168.1 | 54.5 |
| 2006 | 2 829.00 | 1 217.00 | 168 | 469 | 126.6 | 288.8 | 305.1 | 191.5 | 63.1 |
| 2007 | 3 223.90 | 1 389.00 | 193.5 | 573.8 | 149.1 | 328.4 | 305.7 | 210.2 | 74.2 |
| 2008 | 3 660.70 | 1 598.80 | 211.8 | 678.8 | 174 | 360.2 | 314.5 | 246 | 76.7 |
| 2009 | 3 993.50 | 1 636.00 | 232.5 | 805 | 204.8 | 402.9 | 340.6 | 287.5 | 84.1 |
| 2010 | 4 381.80 | 1 800.70 | 264 | 835.8 | 234.1 | 461.1 | 366.7 | 326 | 94 |
| 2011 | 5 221.10 | 2 107.30 | 341.3 | 961.5 | 308.9 | 547 | 396.4 | 436.8 | 122 |

资料来源：中华人民共和国国家统计局编，2002~2012年各年份中国统计年鉴，中国统计出版社。

总之，农村居民家庭消费中各种非食品支出的平稳增加，恩格尔系数持续下降，表明农村居民大面积温饱问题已得到解决，正逐步走向小康生活。

第三，农村居民家庭居住情况。伴随农村居民家庭经济条件的优化，农村居民家庭居住条件得到进一步改善，住房面积进一步增加，表现在农村居民家庭人均住房面积从2001年的25.7平方米/人，增加到2011年的36.2平方米/人。从2001~2010年，农村居民家庭住房价值呈现出比较稳定提高的态势，到2011年，农村居民家庭住房价值增加较为显著。住房价值的提高，表明农村居民家庭不动产在不断升值。从2001~2011年，农村居民家庭住房结构优化升级的速度不断提高，表现在农村居民家庭住房钢筋混凝土结构从2001年的人均6.9平方米/人增加到2011年16.5平方米/人，农村居民家庭住房砖木结构从2004年的14平方米/人增加到2011年的15.9平方米/人。也就是说，到了2011年，农村居民家庭将近一半的家庭住上了楼房，居住条件显著改善（见表3-23）。

表 3-23　　　　　2001~2011 年农村居民家庭人均住房情况

| 年份 | 住房面积（平方米/人） | 住房价值（元/平方米） | 住房钢筋混凝土结构（平方米/人） | 住房砖木结构（平方米/人） |
| --- | --- | --- | --- | --- |
| 2001 | 25.7 | 196.1 | 6.9 | — |
| 2002 | 26.5 | 202.8 | 7.7 | — |
| 2003 | 27.2 | 217.1 | 8.5 | — |
| 2004 | 27.9 | 226.1 | 9.2 | 14 |
| 2005 | 29.7 | 267.8 | 11.2 | 14.1 |
| 2006 | 30.7 | 287.8 | 11.8 | 14.6 |
| 2007 | 31.6 | 313.6 | 12.5 | 14.8 |
| 2008 | 32.4 | 332.8 | 13.4 | 14.9 |
| 2009 | 33.6 | 359.4 | 14.5 | 15.1 |
| 2010 | 34.1 | 391.7 | 15.1 | 15.2 |
| 2011 | 36.2 | 654.4 | 16.5 | 15.9 |

资料来源：中华人民共和国国家统计局编，2002~2012 年各年份中国统计年鉴，中国统计出版社。

（2）农村贫困家庭集中分布在西部地区。如数据显示，本阶段农村地区农村人口贫困化率较高的区域主要集中在西部地区（见表 3-24），从中可以推断出全国农村贫困家庭也主要集中在西部地区，西部地区成为农村贫困家庭脱贫或者打破贫困家庭代际传递的攻坚主战场。

表 3-24　　　　　2005 年、2010 年农村贫困人口分布情况　　　　　单位:%

| 年份 | 东部地区 | 中部地区 | 西部地区 |
| --- | --- | --- | --- |
| 2005 | 8.5 | 32.3 | 59.2 |
| 2010 | 4.6 | 30.3 | 65.1 |

资料来源：国家统计局住户调查办公室编. 2011 年中国农村贫困监测报告 [M]. 北京：中国统计出版社，2012：13.

（3）农村贫困家庭呈现分散化态势。资料显示，1994 年最终划定的 592 个国家级贫困县的农村贫困人口覆盖率可以达到全国农村贫困人口的七成以上，国家级贫困县内贫困发生率超过三成；通过扶贫攻坚之后，目前的 592 个国家级贫困县仅覆盖温饱问题尚未解决的贫困人口超过五

## 第3章 中国农村贫困家庭代际传递演进历程与现状

成,贫困发生率为8.3%,显然中国农村贫困家庭呈现出分散化态势[①]。换句话说,无论是东部地区中部地区还是西部地区、无论是南方地区还是北方地区、无论是经济发达地区还是经济滞后地区都存在农村贫困家庭。

(4)农村贫困家庭收入、消费及其他状况。进入21世纪之初,我国整体上进入小康社会。进入21世纪的头10年,由于国际环境的剧烈变化,我国迎来了历史上难得的发展窗口机遇期。西部大开发战略、中部崛起战略以及振兴东北老工业基地战略的相继提出和实施,为我国深度反贫困提供了良好的保障基础。在本阶段内,农村贫困家庭得益于国家宏观经济发展带来的红利,农村贫困家庭在人均可支配收入、人均消费、居住条件、教育、医疗保健以及社会交往等方面都有相对明显的提升,整体来看,本阶段农村贫困家庭走出了绝对贫困状态,逐渐步入相对贫困状态。由于2005年与2010年分别是"十五"和"十一五"的收官之年,其数据具有代表性,因此,本阶段选取2005年及2010年的相关数据来分析农村贫困家庭的经济状况。

2005年全国农村贫困家庭人均纯收入只有当年度全国农村家庭人均纯收入的22.73%,2010年全国农村贫困家庭人均纯收入只有当年度全国农村家庭人均纯收入的33.84%;2005年全国农村贫困家庭人均工资性收入只有当年度全国农村家庭人均工资性收入的17.02%,2010年全国农村贫困家庭人均工资性收入只有当年度全国农村家庭人均工资性收入的28.01%;从家庭经营收入来看,2005年全国农村家庭是贫困家庭的3.77倍,2010年全国农村家庭是贫困家庭的2.58倍;从农业收入来看,2005年全国农村家庭是贫困家庭的3.22倍,2010年全国农村家庭是贫困家庭的2.19倍;从非农收入来看,2005年全国农村家庭是贫困家庭的11.36倍,2010年全国农村家庭是贫困家庭的7.52倍;从财产性收入来看,2005年全国农村家庭是贫困家庭的7.3倍,2010年全国农村家庭是贫困家庭的2.41倍。显然,在"十三五"时期,有效提高农村贫困家庭收入水平是精准扶贫需要重点破解的难题,在经济进入新常态的时代背景下,较大幅度提高农村贫困家庭收入水平任重道远(见表3-25)。

---

① 国家统计局住户调查办公室编.2011年中国农村贫困监测报告[M].北京:中国统计出版社,2012:22.

表 3-25　　　2005 年、2010 年全国农村贫困家庭收入来源　　　单位：元

| 项目 | 2005 年 全国 | 2005 年 贫困家庭 | 2010 年 全国 | 2010 年 贫困家庭 |
| --- | --- | --- | --- | --- |
| 人均纯收入 | 3 255 | 740 | 5 919 | 2 003 |
| 工资性收入 | 1 175 | 200 | 2 431 | 681 |
| 家庭经营收入 | 1 845 | 490 | 2 833 | 1 100 |
| 农业收入 | 1 470 | 457 | 2 231 | 1 020 |
| 非农收入 | 375 | 33 | 602 | 80 |
| 财产性收入 | 88 | 12 | 202 | 34 |
| 转移性收入 | 147 | 39 | 453 | 18 |

资料来源：国家统计局住户调查办公室编.2011 年中国农村贫困监测报告 [M]. 北京：中国统计出版社，2012.

2005 年全国农村家庭人均消费支出是贫困家庭的 3.2 倍，前者比后者高出 1757 元；2010 年全国农村家庭人均消费支出是贫困家庭的 2.94 倍，前者比后者高出 2892 元。从自给性消费比重来看，2005 年农村贫困家庭比全国农村家庭高出 22.5 个百分点，前者自给性消费比重达到 39%；2010 年农村贫困家庭比全国农村家庭高出 20 个百分点，前者自给性消费比重达到 31.9%，可以看出从 2005~2010 年，农村家庭以及农村贫困家庭的自给性消费比重均在不断下降，表明商品化率趋势在不断上涨。2010 年全国农村恩格尔系数比 2005 年下降了 4.4，农村居民经济生活整体上处于奔向小康的相好格局，大面积的贫困状况已经得到扭转；2010 年全国农村贫困家庭恩格尔系数比 2005 年全国农村贫困家庭恩格尔系数下降了 1.9，虽然下降趋势较缓慢。但说明农村贫困地区居民温饱无保的绝对贫困情形已经得到控制。然而，涉及居住、教育、医疗卫生、社会保障、信息网络等公共服务、公共资源匮乏的基本贫困仍然明显，无论是 2005 年还是 2010 年，在居住、家庭设备用品及服务、交通通信、文教娱乐、医疗保健以及其他商品服务方面，全国农村家庭消费支出都要高于全国农村贫困家庭消费支出。显然，可以看出全国农村家庭在人力资本投资、社会资本投资方面远远高于全国农村贫困家庭。看来加强遏制非收入贫困，切断贫困家庭代际传递，是"十三五"规划期间农村精准扶贫攻坚的重要任务（见表 3-26）。

# 第3章 中国农村贫困家庭代际传递演进历程与现状

表3-26  2005年、2010年全国农村贫困家庭生活消费支出情况

| 项目 | 2005年 全国 | 2005年 贫困家庭 | 2010年 全国 | 2010年 贫困家庭 |
| --- | --- | --- | --- | --- |
| 人均生活消费支出（元） | 2 555 | 798 | 4 382 | 1 490 |
| 自给性消费比重（％） | 16.5 | 39.0 | 11.9 | 31.9 |
| 恩格尔系数 | 45.5 | 66.3 | 41.1 | 64.4 |
| 食品（元） | 1 162 | 529 | 1 801 | 960 |
| 衣着（元） | 149 | 47 | 264 | 91 |
| 居住 | 370 | 69 | 835 | 142 |
| 家庭设备用品及服务（元） | 111 | 26 | 234 | 60 |
| 交通通信（元） | 245 | 34 | 461 | 94 |
| 文教娱乐（元） | 296 | 46 | 367 | 48 |
| 医疗保健（元） | 168 | 37 | 326 | 72 |
| 其他商品及服务（元） | 55 | 10 | 94 | 23 |

资料来源：国家统计局住户调查办公室编.2011年中国农村贫困监测报告［M］.北京：中国统计出版社，2012：15.

2010年全国农村贫困家庭7~15岁儿童在校率比2005年全国农村贫困家庭7~15岁儿童在校率高出4个百分点，前者为96.7%；2010年全国农村贫困家庭成人文盲率比2005年全国农村贫困家庭成人文盲率低8.7个百分点，前者为22.5%。显然，在21世纪的头10年，全国农村贫困家庭的人力资本水平在趋于上升，有效治理农村贫困家庭代际传递正在迈出坚实的步伐（见表3-27）。

表3-27  2005年、2010年全国农村贫困家庭儿童在校率和成人文盲率    单位：%

| 年份 | 指标 | 全国 | 贫困家庭 |
| --- | --- | --- | --- |
| 2005 | 7~15岁儿童在校率 | 97.3 | 92.7 |
|  | 7~12岁儿童在校率 | 98.5 | 94.8 |
|  | 13~15岁儿童在校率 | 95.9 | 89.7 |
|  | 成人文盲率 | 10.2 | 22.5 |
|  | 青年文盲率 | 1.4 | 7.0 |
| 2010 | 7~15岁儿童在校率 | 98 | 96.7 |
|  | 7~12岁儿童在校率 | 97.7 | 97.2 |
|  | 13~15岁儿童在校率 | 98.6 | 95.6 |
|  | 成人文盲率 | 7.9 | 13.8 |
|  | 青年文盲率 | 0.9 | 2 |

资料来源：国家统计局住户调查办公室编.2011年中国农村贫困监测报告［M］.北京：中国统计出版社，2012：18.

(5) 农村家庭贫困发生率下降缓慢。2008 年之前我国的贫困标准为绝对贫困标准,2008 年之后,则把绝对贫困标准与低收入标准合二为一作为划分居民贫困的标准,显然 2008 年之后的贫困标准比先前的贫困标准要高,但是不能够就此就否定先前扶贫取得的成就,扶贫的重要条件之一就是离不开国民经济的发展,经济发展的蛋糕在较小阶段之时只能够拿出财力有限的资金来确保部分目标人群基本生存发展之所需,这是中国国情所致。2008 年之后我国政府提高了扶贫标准,尤其 2011 年中央政府宣布以当年农村人均纯收入 2 300 元为农村贫困标准,这个标准已经接近联合国制定的国际贫困标准(每人每天 1.2 美元)了,说明农村扶贫已由前一阶段解决大规模的绝对贫困,转向治理相对贫困(本书对农村贫困家庭定义,也就是从此考虑的),这将是以后农村扶贫的主攻方向;同时,贫困标准提高,农村贫困人口增加,由 2010 年的 0.2688 亿人增加到 2011 年的 1.28 亿人(见表 3 - 28),所以 2011 年尽管贫困人口的数量相比 2007 年有大幅上升。另外,相关数据表明,21 世纪的头 12 年我国农村地区农村人口贫困发生率下降缓慢,由此也可以推断出农村家庭在这 12 年之内贫困率下降率是比较缓慢的。

表 3 - 28　　　　　　　2000 ~ 2011 年农村居民贫困状况

| 指　　标 | 2000 年 | 2005 年 | 2010 年 | 2011 年 |
| --- | --- | --- | --- | --- |
| 贫困标准(元/人) | 625 | 683 | 1 274 | 2 300 |
| 贫困人口(万人) | 3 209 | 2 365 | 2 688 | 12 800 |
| 贫困发生率(%) | 4.03 | 3.23 | 3.89 | 19.93 |
| 调查农民总户(万户) | 68 116 | 68 190 | 68 190 | 73 630 |
| 平均每户常住人口 | 4.20 | 4.08 | 3.95 | 3.90 |

资料来源:中华人民共和国家统计局编,2001 年、2006 年、2011 年、2012 年中国统计年鉴,中国统计出版社。

(6) 农村贫困家庭扶贫难度加大。尽管扶贫标准得到了显著提高,但相对于 20 世纪 80 年代和 90 年代的扶贫来看,扶贫工作难度却在不断加大。具体说来,扶贫难度加大主要体现在三个方面:第一,自然地理条件恶劣、经济发展落后、社会保障系统不健全不完善和贫困家庭自身发展能力的欠缺等因素叠加,导致剩余下的贫困人口都是扶贫难度大的硬骨头,并且已经解决温饱问题的一些农村贫困家庭依然存在较高的脆弱性,部分脱贫家庭很容易再度返贫,这样部分贫困家庭则容易陷入深度贫困,落入贫困陷阱,难以根本脱贫。第二,大规模、有组织、有计划的扶贫开发虽然使得绝大多数农村贫困地区的绝对贫困状况得到有效缓解,但是农村地区贫困代际传递家庭的生产生活条件由于社会保障、公共服务体系的缺失,并没有得到有效改善和大幅提高,制约农村贫困地区发展的约束条件依然顽固地存在;同时,贫困地区贫困代际传递家庭的人生观、价值观受贫困文化制约并没有得到有效扭转。第三,2008年全球金融危机之后,世界经济严重衰退,贸易保护主义抬头,加上我国经济结构进入深度转型调整时期,产能过剩,制造业低端化,居民消费率提高不足,内需扩大乏力,经济增长速度放缓,进入新常态,可以预期的是在今后及一段时期内,在劳动力市场上,劳动力供给仍然会超出劳动力需求,农村贫困家庭劳动力将面临更加严峻的就业局面,使得前一阶段很多扶贫措施难以有效发挥作用。

(7)本阶段农村贫困家庭代际传递演进状况。进入21世纪以后,针对"三农"问题,国家先后采取了一系列支农惠农举措降低农民的务农成本,提高农民的务农收入,但是,非农就业收入的比较优势,使得只要具备一定能力的农村居民都会选择外出打工。在这种背景下,本阶段的农村贫困家庭代际传递突出的特点在于农村贫困家庭人力资本欠缺以及社会资本稀缺,从而导致农村贫困家庭适应性行为占据主要地位。由表3-25中的数据可以看出,代表社会资本支出费用的交通通信费用,农村贫困家庭不到农村家庭费用的21%;代表人力资本支出费用的医疗保健,农村贫困家庭也不到农村家庭费用的23%。由于人力资本和社会资本的稀缺,贫困家庭的子女即使进城务工或从事非农劳动也无缘进入更高层级的职业岗位及社会网络,不得不处于封闭状态甚至有被边缘化的风险,贫困家庭像被一只"无形的手"排除在主流社会之外。本阶段社会资本的稀缺是贫困家庭无法走出贫困陷阱的一个主导因素。在长期的贫困面前,剩余农村贫困家庭适应了贫困,适应性行为力量超过创新性行为力量,而这种适应性行为的结果就是子辈沿袭和复制了父辈的习惯、惯例,从而导致贫困家庭子辈在无外力帮助的情况下,很难走出父辈的贫困,贫困代际传递的发生与扩散也就成为必然。

## 3.2 农村贫困家庭代际传递演进现状

由于本书分析的农村贫困家庭代际传递演进历史阶段的最后年份为2012年。那么,在描述其现状时,则主要以2012年的资料为代表;国内

中国农村贫困家庭代际传递研究：1978~2012年

一些学者的研究成果表明2012年也是我国经济转向新常态的拐点年份。同时，目前集中连片特困地区的贫困主要集中在西部地区，因此，描述农村贫困家庭代际传递演进现状，特别选择了某些西部地区的少数民族省份加以分析介绍。

### 3.2.1 2012年农村居民家庭经济概况

（1）农村居民家庭收入状况。2012年农村居民家庭人均纯收入达到7 916.60元，比2011年增加939.30元；2012年农村居民家庭人均工资性纯收入占比达到44%，基本上接近家庭经营纯收入占比[1]。2012年工资性纯收入及家庭经营纯收入是农村居民家庭人均纯收入的主要来源，工资性纯收入的增加，表明农村劳动力中从事非农产业的比例在进一步增加，对于农村居民家庭来讲，工资性收入的持续增长是改善家庭生活状况，缓解农村贫困，提高家庭幸福指数的必要物质条件。值得注意的是自2001年以来，农村居民家庭人均农业纯收入占比一直处于平缓下降的通道，农业安全尤其是粮食安全需要引起相关方面的高度警惕（见图3-1）。

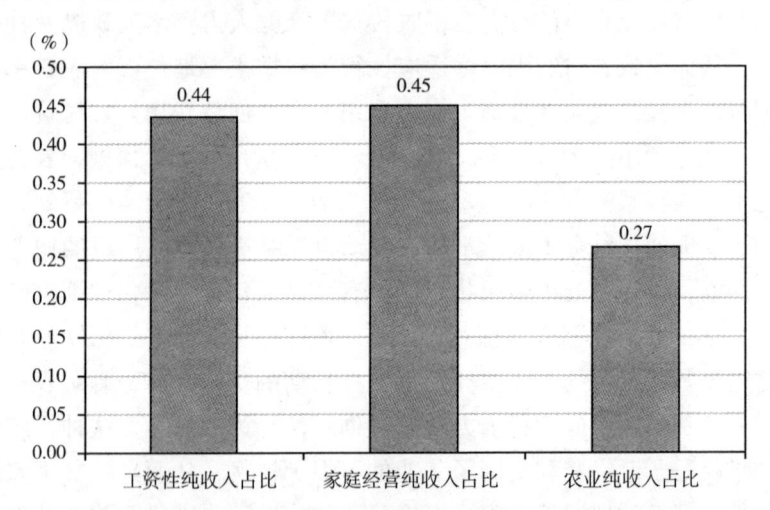

图3-1 2012年农村居民家庭人均收入占比分布

资料来源：中华人民共和国国家统计局编.2013年中国统计年鉴[M].北京：中国统计出版社，2013.

---

[1] 中华人民共和国国家统计局编.2013年中国统计年鉴[M].北京：中国统计出版社，2013.

# 第3章 中国农村贫困家庭代际传递演进历程与现状

（2）农村居民家庭消费情况。2012年农村居民家庭消费恩格尔系数为0.39，整体上进入富裕生活的门槛，但是对于农村居民家庭而言，食品消费支出依旧是所有消费支出中占比最高的一项支出。安居乐业自古以来就是人们思想意识中的一部分，中国人特别重视家庭的投资和建设，置办房产一直是绝大多数老百姓孜孜以求的内容，2012年农村居民家庭支出中有18%的消费支出用于居住消费。2012年农村居民人均消费排在第三位的是交通通信，其支出比例为11%，表明农村居民对于信息的沟通和外出流动越来越重视。2012年农村居民家庭人均消费支出排在第四位的则是医疗保健消费，其占比为9%，表明农村居民健康卫生意识在逐步提高，对于健康资本比较重视和关注，说明人力资本投资已纳入农村家庭消费支出的重要项目。2012年农村居民家庭在文教娱乐、衣着以及家庭设备及用品人均消费支出比较接近，但值得注意的是自2001年以来，农村居民家庭人均用于文教娱乐消费支出的占比一直处于平缓下降的趋势，这一现象需要引起社会的高度重视，国家及社会需要积极引导和倡导，避免"读书无用论"的思想抬头并扩散开来（见图3-2）。

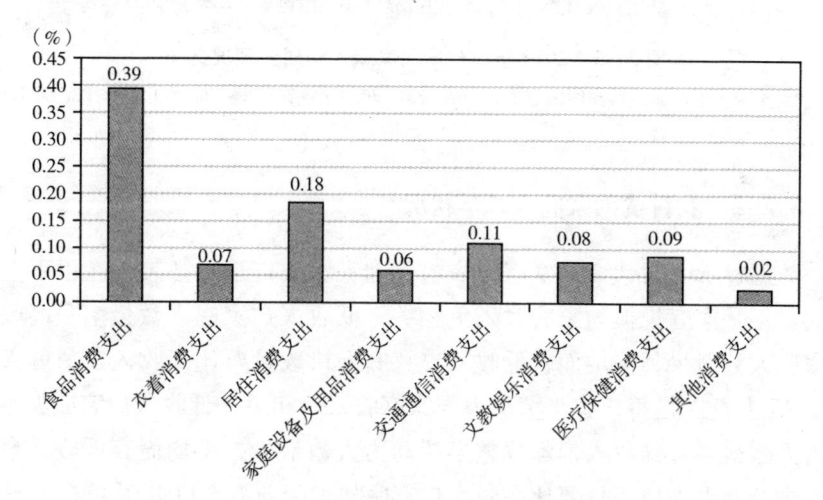

**图3-2　2012年农村居民家庭人均支出情况分布**

资料来源：中华人民共和国国家统计局编.2013年中国统计年鉴[M].北京：中国统计出版社，2013.

（3）农村居民家庭居住情况。2012年农村居民家庭人均住房面积达到37.1平方米，比2011年人均增加了0.9平方米，2012年农村居民家庭人均住房钢筋混凝土结构达到17.1平方米，比2011年增加0.6平方米，

2012年农村居民家庭人均住房砖木结构16.3平方米，比2011年增加0.4平方米（见图3-3）。2012年农村居民家庭人均住房价值达到681.9元/平方米，比2011年增加27.5元/平方米①。研究表明，2012年农村居民家庭居住面积不断增加，住房结构进一步优化，住房价值进一步提高，安居乐业的物质基础业已形成。

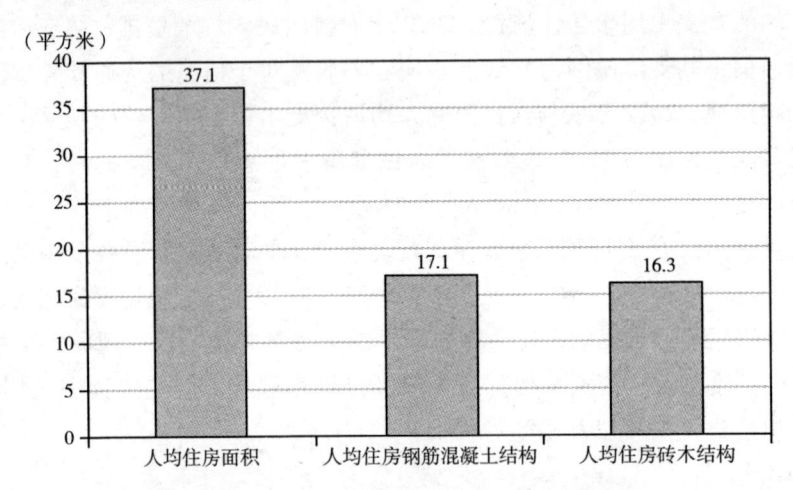

**图3-3 2012年农村居民家庭人均居住情况分布**

资料来源：中华人民共和国国家统计局编.2013年中国统计年鉴[M].北京：中国统计出版社，2013.

### 3.2.2 农村贫困家庭人口学状况

数据显示（见表3-29）②，农村贫困家庭人口学特征表现在以下三个方面：一是家庭规模与家庭收入负相关，低收入户家庭人数最多，高收入户家庭人数最少，平均而言低收入户家庭人口数量要比高收入户家庭人口多1.25人；二是每户整半劳动力与家庭收入负相关，低收入户家庭整半劳动力人数最多，高收入户家庭整半劳动力人数最少，平均而言低收入户家庭整半劳动力人口数量要比高收入户家庭整半劳动力人口多0.42人；三是农村贫困家庭每个劳动力负担的人数要多于经济条件较好的家庭每个劳动

---

① 中华人民共和国国家统计局编.2013年中国统计年鉴[M].北京：中国统计出版社，2013.

② 由于受限于农村贫困家庭相关微观数据的可得性，在本部分论述中，以农村低收入家庭人口学状况的描述来代替，因为农村低收入家庭在很大程度上人口学特征与农村贫困家庭人口学特征比较接近。

力所需要负担的人数。概括而言，农村家庭收入与劳动力的质量正相关与劳动力的数量负相关。

表3-29　　2012年按收入五等级分农村居民家庭基本情况

| 指标 | 低收入户 | 中等偏下户 | 中等收入户 | 中等偏上户 | 高收入户 |
| --- | --- | --- | --- | --- | --- |
| 平均每户常住人口（人） | 4.44 | 4.21 | 3.95 | 3.61 | 3.19 |
| 平均每户整半劳动力（人） | 2.94 | 2.87 | 2.80 | 2.68 | 2.52 |
| 平均每个劳动力负担（人） | 1.51 | 1.47 | 1.41 | 1.35 | 1.26 |
| 平均每人总收入（元） | 4 878.32 | 6 823.00 | 9 468.63 | 13 171.03 | 25 037.18 |
| 现金收入（元） | 3 948.61 | 5 679.72 | 8 207.59 | 11 851.54 | 23 575.41 |
| 平均每人总支出（元） | 6 573.27 | 6 859.81 | 8 402.90 | 10 685.38 | 17 718.03 |
| 现金支出（元） | 5 933.30 | 6 188.47 | 7 738.08 | 10042.95 | 17 130.57 |
| 平均每人纯收入（元） | 2 316.21 | 4 807.47 | 7 041.03 | 10 142.08 | 19 008.89 |
| 工资性收入（元） | 993.42 | 2 053.75 | 3 196.41 | 4 789.21 | 8 109.60 |
| 家庭经营纯收入（元） | 937.74 | 2 216.22 | 3 124.74 | 4 330.36 | 8 500.09 |
| 财产性收入（元） | 52.66 | 84.76 | 143.18 | 236.67 | 885.33 |
| 转移性收入（元） | 332.39 | 452.74 | 576.70 | 785.83 | 1 513.87 |

资料来源：中华人民共和国国家统计局编.2013年中国统计年鉴［M］.北京：中国统计出版社，2013.

### 3.2.3　农村家庭贫困发生率偏高

按照2 300元的国家贫困标准，2012年年底我国农村贫困人口9 899万人，农村贫困发生率为15.72%（见表3-30）。西藏、甘肃、贵州、新疆、云南和青海6个少数民族省（自治区）农村贫困发生率均在20%以上，国家贫困重点县农民人均纯收入（4 602元）仅为全国农民人均纯收入（7 916.6元）的58.13%[①]。按照2012年农村居民按人均纯收入分组的户数占调查户比重来看，2012年农村家庭贫困家庭人均纯收入低于2 000元以下的家庭占比为5.63%，2012年农村家庭贫困家庭人均纯收入在2 000～3 000元的为7.42%，显然2012年农村贫困家庭发生率要高出5.63%（见表3-31）。

---

① 中华人民共和国国家统计局编.2013年中国统计年鉴［M］.北京：中国统计出版社，2013.

表3-30　　　　　　　　2012年农村居民贫困状况

| 项　目 | 数　量 |
| --- | --- |
| 贫困标准（元/人） | 2 300 |
| 贫困人口（万人） | 9 899 |
| 贫困发生率（%） | 15.72 |
| 调查农民总户（万户） | 73 750 |
| 平均每户常住人口 | 3.88 |

资料来源：中华人民共和国国家统计局编.2013年中国统计年鉴［M］.北京：中国统计出版社，2013.

表3-31　　　2012年农村居民按人均纯收入分组的户数占调查户比重

| 按纯收入分组户数 | 占调查户比重（%） |
| --- | --- |
| 2 000元以下 | 5.63 |
| 2 000~3 000元 | 7.42 |
| 3 000~4 000元 | 9.04 |
| 4 000~5 000元 | 9.75 |
| 5 000~6 000元 | 9.29 |
| 6 000~7 000元 | 8.71 |
| 7 000~8 000元 | 7.57 |
| 8 000~9 000元 | 6.64 |
| 9 000~10 000元 | 5.65 |
| 10 000~11 000元 | 4.83 |
| 11 000~12 000元 | 3.95 |
| 12 000~13 000元 | 3.22 |
| 13 000~14 000元 | 2.77 |
| 14 000~15 000元 | 2.39 |
| 15 000~16 000元 | 1.89 |
| 16 000~17 000元 | 1.65 |
| 17 000~18 000元 | 1.36 |
| 18 000~19 000元 | 1.21 |
| 19 000~20 000元 | 0.99 |
| 20 000元以上 | 6.04 |

资料来源：中华人民共和国国家统计局编.2013年中国统计年鉴［M］.北京：中国统计出版社，2013.

### 3.2.4 农村贫困家庭收入水平状况

2012年按收入五等级标准划分,农村居民家庭基本情况数据表明(见表3-29)①,农村中等偏下户平均每人总收入是低收入户平均每人总收入的1.40倍,中等收入户的家庭平均每人总收入是低收入户家庭平均每人总收入的1.94倍,中等偏上户的家庭平均每人总收入是低收入户家庭平均每人总收入的2.7倍,高收入户家庭平均每人总收入是低收入户家庭平均每人总收入的5.13倍。显然,收入差距在农村地区同样广泛存在。

另外,就农村贫困家庭工资性收入水平来看,2012年按收入五等级标准划分,农村居民家庭基本情况数据表明(见表3-29),农村中等偏下户平均每人工资性收入是低收入户平均每人工资性收入的2.07倍,中等收入户的家庭平均每人工资性收入是低收入户家庭平均每人工资性收入的3.22倍,中等偏上户的家庭平均每人工资性收入是低收入户家庭平均每人工资性收入的4.82倍,高收入户家庭平均每人工资性收入是低收入户家庭平均每人工资性收入的8.16倍。数据显示对于农村家庭而言,工资性收入的高低是家庭富裕与否的关键要素,工资性收入高的农村家庭其家庭相对富裕,反之工资性收入较低的家庭其则可能处于相对贫困。因此,农村贫困家庭工资性收入明显偏低。

### 3.2.5 农村贫困家庭消费结构状况

青海省是西部地区具有代表性的少数民族省份之一,基于数据的可得性,本书以青海省农村贫困监测调查户人均收支情况来进行家庭消费结构的描述。2012年青海省农村贫困家庭用于生活消费支出占全年纯收入比例为97%,2012年全国农村居民家庭用于生活消费支出占全年纯收入比例为75%,前者比后者高出22个百分点;2012年青海省农村贫困家庭用于食品消费支出占全年纯收入比例为44%,2012年全国农村居民家庭用于食品消费支出占全年纯收入比例为39%,前者比后者高出3个百分点;2012年青海省农村贫困家庭用于衣着消费支出占全年纯收入比例为8%,2012年

---

① 基于数据的可得性,首先,按照收入五等级来分析农村低收入家庭与其他类型家庭的情况,虽然农村低收入家庭与农村贫困家庭是有区别的两类家庭,但是,农村低收入家庭陷入贫困家庭的概率往往偏高;其次,按照农村家庭总收入的情况来对农村贫困家庭的收入可以进行近似分析。

全国农村居民家庭用于衣着消费支出占全年纯收入比例为7%,前者比后者高出1个百分点;2012年青海省农村贫困家庭用于居住消费支出占全年纯收入比例为20%,2012年全国农村居民家庭用于居住消费支出占全年纯收入比例为18%,前者比后者高出2个百分点;2012年青海省农村贫困家庭用于家庭设备用品及服务消费支出占全年纯收入比例为4%,2012年全国农村居民家庭用于家庭设备用品及服务消费支出占全年纯收入比例为6%,前者比后者低出2个百分点;2012年青海省农村贫困家庭用于医疗保健支出占全年纯收入比例为9%,2012年全国农村居民家庭用于医疗保健支出占全年纯收入比例为9%,前者与后者持平;2012年青海省农村贫困家庭用于交通通信支出占全年纯收入比例为9%,2012年全国农村居民家庭用于交通通信支出占全年纯收入比例为11%,前者比后者低出2个百分点;2012年青海省农村贫困家庭文化教育、娱乐用品及服务支出占全年纯收入比例为5%,2012年全国农村居民家庭用于文化教育、娱乐用品及服务支出占全年纯收入比例为8%,前者比后者低出3个百分点;2012年青海省农村贫困家庭其他商品及服务支出占全年纯收入比例为3%,2012年全国农村居民家庭用于其他商品及服务支出占全年纯收入比例为2%,前者比后者高出1个百分点[①](见表3-32)。

表3-32　　　　2012年全国农村居民家庭平均每人消费支出　　　　单位:元

| 指　　　标 | 金　　额 |
| --- | --- |
| 农村居民家庭平均每人消费支出 | 5 908.0 |
| 农村居民家庭平均每人食品消费支出 | 2 323.9 |
| 农村居民家庭平均每人衣着消费支出 | 396.4 |
| 农村居民家庭平均每人居住消费支出 | 1 086.4 |
| 农村居民家庭平均每人家庭设备及用品消费支出 | 341.7 |
| 农村居民家庭平均每人交通通信消费支出 | 652.8 |
| 农村居民家庭平均每人文教娱乐消费支出 | 445.5 |
| 农村居民家庭平均每人医疗保健消费支出 | 513.8 |
| 农村居民家庭平均每人其他消费支出 | 147.6 |

资料来源:中华人民共和国国家统计局编.2013年中国统计年鉴[M].北京:中国统计出版社,2013.

---

① 青海统计局编.2012年青海省贫困监测报告[M].西宁:青海统计出版社,2013.

第3章 中国农村贫困家庭代际传递演进历程与现状

可以看出，青海省2012年农村贫困家庭在食品消费、衣着消费、居住消费方面支出的比例显著高于当年全国农村居民家庭在食品消费、衣着消费、居住消费方面支出的比例。青海省2012年农村贫困家庭在家庭设备用品、交通通信、文化教育、娱乐用品及服务支出的比例显著低于当年全国农村居民家庭在家庭设备用品、交通通信、文化教育、娱乐用品及服务方面支出的比例。家庭设备用品、交通通信、文化教育、娱乐用品及服务支出的提高是消费结构升级的体现，而食品消费、衣着消费、居住消费方面支出的比例的提高反映了消费结构层次的偏低，显然，西部少数民族地区农村贫困家庭尚未有效解决好基本的衣食住行问题，其消费结构也待升级，生活质量也就面临提高。

### 3.2.6 农村贫困家庭收支及储蓄情况

以青海省为例，2012年青海省农村贫困家庭人均总收入5 314.99元，收入来源由高到低顺次排序为家庭经营收入（2 996.57元）、工资性收入（1 236.25元）、转移性收入（1 042.40元）、财产性收入（39.77元），收入来源按照由高到低各自占比为56.37%、23.25%、19.61%和0.77%。该年青海省农村贫困家庭人均总支出5 335.56元，其中，家庭经营生产费用为659.17元、生活消费支出为4 174.85元、医疗保健支出为368.95元、交通通信支出371.37元、文化教育及娱乐支出为191.23元，显然农村贫困家庭绝大部分收入用于生活消费，受制于收入偏低的刚性约束，农村贫困家庭用于人力资本、社会资本方面的支出显著偏低。2012年青海省农村贫困家庭人均总收入低于人均总支出20.57元，显然，可以推断出2012年青海省农村贫困家庭属于负储蓄状态（见表3-33）。就青海省农村贫困家庭平均收入来说处于入不敷出的家庭赤字状态。只有当农村贫困家庭人均收入大大超过人均支出时，贫困家庭才能跳出贫困陷阱的临界点，农村贫困家庭代际传递链条才有可能被截断。

表3-33　　　2008~2012年青海省农村贫困监测调查户人均收支情况

| 指标 | 2008年 | 2009年 | 2010年 | 2011年 | 2012年 |
| --- | --- | --- | --- | --- | --- |
| 调查村数（个） | 116 | 116 | 116 | 120 | 120 |
| 调查户数（户） | 840 | 840 | 840 | 600 | 600 |
| 调查人数（人） | 4 294 | 4 309 | 4 281 | 2 773 | 2 737 |

续表

| 指标 | 2008 年 | 2009 年 | 2010 年 | 2011 年 | 2012 年 |
|---|---|---|---|---|---|
| 整、半劳动力（人） | 2 668 | 2 681 | 2 679 | 1 650 | 1 662 |
| 全年总收入（元） | 3 262.90 | 3 550.25 | 4 218.76 | 4 843.86 | 5 314.99 |
| 工资性收入（元） | 851.99 | 973.57 | 1 148.35 | 1 221.31 | 1 236.25 |
| 家庭经营收入（元） | 2 147.28 | 2 199.24 | 2 399.30 | 2 990.67 | 2 996.57 |
| 农业收入（元） | 1 048.47 | 1 046.16 | 1 286.32 | 1 575.92 | 1 441.43 |
| 牧业收入（元） | 652.37 | 704.70 | 687.38 | 968.39 | 1160.70 |
| 二、三产业收入（元） | 434.12 | 427.40 | 407.18 | 421.22 | 378.82 |
| 转移性收入（元） | 207.84 | 323.27 | 590.33 | 588.62 | 1 042.40 |
| 财产性收入（元） | 55.80 | 54.17 | 80.78 | 43.25 | 39.77 |
| 全年总支出（元） | 3 035.08 | 3 374.66 | 3 801.66 | 4 766.42 | 5 335.56 |
| 家庭经营生产费用（元） | 615.34 | 565.87 | 571.51 | 714.26 | 659.17 |
| 农业支出（元） | 215.37 | 203.59 | 225.01 | 295.68 | 234.89 |
| 牧业支出（元） | 241.07 | 218.07 | 218.23 | 279.29 | 297.85 |
| 二、三产业费用支出（元） | 157.42 | 140.67 | 124.27 | 132.26 | 107.27 |
| 购买生产性固定资产（元） | 115.52 | 167.61 | 132.97 | 152.34 | 176.54 |
| 税费支出（元） | 0.42 | 0.13 | 0.09 | 0.11 | 0.08 |
| 生活消费支出（元） | 2 166.55 | 2 464.92 | 2 885.93 | 3 562.36 | 4 174.85 |
| 食品消费支出（元） | 1 131.06 | 1 154.62 | 1 219.98 | 1 624.13 | 1 819.09 |
| 衣着消费支出（元） | 134.71 | 154.86 | 171.07 | 259.70 | 318.24 |
| 居住消费支出（元） | 320.00 | 527.31 | 748.22 | 817.73 | 828.15 |
| 家庭设备用品及服务消费 | 65.93 | 100.61 | 146.65 | 172.55 | 172.86 |
| 医疗保健支出（元） | 167.36 | 185.45 | 218.04 | 207.36 | 368.95 |
| 交通通信支出（元） | 194.32 | 196.62 | 220.85 | 294.25 | 371.37 |
| 文化教育、娱乐用品及服务（元） | 106.23 | 100.05 | 115.42 | 127.24 | 191.23 |
| 其他商品及服务支出（元） | 46.94 | 45.40 | 45.69 | 59.39 | 104.94 |
| 转移性支出（元） | 133.65 | 164.98 | 202.87 | 337.24 | 313.72 |
| 财产性支出（元） | 3.59 | 10.45 | 7.54 | 0.11 | 2.71 |
| 全年纯收入（元） | 2 527.44 | 2 854.92 | 3 464.83 | 3 782.55 | 4 291.85 |

资料来源：青海统计局编.2013 年青海统计年鉴［M］.西宁：青海统计出版社，2013.

## 3.3 农村贫困家庭代际传递演进特征

### 3.3.1 农村贫困家庭代际传递形成的多元性

从辩证唯物主义与历史唯物主义的观点来看，农村贫困家庭代际传递现象是内因与外因综合作用的结果。从内因来看，物质资本的缺乏、家庭结构的不同、家庭规模的大小、人力资本投资不足、社会资本匮乏以及大病等难以预测风险的发生都是导致农村贫困代际传递形成的因素；从外因来看，城乡差距的普遍存在，区域经济发展的不平衡，教育资源结构及配置的不合理，农村公共服务的缺失，农村基础设施的不完善，社会保障体系不健全，扶贫缺乏精准性，扶贫的力度深度广度不够，贫困文化的传递与散播，社会阶层之间流动性不足，缺乏宽容、包容和同情的社会心态以及自然环境的恶劣等都是农村贫困代际传递形成的因素。一个微观贫困代际传递家庭形成的因素可能是一方面也可能是多方面因素综合而成的，但是，从社会整体来看，农村贫困代际传递形成的因素不是一元的而是多元的。微观因素与宏观因素相互作用、相互影响、相互制约是农村贫困代际传递家庭陷入贫困陷阱的综合推力。根据演化经济学的理论可知，农村贫困家庭代际传递的多元性的形成，在于贫困家庭在演化的过程之中以惯例演进、循环累积演进、适应性行为演进以及竞争性协同演化相结合所形成。农村贫困代际传递形成的多元性决定了在解决该类目标人群的贫困问题时需要因地制宜、分类指导、分类解决，力求精准扶贫，让扶贫资金发挥应有的作用与效率。

### 3.3.2 农村贫困家庭代际传递的互动性

在社会保障尚不健全的农村地区，养老社会化程度偏低。基于中国特殊的国情和农村特有的生活习俗，在当前及未来很长一段时期内，家庭养老模式依然是农村居民家庭养老的主要模式。晚辈经济实力以及晚辈道德水准决定着家庭养老的质量。一般来说，对于农村家庭而言，子辈如果具有较强的经济实力，再加上具有孝顺长辈的道德情操，则该种类型的家庭养老是有保障的，长辈能够较好地度过晚年生活。如果子辈的经济实力欠佳，即或是有孝顺的道德情操作支撑，其对长辈的养老也会心有余而力不足；如果子辈的经济实力差，加上缺乏孝道的道德情操作支撑的话则长辈的养老则是雪上加霜。对于农村贫困代际传递家庭而言,当贫困的父辈因年老而丧失劳动能力时,贫困父辈的晚年生活就不可避免地降落在子辈身上,而贫困代际传递家庭的子辈受到贫困的刚性约束,一方面拿不出资金对子辈进行人力资本投资,例如教育、职业培训等,另一方面也拿不出相应资金很好地孝敬父辈,疾病加身的父辈在晚年就有可能过上非常窘迫的生活。这种贫困的反向互动在农村贫困家庭代际传递中是客观存在的,当贫困代际传递家庭遭遇这种境况时,贫困将会进一步加深。农村贫困家庭这种互动性的形成主要是适应性行为的演化力量在起主导作用,创新性演化力量作用甚微。对于农村贫困家庭来讲,只有当演化创新性力量超过演化适应性力量时,农村贫困家庭才有可能摆脱贫困陷阱。

### 3.3.3 农村贫困家庭代际传递的持续性

有这样一句谚语:"病来如山倒,病走如抽丝。"其实贫困在某种程度上而言也与之类似。当微观个人及微观家庭因为这样那样的因素而陷入贫困,尤其是贫困代际之间传递发生时,相对来说,微观个人以及微观家庭依靠自己的力量走出贫困是比较困难的,即或是能够走出贫困,返回贫困的概率是很高的,贫困具有脆弱性。对于发生农村贫困代际传递的家庭与其他贫困家庭相比较,前者的贫困深度、广度以及脱离贫困的难度都比后者高,是反贫困当中最为棘手的目标人群。对于贫困家庭代际传递而言,微薄的收入以及有限的转移支付根本无法平衡其家庭赤字。因为在一定时间内甚至在一段时期内其家庭获取收入的力量总是小于其家庭支出的力量,当家庭合成收入的力量为负时,家庭贫困则持续,当家庭合成收入的力量为零时,贫困处于均衡状态,只有当家庭的收入力量持续大于其家庭支出力量之时,贫困家庭代际传递才有可能跳出贫困陷阱。进一步而言,贫困代际传递家庭缺乏脱贫致富的内生能力,一个缺乏内生能力的个人和家庭在短期内走出贫困是比较困难的。相反,贫困家庭发生代际传递是诸种致贫因子循环累积的隔代传递,也正因如此,才注定了农村贫困代际传递家庭的贫困具有较长的持续性。贫困代际传递的持续性特点决定了对于目标人群的扶贫不可能一蹴而就,只能是一个循序渐进的外生力量推进过程。换句话说,对于目标人群的扶贫不能够采取一哄而上又一哄而下的短期扶贫,而应该采用常态化、制度化、科学化的扶贫。

### 3.3.4 农村贫困家庭代际传递的收缩性

面对复杂多变的国际国内环境，我国国民经济保持了三十多年的持续稳定增长，国民财富得到提升，人民生活得到改善，基础设施进一步完善。关注民生、重视民生的执政理念得到进一步强化，关注人权、尊重人权的法制思想进一步彰显。在成绩面前，国家表现出超凡脱俗的气概，面对诸如贫困等经济社会问题，国家没有回避，而是敢于面对现实，敢于发现存在的不足，也正因为如此，农村贫困家庭的贫困状况才有可能得到改变，贫困家庭的生活水平才有可能得到提高。从本章第3.2节和第3.3节的论述中可以看出，随着我国经济发展和政府有组织、大规模扶贫战略规划的推进，农村贫困家庭代际传递呈现出收缩性的特点。具体来看，农村贫困家庭收缩性表现在三个方面：一是农村贫困家庭代际传递从大面积发生向分散的面点发生转变，从20世纪80～90年代大面积发生，逐步演化到革命老区、自然环境恶劣和经济发展极度落后地区和边境区等集中连片特困地区，农村贫困家庭的绝对贫困状况得到显著改善，但是相对贫困状态短时间内很难改变。二是从区域结构上看，农村贫困家庭代际传递从东部地区逐渐向中西部地区集中，尽管如此，农村贫困家庭代际传递在经济发达的东部沿海省份的部分地区也依然客观存在，因此，同中西部地区一样，发达地区也同样面临农村贫困家庭代际传递的发展困境。三是从贫困微观家庭来看，贫困在子辈之间出现了分化，部分贫困家庭代际传递的子辈中因人力资本以及社会资本异质性的客观存在，或者说遗传变异（创新行为）的存在，有的摆脱了贫困，生活相对富裕。农村贫困家庭代际传递收缩性的特点，在于农村贫困家庭在演化的过程当中，创新性行为演化以及适应性协同演化的力量在交替起主导作用。而创新性行为演化的发生在于贫困家庭的子辈一代不满足已有的落后贫穷生产生活状态，在相关因素的作用下有一定能力去创新。

### 3.3.5 农村贫困家庭代际传递的负外部性

根据前面的论述，农村贫困家庭代际传递表现为两个方面：一方面缺乏必要的物质资本；另一方面缺乏必要的人力资本。在这两类资本缺乏难以形成内生的增长能力下，获取社会资源（正能量的）的自身能力也下降，良性社会资本积累受限，于是处于贫困境遇的家庭在经历了较长时期的贫困之后，往往丧失了脱贫致富的原动力，很容易陷入要么怨天尤人、要么逆来顺受的"负能量"状态，这类群体潜在的劳动生产力没有能够得到应有的释放和发挥，相反在生活上在生产上依赖政府以及社会力量的资助帮扶，从而导致了社会福利的净损失。处于贫困循环累积的家庭，其家庭成员往往缺乏必要的认知能力和辨别是非的能力，在一定物质财富的诱惑下很容易成为社会和谐、民族团结、国家稳定潜在的威胁力量。相关政府部门及社会组织要充分认识到贫困代际传递家庭潜在的负外部性，农村贫困家庭代际传递的负外部性特征的形成发生于贫困家庭在演化的过程之中，惯例没有被打破、消极的模仿难以有所改变、适应性演化行为起主导以及竞争性协同性演化为主等因素的综合作用导致贫困家庭的贫困深度加深，贫困家庭代际传递发生的概率增大。

# 第4章 中国农村贫困家庭代际传递发生与扩散的诱因及机理分析

本章从微观、中观和宏观的维度对农村贫困家庭代际传递负面性入手描述和分析贫困家庭代际传递发生与扩散机制，有其内在逻辑联系的考虑：一是对第2章理论基础提出的治理理论与第6章治理策略相呼应。农村贫困家庭代际传递负面性影响客观存在，在经济发展进入新常态的历史周期内，在精准扶贫的制度安排下，需要全面认识农村贫困家庭代际传递负面性对社会稳定、经济发展和民生改善所带来的负面冲击和负面影响，只有充分认识到这种负面性影响，在提出贫困家庭代际传递治理对策时才能综合多方面的因素来考量，提出切合实际的治理对策，而这正是诸如公共治理理论、多中心治理理论和协同治理理论的内涵之所在。二是农村贫困家庭代际传递负面性与农村贫困家庭代际传递发生的人力资本诱因和扩散的社会资本诱因具有较高的关联性。人力资本诱因与社会资本诱因共同决定了农村贫困家庭代际传递发生和扩散，而农村贫困家庭代际传递负面性正是农村贫困家庭代际传递发生与扩散的直接表现。三是与本书的主题相对应。本书的主题是中国农村贫困家庭代际传递研究：1978~2012年，从微观、中观和宏观的维度论述农村贫困家庭负面性影响是本书研究主题的内涵所在，是从定性的研究方法为接下来的贫困家庭代际传递的人力资本发生诱因和社会资本扩散诱因进行前置研究。

## 4.1 农村贫困家庭代际传递负面性分析

### 4.1.1 农村贫困家庭代际传递对个人（含家庭）的不利因素分析

#### 4.1.1.1 对个人的不利影响
综合文献和实践分析，农村贫困代际传递对个人的不利影响主要表现

在以下方面:

(1) 身体素质差,健康水平低下。首先,农村贫困代际传递家庭由于收入的匮乏,绝大多数贫困家庭只能维持简单的生活水平,膳食结构不合理,营养搭配不合理,导致营养水平无法满足正常的身体需要;其次,由于受收入水平低下的约束,不少贫困家庭在遭遇疾病的时候都是刻意去抗、去拖,本来可以用支出较小的费用就能恢复身体健康的,但由于不愿意或者无力拿出相应的费用而导致病情加重,身体健康状况下降;最后,不少贫困家庭从事繁重的农活,体力透支严重,但是往往缺乏必要的休息和调理而导致健康水平下降。

(2) 心理素质不健全,精神状态不佳。健康心理素质的形成需要应有的条件,而贫困家庭由于贫困缺乏必要的条件往往导致个人心理不阳光,心胸狭窄,对流言蜚语敏感,很容易积累负能量。集聚的负能量在达到极限值之前如果得不到合理的宣泄和释放,个人很容易形成挫折感,更为严重的是出现轻生的举动,尤其是在贫困的农村家庭这种轻生的倾向相对较高。一个人的正的精气神对一个人的成长、发展具有不可估量的正向引导作用,反之,一个人的负的精气神对一个人的成长、发展具有负的引导作用。由于受贫困代际传递的综合影响,处于贫困代际传递家庭中的个人往往在希望破灭、失望伴随的时期表现出精神萎靡不振、消极懈怠,很容易陷入逆来顺受、麻木不仁的负面精神境界。

(3) 迷信思想严重,宿命论观念作祟。在人类历史发展的长河当中,人的认识水平在不断提高,但是,在特定的历史背景下,人的认识能力往往具有一定的历史局限性。对于农村地区,尤其是农村贫困代际传递家庭的人更容易迷信。调研中发现,不少农村贫困代际传递家庭的个人往往把贫困归结为自己的命运不好,有的甚至认为是自己的祖上没有积德行善,因果循环导致今天的贫困,既然是上帝的安排,既然是命运的安排,那就接受贫困的现实吧。在这种背景下,在农村贫困地区,有一种自由职业很受人追捧,这种职业在当地收入高而且影响力也高,那就是某些从事封建迷信的算命者、巫师以及巫医(老百姓又称为神医),这类非法活动者往往利用贫困者的无知和善良以及社会管理的漏洞欺骗老百姓,更加深了贫困代际传递的负面影响。

(4) 思想因循守旧,视野坐井观天。农村贫困代际传递家庭中的个人由于缺乏外出交流、学习和工作的机会,往往自以为是、画地为牢、故步

## 第4章 中国农村贫困家庭代际传递发生与扩散的诱因及机理分析

自封、坐井观天,其思想封闭,视野狭窄,排斥新事物、拒绝新东西,对于已经形成的经验过分执着,因而在不少贫困农村地区,由于不少从事耕作的农村贫困家庭成员过分相信自己传统的耕作经验、生产技术而拒绝接受现代农业科技成果的推广,导致产出水平低下,农业经营收入水平上不去,贫困不断重复和复制。

（5）缺乏法律意识,明辨是非的能力欠缺。农村贫困代际传递家庭中的个人由于缺乏必要的教育和文化,从而导致法律意识淡薄,缺乏明辨是非的能力。当贫困的个人由于法律意识淡薄且缺乏明辨是非的能力时很容易受到利益的诱惑、极端思想的影响。近些年来,发生在我国偏远地区的极端恐怖活动中,极端组织团伙中的不少成员都是家庭贫困者,极端组织给予这些贫困者一定酬金,雇佣这些贫困者成为极端组织的一分子。

（6）婚姻匹配存在劣势,子辈家庭仍锁定在贫困状态。农村贫困代际传递家庭的子女在婚配中往往难以找到比自己家庭富裕的对象,大多数只能与贫困家庭异性子女结婚,有的贫困家庭子女由于残疾、智障等原因根本无法婚配,这种现象在农村贫困代际传递家庭中是一个令人担忧的问题。有的贫困家庭为了子女能够婚配被骗婚、骗钱、骗财的现象也比较普遍。在目前农村贫困家庭中,基本的生存已经得到保证,但由于在婚姻匹配中存在的种种劣势而导致这部分群体根本无法满足其生理需求。按照演化经济学的循环累积原理,父辈家庭的贫困因素累积影响到子辈所组成的家庭,甚至有的农村贫困家庭的子女在婚姻中被淘汰的结局就是没有了下一代。这种现象如果得不到合理解决会诱发一系列的社会问题,对无法完成婚配的个体来讲是一个极大的心理摧残,对于贫苦者的家庭来讲也是一个极大的无形压力和打击。

### 4.1.1.2 对家庭的不利影响

一般来看,农村贫困代际传递对家庭的不利影响是多方面的,其中主要不利影响包括如下几个方面：

（1）贫困家庭处于脆弱性,容易被边缘化。家和万事兴,家庭和睦是家庭效用最大化的根本前提,但是发生贫困代际传递家庭往往不团结,家庭成员之间往往互相埋怨、互相指责,遇到问题不是齐心协力想办法而是各自为政,意见不统一。从某种程度上来说,贫困并不可怕,不团结才是可怕的。克服困难、战胜困难靠的是心齐、气顺、劲足,俗话讲"兄弟齐心,齐力断金",因为只有团结才能把有限的力量汇集起来,才有可能解决实际问题。

不少农村贫困代际传递的家庭由于看不到摆脱贫困的希望而导致家庭解体的现象是比较常见的。在农村贫困代际传递家庭中，有不少家庭主妇离家出走，在异地他乡结婚生子。这对于离家出走的家庭主妇来讲面临着两个家庭，一个是远在老家的家庭，一个是现在的新家庭。家庭主妇的出走对于家庭来说是一个严重的打击，子女因为母亲的出走会陷入生活上更为糟糕的境地，更会因为缺乏母爱而导致难以形成健康阳光的心态。

亲戚和宗族是每一个人和家庭最值得信赖和依赖的社会关系网络，因为亲情是一个人最为宝贵的精神财富和资源。然而，在市场经济大潮中，传统的亲情以及宗族群体所扮演的角色已经发生了或多或少的变化，那就是，如果你的家庭富裕，你的亲戚、宗族群体都会来与你交往，有的甚至千方百计地巴结你、讨好你，以有你这样的亲戚族人为荣；反过来，如果你的家庭贫困，哪怕是有血缘关系的亲戚族人都可能对你弃而远之。也就是说，贫困家庭的个体容易遭到亲戚疏远和宗族的抛弃。

个人的为人处世、待人接物会深受家庭的影响，因为父母是人生的第一导师，家庭是人生的第一学校。一个人、一个家庭不可能在完全封闭的自然环境中生存和发展，或多或少地要与周边的人交流、交往，交流交往必须是互惠互利的，绝对不能是零和游戏。部分贫困家庭中的个体往往因为家庭的贫困其精神状态不佳、心理阴暗、视野狭窄等，如对于"给"与"取"的辩证关系很少能够领悟到其中的哲理，导致他们在日常生活中特别计较个人的利益得失，处理不好与周边人的关系，有的甚至恶化与周边人的关系。贫困家庭中的个体由于负能量的影响很难融入社会，容易被边缘化。

（2）贫困家庭养老有风险，抗风险能力弱。农村贫困代际传递家庭的父辈养老面临两个方面的风险：一方面，贫困代际传递家庭的父辈不能依靠自己的储蓄和劳作维持自己正常的晚年生活。由于贫困，缺乏必要的储蓄，有的甚至在年老之后还没有偿还完欠债，有的父辈自身的身体状况由于缺乏营养和长期的操劳，体弱多病，在他们进入老年之后，基本丧失了劳动能力，日常起居都成问题，这使他们的晚年生活充满了风险。另一方面，贫困代际传递家庭的子辈由于人力资本的欠缺，复制和传承了父辈的贫困，加上子辈的子辈上学等家庭大宗的支出使得他们跳出贫困陷阱的概率很低，他们无力为父辈提供必要的养老需求。这两个方面的因素叠加起

## 第4章 中国农村贫困家庭代际传递发生与扩散的诱因及机理分析

来使得农村贫困代际传递家庭的父辈在晚年无法过上正常的、有尊严的晚年生活。同时,贫困家庭由于贫困缺乏一定的技术能力、就业能力和收入能力,使得贫困家庭在遭遇到大病、天灾人祸时会使得他们的贫困雪上加霜,会陷入更严重的贫困,在贫困的陷阱里越陷越深。农村贫困家庭无论是在自然面前还是在社会面前都是脆弱性很明显的一个群体,抵御各种风险的能力也就很欠缺。

(3) 畸形消费陷入恶性循环,投资失误又致债台高筑。匿名社会所需要的契约精神在先前及当前的中国并没有形成真正的气候,中国社会是一个熟人社会,熟人社会讲究传统礼节,讲究邻里往来,讲究自己及家庭在熟人社会中的地位。礼尚往来虽然是中华民族的传统美德,但是随着时代变迁,礼尚往来遭遇了非理性的冲击。在农村地区,无论是经济发达的农村地区还是经济落后的农村贫困地区,人情消费越来越偏离正常的轨道,人情消费的名目繁多,相互攀比成为一种风气,对于不少贫困家庭来说基于诸多因素的纠结,不得不拿出微薄的收入用于人情消费,有的家庭甚至是举债进行人情消费,在农村地区因人情消费(如彩礼费、寿礼费、丧礼费等)举债致贫不是少数。人情消费是一把"双刃剑",一方面,顺应习俗维系了必要的亲邻关系,积累了一定的家族或村邻式的社会资本;另一方面,削弱了应有的家庭资金积累,资金积累不足无法用于生产性的投资,更不用说用于家庭成员的人力资本投资。在贫困的农村地区畸形的人情消费成为阻碍贫困家庭进行物质资本积累和人力资本投资的无形约束,这种约束使得贫困家庭财产难于有效形成和提高。同时,由于畸形的人情消费导致家庭储蓄不足,储蓄不足导致投资不足,投资不足导致产出下降,产出下降导致收入降低,收入下降导致贫困发生,这样贫困家庭由于畸形的人情消费容易陷入贫困恶性循环陷阱。

农村有部分家庭还因为投资失误、负债过多而陷入贫困。对于这种局面的家庭,往往因为债台高筑而无法拿出部分资金用于子辈的人力资本投资而导致子辈陷于人力资本紧约束的不利境地,子辈陷入贫困的概率增大。更严重的是,农村家庭因为投资失误、负债过多,导致夫妻感情破裂,家庭解散。这样的家庭,子辈接受的负能量较多,受贫困文化的影响较大,子辈容易陷入贫困。

(4) 助长贫困文化潜移默化,抑制脱贫精神动力成长。家规、家教、祖训等都是家庭文化的一部分。贫困家庭由于贫困,对教育缺乏投资和重视，使得家庭内部整体文化水平偏低，接受新事物的能力有限，理解对方宽容对方的能力不足。长期的贫困给家庭积累的负能量过多，而这些负能量如果得不到合适的宣泄将会对家庭成员造成心理上的重负，在这种情况下甘认命苦、自暴自弃、怨天尤人、懒惰无助等非主流的贫困文化将在贫困家庭中得以生根、发芽和壮大。这种贫困文化一旦形成，贫困家庭的家庭意识、微观个体意识、社会意识等都将受到贫困文化负外部性的约束和牵引，使贫困家庭难以融入社会发展的主流。

具体来讲，贫困亚文化主要表现在以下四个方面：一是"等、靠、要"的思想比较突出，贫困主体缺乏积极的反贫困意识和行为；二是听天由命的宿命论思想比较盛行，把自己和家庭的贫困归为祖上无德和积德太少，根本没有看到贫困的主要根源和缺乏挑战贫困的志向和采取切实的反贫困行动，致使贫困不断积累与恶化，贫困在代际之间传递；三是"不患寡而患不均"的思想根深蒂固，大家都不富裕能够接受甚至心安理得，如果别人富裕而自己和家庭贫困则不可接受，嫉妒富裕家户的心理较为明显，对于别人的富裕总会找出一些理由去讥讽人家，贫困家庭与贫困家庭之间更容易沟通与协作，但是这种沟通与协作对于提升自己及家庭的经济实力并无显著帮助，按道理与强者为伍可以提升自己的能力和斗志，可惜的是在我国农村地区那种"仇富心理"扭曲了人们内心深处的动力机制，不是以强者为标杆而是排斥和嫉妒强者；四是心理脆弱、心胸狭窄、视野狭隘、斤斤计较和缺乏合作意识等，这种人文生态很容易遭到外界不利因素的冲击，很容易被别有用心的人所利用、误导从而走上邪路。贫困亚文化具有较强的感染性和传导力量，很容易在阶层内生根、发芽、成长。贫困亚文化与贫困群体人力资本存量的形成和人力资本增量的提高是一种负相关关系。

（5）缺乏信息渠道，合法正当利益难保障。信息对称时，双方的交易成本很低，而信息不对称时，拥有信息的一方可以凭借所拥有的信息获取更多的利益，缺乏信息的一方将会支付更高的成本。在有些农村地区，地广人稀，居住分散，上级相关部门的监管难以覆盖到这些地区，导致村级管理存在盲区。有不少真正需要扶贫的贫困代际传递家庭没有得到扶贫，而家庭相对富裕的家庭却能够得到照顾、救济和扶贫，原因就在于村级部分干部在确定扶贫对象时往往倾向于自己的亲属和给过自己好处的人，而那些真正需要扶贫的贫困家庭由于缺乏信息而被排斥在被扶贫之外。由于

# 第4章 中国农村贫困家庭代际传递发生与扩散的诱因及机理分析

缺乏必要的文化知识,在自己合法正当的利益遭到剥夺时也不知道该找什么机构什么人员,就算是有的人有过向上级政府及相关部门讨说法的想法,但往往又怕打击报复,最终还是选择默默忍受。在农村地区,这种正当合法的权益如果不到维护,贫困家庭会陷入更严重的贫困,会影响到社会的和谐稳定。

(6)留守群体、空巢家庭问题又进一步恶化趋势。目前,随着农村剩余劳动力外流,农村的"空心化"问题越来越严重。这也伴随"留守伴侣""留守儿童""留守老人"等群体和"空巢家庭"的现象越来越突出,滋生了很多社会问题。如"留守妇女"因情感得不到有效满足而导致家庭破裂的现象呈现出扩大态势,与此同时滋生出了诸如第三者插足、重婚等不良或违法家庭婚姻行为;"留守儿童"因缺乏必要的关爱或是因为过度的溺爱和偏袒滋生了很多社会儿童问题,不利于社会和谐和家庭稳定。可以预期,我国大规模的流动人口现象还将持续至少二十多年,在这个时间段内将有数量不少的新的"留守儿童"产生,需要运用组织和社会力量来解决"留守儿童"的情感及教育等问题;"留守老人"现象也是一个不容忽视的社会现象,"留守老人"子女长期在外,"留守老人"是情感特别孤独的一个群体,这个群体多数年老体弱,外出走动不方便,因此,这个群体交流的范围十分有限。"留守老人"除了情感孤独之外,往往面临日常生活中的不便,如生病之后无人过问、无人帮忙,有的衣食起居都成问题。特别是一些贫困家庭的留守儿童和留守老人,更是孤立无助,老人养老、儿童教育皆成问题,影响新农村建设的推进。

### 4.1.2 农村贫困家庭代际传递对区域的不利因素分析

#### 4.1.2.1 "回波效应"使得区域之间经济发展差距将会持续扩大

根据缪尔达尔的"扩散效应"与"回波效应"理论知道,"扩散效应"有助于经济落后地区发展,而"回波效应"不利于经济落后地区的发展。"扩散效应"的辐射力量、覆盖范围是有限度的,而对于我国来讲,区域之间千差万别,尤其是广大的中西部地区,贫困地区成片、成区域的现状并没有因为东部地区经济发展水平的发展而得到有效改善,"扩散效应"的趋势没有得到有效遏制,而是不断得到了强化。农村贫困地区本来人力资本水平就偏低,而有一定人力资本水平的农村居民绝大多数会流动到经济发达地区,这对于流出地来说无疑丧失掉了优质的劳动力资源。农村地区交通等基础设施落后，严重制约了与经济发达地区进行贸易往来，与此同时，农村地区有限的资金积累大部分被转移到城市和经济发达地区。"回波效应"使得贫困地区与经济发达地区之间的距离渐行渐远。

#### 4.1.2.2 阻碍贫困地区商品经济发展，使自然经济形态进一步固化

农村贫困代际传递地区农民从事的主要是自给自足的封闭农业，贫困农民生产的产品除了供自己消费之外几乎无产品剩余，自己所需要的生产资料除了基本农具、农药、化肥、种子、地膜等需要从市场上购买之外，其他日常生产资料几乎是自己生产，消费资料除了盐等自己所不能生产之外其他的日常消费资料都是通过自己的劳动产品通过以物易物进行交换而获取。这种自给自足的封闭式的分散的小农经济无法进行合理的专业化分工，从而无法获取规模经济的收益，这种状况在贫困的中西部地区尤为明显。贫困家庭很少有农产品剩余用于市场销售，有限的农产品剩余也因为交通的制约而无法使自己的劳动产品商品化，有的因为缺乏必要的市场信息而使得有限的交易收益被剥夺而所获无几。在无外力推动的情况下，这种自给自足的小农经济模式将会得到进一步固化，与市场经济发展要求的距离越来越远。

#### 4.1.2.3 对自然资源掠夺式生产经营，使区域生态环境进一步恶化

受制于知识的匮乏，不少农村贫困家庭中的个体为了获取更多的收入来改变自己和家庭的贫困境遇，对于自己赖以生存的环境和家园过度砍伐、过度放牧、过度垦殖，导致土地、森林及牧场的再恢复能力下降，从而导致相应的回报率降低，陷入人与自然的恶性循环。任何自然都存在有限度的承载能力，只有在不超出承载能力的前提下，自然才能维护自身的平衡和循环，因此，要维护自身生存环境的平衡和循环，需要人们爱护自然、保护自然以及珍惜资源、保护资源和节约资源。同时，由于中国的疆域相对辽阔，东部地区、中部地区、西部地区三大经济区域环境、生态资源千差万别。有的贫困地区土地无人或很少有人耕种，加上国家实行的退耕还林、退耕还草、退耕还湖等利民政策使得这些地区的自然生态环境得到修复，然而在有的贫困地区，土地不但有人耕种而且不少家庭为了从土地、森林、湖泊等自然资源中获取更多的劳动收益，于是过度开垦、过度砍伐、过度放牧、过度捕捞、过度捕猎，对于区域环境来看，这种行为无疑会导致"公地悲剧"，"公地悲剧"的出现将进一步恶化人与自然、人与社会的和谐关系，这种微观家庭理性而集体不理性的经济行为导致区域生

# 第4章 中国农村贫困家庭代际传递发生与扩散的诱因及机理分析

态环境承载能力无法满足人们的需求，区域生态环境进一步恶化，区域生态环境承载能力进一步恶化。

## 4.1.3 农村贫困家庭代际传递对社会的不利因素分析

### 4.1.3.1 不利于社会公平原则的贯彻实施

社会公平是一个社会健康、稳定与可持续发展的基本要件之一，公平包括起点公平、过程公平、结果公平以及机会公平。作为社会主义国家的中国，公平是其内在的特色和社会主义制度优越性的重要体现，但是，中国目前和将来一段时期内都是处于社会主义发展的初级阶段，在这个阶段内，由于诸多因素的叠加，导致社会不公成为广大人民群众最为不满的社会问题之一。在市场经济尚不健全的情况下，在社会快速变迁的背景下，解决社会不公应该成为政治经济生活中的一件大事。社会的文明程度、社会的成熟程度与社会各个阶层的公平程度是一种正相关关系。社会是由不同层级构成的，处于不同层级的人群获取社会资源与福利的机会是有差异的，对于强势群体来说，他们拥有更多的社会资源与配置资源的权利，而弱势群体由于缺乏必要的社会资源而难以获取相应的资源与福利。强势群体会形成一个既得利益集团，这个集团垄断了资源，掌握着社会发展的话语权，如果有些地方政府被这些利益集团所左右，或者政府对这种情况缺乏必要的警惕，则社会不公平问题将会进一步被强化。农村贫困代际传递家庭由于长期的贫困，导致贫困家庭成员人力资本水平低下，而人力资本水平低下使得他们很难跳出社会的最底层，他们的合法权益会受到强势群体的剥夺，因为他们的起点就处于不公平的地位，低下的人力资本水平以及同质性的社会关系网络使得他们无机会享受过程公平的待遇，其结果不公平也就木已成舟。一个贫困家庭感觉社会不公平对社会的负面影响可以忽略不计，但是无数贫困家庭的不公平感叠加起来就会严重影响社会的公平建设。社会不公平会严重挫伤人民群众的心理底线，会导致人民群众丧失对政府的信任、理解与支持，这种局面会使社会更加复杂多变。

### 4.1.3.2 不利于"二元经济"结构的改善和社会主义新农村建设

自美国经济学家威廉·阿瑟·刘易斯（W. Arth. ur. Lewis）提出"二元经济论"（1954）以来，人们逐渐认识到"二元经济"结构是发展中国家经济结构的重要特征之一，"二元经济"的固化和僵化是发展中国家持续贫困的根本因素,"二元经济"的有效破解是发展中国家经济稳健发展走向富裕的必由之路。经过三十多年的改革开放,我国的"二元经济"结构相对来说得到了有效缓解,大量的农村剩余劳动力转移到城市,但是随着时间的推移,随着经济结构的进一步转型,我国剩余部分的"二元经济"结构有效破解的难度越来越大。有一定人力资本素质的农村劳动力转移到城市就业、成为城镇居民的能力提高,然而农村贫困代际传递家庭的劳动力由于缺乏必要的人力资本素质,非农就业能力低下,即或是有的流动到城市就业,但在劳动力市场分割的条件下,绝大多数也只能在城市低层次的非正规部门就业。低层次非正规部门就业的收入难以保障,这部分群体在城市生活、工作都面临极高的风险,并随时有可能重新回到农村,有的甚至可能成为城市的无业流民,加重了城市贫困的压力。农村贫困代际传递家庭数量比例虽然不高,但是加总起来的贫困人口数量依然庞大,这部分群体成为"二元经济"结构有效改善的"钉子户"。

社会主义新农村建设自开展以来,不少农村地区尤其是不少农村贫困地区得到了较好的发展,基础设施得到了改善,生活水平得到了提高,生活方式得到了更新,但是剩下的绝大多数农村贫困地区仍然由于自然环境的恶劣,有限的资本投资无法根本改变其贫困落后的状况。新农村建设需要外力与内力的有效结合才能够发挥应有的作用,外力主要来自于上级政府的重视和投资,内力主要来自于农民自己。农民是新农村建设的主体,偏离了这个主体,新农村建设必将停止不前甚至有可能倒退,而农村贫困地区整体文化水平低下,人力资本素质低下,无法形成内生的发展能力,从而新农村建设无法达到国家、社会和农村居民的预期。

### 4.1.3.3 不利于和谐社会的构建

回顾历史,西汉时期的"文景之治"、盛唐时期的"贞观之治"以及清朝的"康乾盛世"是中国社会各个阶层相对和谐共处的时期,老百姓安居乐业、整个社会运转有序、国家长治久安成为中华民族历史长河之中政通人和的时期。作为社会主义国家的中国,安居乐业、国泰民安、社会和谐成为执政党以及社会各界追求的现实目标。然而现实的国情中却还存在城乡收入差距没有得到有效遏制,社会上弥漫着"金钱至上"的氛围,某些富裕阶层的为富不仁,仇富心态在社会底层比较普遍,以及农村居民的被歧视等现象,使得农村贫困居民有一种强烈的被剥夺感,形成世道不公平的心态。而贫困代际传递进一步固化了贫困阶层,这个阶层的

# 第4章 中国农村贫困家庭代际传递发生与扩散的诱因及机理分析

社会流动性很低,本来贫富差距就具有"马太效应",从而导致社会贫富进一步分化,社会结构断层,底层社会人群与中高层社会人群之间沟通的桥梁和渠道被无形的力量所隔断,导致这三个阶层之间互相不理解,互相仇视,形成一种畸形的社会心态。贫困阶层由于难以发声和表达自己的权益,在现有社会框架下当农村贫困代际传递家庭通过自身的努力以及外部的正向干预而无法跳出贫困陷阱时,希望很容易转变成失望,失望持续的时间如果过长则很容易走向绝望。一旦绝望的情绪得不到控制和疏导,就会导致他们采取极端的行为和过激的举措,这些行为和举措具有极大的社会破坏性和传染性,很容易诱发社会恶性群体事件,社会稳定受到挑战。

### 4.1.3.4 不利于我国全面建成小康社会以及实现社会主义共同富裕

农村贫困代际传递家庭由于长期贫困,家庭缺乏必要的资金积累,无力增加有技术含量的农业机械等资本品投入,对于农业只能够维持简单的投入,简单投入只能够维持低回报率的产出,农业生产投入不足制约了农业劳动生产效率的提高和农业生产方式的改进,使得传统农业难以有质的变化和跃迁,对于农村经济的发展是不利的;贫困代际传递家庭由于缺乏相应的人力资本投资,使得贫困代际传递家庭潜在的收入水平受到压制和约束,无力参与市场经济的竞争和建设。具备一定人力资本水平的农村居民绝大多数流动到城市就业、生活和居住,导致农村地区人力资源优势(数量)无法有效发挥,人力资源优势转变为人力资源劣势,因为现代农业的生产和经营需要高素质的劳动者,而农村地区尤其是贫困农村地区最缺乏的就是人才,农村地区人才的匮乏严重制约了农村地区小康社会的建设和实现,没有农村的小康,就没有全国的小康,农村地区进入小康社会对于全社会的发展将起到一个良性促进作用,会进一步刺激和推动城市的小康,进一步刺激和提高全社会的小康水平。

改善民生,提高全民福祉,使普通老百姓生活更为富足,不再为贫困所困扰。而农村贫困代际传递造成家庭收入来源单一、收入水平偏低,加上所处的自然环境生态脆弱,远离市场经济,缺乏必要的信息,导致农村贫困家庭收入不稳定,难以应对生产中、生活中的风险;农村地区医疗水平、营养水平、卫生状况不达标,这些现状叠加起来拖累了农村迈向小康目标的步伐。总之,农村地区贫困家庭代际传递如果得不到有效治理,社会主义共同富裕和全面小康的目标将难以实现。

#### 4.1.3.5 不利于国民经济良性发展

消费、投资和出口是国民经济增长的"三驾马车"。相比之下，出口容易受到外部不利因素的影响和制约，投资形成的产能如果得不到合理消化容易导致产能过剩，而消费能够有效促进经济增长，国内经济的可持续发展内生依赖于国内消费。国内消费市场可划分为城市消费市场和农村消费市场。当前，城市消费市场趋于饱和，而农村消费市场趋于凋敝，凋敝的主要原因在于农村居民收入水平低下，有限的收入只能够消费低档品，而无力消费高档品，农村消费市场发展不完善的不利影响是多方面的，其最主要的影响是不利于产业转型升级，资源利用率低下。农村贫困家庭的数量在农村贫困地区基数比较大，由于他们的收入水平比较低，导致其消费水平不高，制约了农村消费市场的发展，而农村贫困家庭的代际传递更是加重了这个不利状态蔓延。从这个角度讲，加快农村贫困家庭代际传递的治理，有助于国家经济的良性发展，因为这个群体如果收入水平能够得到实质性的提升，并且消费能够配套，农村市场的消费需求量就会得到很大的提高。农村市场有效需求的提升将有效提高社会的总需求水平，有利于促进宏观经济的良性发展。

## 4.2 农村贫困家庭代际传递形成的人力资本诱因分析

根据第2章有关人力资本的定义知道，人力资本是指通过教育、培训、营养、医疗保健、迁移和经验积累以及消除歧视等投资形成的凝聚在个人身上并具有经济价值增值的生产要素，也是个人劳动素质的反映，与此同时，人力资本还包括从父辈遗传而来。对于农村贫困家庭代际传递而言，人力资本不足是其显著特征之一，下面则结合分析框架中相关机制内容从多维度来论述农村贫困家庭代际传递形成的人力资本诱因。

### 4.2.1 教育投资诱因与贫困家庭代际传递的形成

#### 4.2.1.1 贫困地区师资力量供给不足

改革开放之初的那几年，全国教育都比较落后，城乡教育差距并不显著，贫困地区贫困家庭子女通过刻苦学习走出农村的比例相对较高，但是随着城市经济的快速发展，社会转型节奏加快，城乡教育差距呈现出较大差距。自20世纪90年代以来，城乡教育差距进一步拉大，优质教育资源基本集中在城市和经济发达地区。经济落后的农村地区师资力量不断下

# 第4章 中国农村贫困家庭代际传递发生与扩散的诱因及机理分析

降,突出表现在:一是受过专业训练的师范毕业生绝大多数不愿意到农村地区任教,有的师范毕业生到了农村也只是作为一种过渡,然后通过考研、考公务员等方式离开先前工作的农村。二是农村地区教师老龄化趋势显著,年轻教师人力资本增量停滞不前,甚至已经在农村工作的年轻教师离开农村去大中城市寻求发展机遇。三是在贫困地区内部教育资源配置严重不均衡,教学水平相对较高的教师以及具有一定社会资源的教师通过各种路径集聚到县城或者距离县城较近的周边地区,由此带来的结果就是县城以及县城附近地区教师人均工作量不饱和,而急需师资的农村地区尤其是偏远的农村地区出现教师断档断层的局面。四是农村地区新教师的准入门槛较低,存在关系进入的现象。由于受过正规训练的师范毕业生不愿意到农村地区任教,地方政府及教育主管机构不得不降低新教师的准入门槛,一大部分非师范专业毕业的大学生得以进入教育领域,这部分人在没有经过良好的师范教育培训的前提下直接走上教育岗位,其教书育人的能力是值得商榷的。另外,存在部分贫困地区冷门专业的毕业生通过一定的社会资源进入教育战线,这一部分人的教育能力同样是值得怀疑的。五是贫困地区教师薪酬、社会地位与他们的奉献和社会的需求不对称,较低的薪酬待遇严重制约了农村地区教师教书育人的积极性和自身不断提高人力资本积累的内在动力,社会地位的不对称使得教师难以通过自身的示范去影响和启发学生刻苦学习。上述五方面因素的综合叠加导致农村贫困地区师资力量供给不足,影响了农村教育发展,知识的溢出效应在农村贫困地区难以发挥作用。

### 4.2.1.2 国家对教育投资相对不足

从表4-1中可以看出,1991~2011年国家对教育投入经历了三个阶段:一是低投入阶段。1991~1996年,国家对教育的投入相对较低,对应年份的教育经费占对应年份的GDP的比重不到3%。二是投入缓慢增长阶段。1997~2007年,除2002年之外,教育经费投入占对应年份GDP的比重均低于4%,尽管教育经费占GDP的比重都大于3%,但是教育经费的投入还是相对较低。三是投入相对较高阶段。2008~2011年,教育经费投入占对应年份GDP的比重均高于4%。研究表明,一个国家或者一个地区只有当教育经费的投入占对应GDP的比例达到或者超过4%,才能够为国家或者为地区提供必要的人才支撑。有关研究证明,我国教育经费的投入与国家经济总量的增加是呈正相关关系。经济越发达,教育投入就越高,反过来教育投入越高,经济越发达,并且是可持续的发展。经验表明,人的文化水平越高其人力资本水平相对越高,其获取财富的能力相对较强,正因如此,西方发达国家在发展的过程当中特别重视教育的发展,第二次世界大战后的德国以及日本能够在短短的二十多年的时间内发展迅速,其中最重要的原因就在于这两个国家特别重视教育的发展。我们国家在特殊的历史背景下,对于教育的忽视导致了灾难性的后果。整个国家教育投入不足,教育发展不足,教育水平上不去,整个国家以及民族的人力资本水平也就上不去。国家整体教育在较长时期内投入不足是农村贫困家庭代际传递的系统性原因。

表4-1　1991~2011年我国教育经费投入、总人口、国内生产总值

| 年份 | 教育经费(万元) | 总人口(万人) | GDP(亿元) | 教育经费占GDP的比例(%) |
| --- | --- | --- | --- | --- |
| 1991 | 7 315 028 | 117 171 | 26 923.48 | 2.72 |
| 1992 | 8 670 491 | 118 517 | 35 333.92 | 2.45 |
| 1993 | 10 599 374 | 119 850 | 48 197.86 | 2.20 |
| 1994 | 14 887 813 | 121 121 | 60 793.73 | 2.45 |
| 1995 | 18 779 501 | 122 389 | 71 176.59 | 2.64 |
| 1996 | 22 623 394 | 123 626 | 78 973.03 | 2.86 |
| 1997 | 25 317 326 | 124 761 | 84 402.28 | 3.00 |
| 1998 | 29 490 592 | 125 786 | 89 677.05 | 3.29 |
| 1999 | 33 490 416 | 126 743 | 99 214.55 | 3.38 |
| 2000 | 38 490 806 | 127 627 | 109 655.17 | 3.51 |
| 2001 | 46 376 626 | 128 453 | 120 332.69 | 3.85 |
| 2002 | 54 800 278 | 129 227 | 135 822.76 | 4.03 |
| 2003 | 62 082 653 | 129 988 | 159 878.34 | 3.88 |
| 2004 | 72 425 989 | 130 756 | 184 937.37 | 3.92 |
| 2005 | 84 188 391 | 131 448 | 216 314.43 | 3.89 |
| 2007 | 121 480 663 | 132 802 | 314 045.43 | 3.87 |
| 2008 | 145 007 374 | 133 450 | 340 902.81 | 4.25 |
| 2009 | 165 027 065 | 134 091 | 401 512.80 | 4.11 |
| 2010 | 195 618 471 | 134 735 | 473 104.05 | 4.13 |
| 2011 | 238 692 936 | 135 404 | 519 470.10 | 4.59 |

资料来源:中华人民共和国国家统计局编,2002~2012年各年份中国统计年鉴,中国统计出版社。

# 第4章 中国农村贫困家庭代际传递发生与扩散的诱因及机理分析

## 4.2.1.3 教育投入不足制约农村地区人力资本水平提高

从表4-2中可以看出,我国的教育投入存在如下几个方面的特点:一是教育投入结构不合理。1997~2001年各个年份我国高等教育经费的投入比例均低于我国普通小学教育经费的投入,但是2002~2011年的各个年份我国高等教育经费的投入比例均高于我国普通小学教育经费的投入。明显可以看出,自2002年开始,我国高等教育的投入进入了高投入的阶段,高等教育经费的大投入带来了我国高等教育的大发展,为国家经济建设提供了智力支撑。作为发展中的大国,我们在注重高等教育的大发展时,绝对不要忽视中初等教育的发展,也就是教育发展一定要注意协调发展、均衡发展。二是农村中小学教育经费投入严重不足。表4-2中数据显示,尽管相应年份农村小学教育经费投入要高于城镇小学教育经费的投入,农村初中教育经费的投入要高于城镇初中教育经费的投入,但农村地区中小学人数要远远高于城镇地区中小学人数。调研发现,农村地区教师队伍整体素质低下,师资队伍老年化突出。年轻的大学毕业生不愿意到农村地区任教,另外加上农村地区教师的薪酬待遇低,有一定能力的中小学教师通常会选择离开农村贫困地区到经济比较发达的地区去发展。农村地区教育投入不足是导致农村地区人力资本水平不足的重要因素之一,是农村地区贫困家庭代际传递的重要原因。

表4-2　1997~2011年相关教育经费占总教育经费的百分比

| 年份 | 教育经费总额（万元） | 高等学校教育经费占比（%） | 普通初中教育经费占比（%） | 农村普通初中教育经费占比（%） | 普通小学教育经费占比（%） | 农村普通小学教育经费占比（%） |
| --- | --- | --- | --- | --- | --- | --- |
| 1997 | 25 317 326 | 17.23 | | | 32.98 | 20.11 |
| 1998 | 29 490 592 | 20.28 | | | 31.16 | 18.25 |
| 1999 | 33 490 416 | 22.83 | | | 29.68 | 17.13 |
| 2000 | 38 490 806 | 19.87 | | | 25.82 | 14.90 |
| 2001 | 46 376 626 | 26.90 | | | 27.47 | 15.81 |
| 2002 | 54 800 278 | 28.89 | | | 26.42 | 15.31 |
| 2003 | 62 082 653 | 30.18 | | | 25.36 | 14.44 |
| 2004 | 72 425 989 | 31.17 | | | 24.92 | 14.78 |
| 2005 | 84 188 391 | 31.57 | | | 24.13 | 14.72 |

续表

| 年份 | 教育经费总额（万元） | 高等学校教育经费占比（%） | 普通初中教育经费占比（%） | 农村普通初中教育经费占比（%） | 普通小学教育经费占比（%） | 农村普通小学教育经费占比（%） |
|---|---|---|---|---|---|---|
| 2007 | 121 480 663 | 30.97 | 16.91 | 9.09 | 24.27 | 15.50 |
| 2008 | 145 007 374 | 29.98 | 17.39 | 9.85 | 24.49 | 15.85 |
| 2009 | 165 027 065 | 28.98 | 18.08 | 10.29 | 25.55 | 16.50 |
| 2010 | 195 618 471 | 28.78 | 17.45 | 9.72 | 24.98 | 15.93 |
| 2011 | 238 692 936 | 29.41 | 17.45 | 9.59 | 25.19 | 15.91 |

资料来源：中华人民共和国国家统计局编，2002~2012年各年份中国统计年鉴，中国统计出版社。

#### 4.2.1.4 读书无用论导致人力资本存量水平低下，人力资本增量无法提高

"学而优则仕"是我国古代读书人的内在精神动力源泉，知识改变命运已经成为大家的共识。发达国家的经验表明，没有知识没有文化社会发展经济发展是不可想象的。20世纪六七十年代的我国历史实践检验了不尊重知识不尊重人才是要付出沉重代价的。改革开放之初，如果没有科教战线的拨乱反正，我国的改革开放不可能取得预期的成就，也就不可能有今天的国际地位。然而在我国农村贫困地区，尤其是少数民族地区，"读书无用论"的思想是客观存在的，一些贫困家庭及其子女受趁早外出打工挣钱的影响，放弃了应该完成的义务教育。这种"读书无用"的想法和行为只强调了读书期间的机会成本而没有看到读书之后因为人力资本水平提升和社会资源网络扩大可能带来的超额收益。"读书无用论"思想影响了对人力资本的投资，导致人力资本存量水平低下，人力资本增量无法提高。当然"读书无用论"也反映出了诸多社会问题，如"知识深化"与高等教育结构不合理、专业设置与市场经济发展的需求不对称，结果出现大学生就业难问题等。

### 4.2.2 在职培训诱因与贫困家庭代际传递的形成

参与在职培训能够使培训者在较短的时间内获得相应的生产技能、劳动技能、经营技能以及与时俱进的学习能力。参与在职培训能够比较显著的提高劳动者的劳动生产率，能够比较显著的提高培训者的收入水平。然

# 第4章 中国农村贫困家庭代际传递发生与扩散的诱因及机理分析

而,在职培训对于农村贫困家庭的劳动者来讲是一种极度稀缺的机会。首先,农村贫困家庭的农业劳动者依据传统经验开展生产劳动及家庭经营,思想意识层面对农业生产中的新知识、新技术、新技能不敏感。没有主动或者去自觉参加相关机构举办的农业生产技术等培训,其人力资本水平的提高就很困难,这就是农业现代技术在农村部分贫困地区难以推广的根本原因之一。其次,农村基层相关组织缺乏为农村贫困家庭提供,诸如农业科技知识培训、高产作物栽培培训以及农村贫困家庭非农经营方面的培训机会。最后,有些农村贫困家庭的非农劳动者在城市打工主要在非正规部门就业,而非正规部门的就业强度高,获取的收入微薄,无时间无财力去参与相关方面的培训。与此同时,城市相关部门举办的在职培训很难覆盖到农村贫困家庭的就业者。以上三个方面的因素导致农村贫困家庭的劳动者无缘在职培训,其人力资本水平难以提升,贫困家庭代际传递也就不可避免。

## 4.2.3 健康投资诱因与贫困家庭代际传递的形成

### 4.2.3.1 农村贫困家庭中往往缺乏必要的卫生保健意识

卫生保健知识是一种公益性的公共知识,但是,农村贫困地区不少居民缺乏基本的卫生保健知识,由于卫生保健知识的缺乏,导致农村贫困家庭成员患病的风险加大。农村贫困地区缺乏优质的卫生保健资源,如果没有上级政府的重视和督导,相关部门就没有动力到农村贫困地区进行卫生保健知识的普及和宣传,尽管农村贫困地区不少行政村都有自己的卫生室,但是卫生室的工作人员少、业务技术水平低,而且不少卫生室的从业人员追求的是自己的私利,对于公益性的卫生保健知识的普及和宣传是缺乏动力的,有的甚至认为如果去普及卫生保健知识,无意之中会降低自己的收入。农村地区的中小学课堂里面也缺乏有关卫生保健知识的课程,有的农村学校虽然也开设有这门课程,但是这门课程往往处于很尴尬的境遇,那就是这门课程不是所谓的主课,从而无人重视,其产生的社会效果也就大打折扣。还有的农村贫困地区水质有问题,不能喝上清洁达标的饮用水,但是由于贫困居民缺乏必要的常识以及无人牵头来检测水质问题而导致不少居民患上各种不同程度的疾病,这对农村贫困家庭更是雪上加霜,因病致贫的代际传递就会发生。

**4.2.3.2 不良生活方式与生活习惯降低了贫困家庭的健康水平**

生活方式单一、生活习惯不良、劳动强度大以及缺乏合理的休闲等都会直接和间接影响到人们的健康。在农村贫困地区，由于人们的认识水平和接受科学生活常识宣传的不足，导致人力资本水平下降的现象是客观存在的。由于贫困而心情苦闷，酗酒、抽烟，乃至赌博等现象在农村贫困代际传递家庭中是时有存在的，对他们身心健康是极为不利。地方政府有责任、有义务为辖区内的居民提供健康、科学、可持续的宣传和举办相应的科普知识讲座，引导农村居民改善不合理、不科学、不健康的生活方式与生活习惯，这样做会大大降低贫困家庭人力资本水平受损的风险。

**4.2.3.3 农村贫困地区卫生费用投入不足，农村群众的医疗卫生需求难以满足**

表4-3显示，1990~2012年，伴随着经济的发展，无论是城市居民还是农村居民，人均卫生费用都在不断地增加，但是城乡人均卫生经费差距是显著的。我们可以看出，城市人均卫生费用是农村人均卫生费用的2.8~4.2倍。在农村地区，由于看病成本较高，不少村民在生病之后不是选择去医院看医生，而是选择一抗二拖。从表4-4中可以看出，1990~2007年，乡镇卫生院病床使用率不到50%，2008~2012年，乡镇卫生院病床使用率虽有所提高，但是床位空置率依旧较高。1990~2012年，乡镇卫生院出院者平均住院时间不到一周。从表4-5中可以看出，在农村地区，绝大多数自然村庄的卫生室都是私立的，乡卫生院设点的村卫生室个数比例偏低，甚至还有一定数目的自然村庄没有自己的村卫生室。农村地区卫生经费投入不足，在供给和需求不对称的情况下，难免出现服务质量偏低、服务能力不足、服务成本提高的叠加效应，使得农村地区尤其是贫困农村地区人民群众身心健康得不到应有的保障。贫困家庭受到收入低下的刚性约束使得他们在生患疾病情况下一般远离医院，只能自己购药或自采草药治病，导致身心健康进一步恶化，诱致健康人力资本下降。农村地区卫生费用投入不足以及农村居民对卫生服务需求无法有效满足是农村贫困家庭代际传递得以形成和持续的原因。

# 第4章 中国农村贫困家庭代际传递发生与扩散的诱因及机理分析

表4-3　　　1978~2012年各年份国家对卫生投入情况

| 年份 | 卫生总费用构成（%）政府卫生支出 | 社会卫生支出 | 个人卫生支出 | 城乡卫生费用（亿元）城市 | 农村 | 人均卫生费用（元）全国 | 城市 | 农村 | 卫生总费用占GDP（%） |
|---|---|---|---|---|---|---|---|---|---|
| 1978 | 32.2 | 47.4 | 20.4 | | | 11.5 | | | 3.02 |
| 1979 | 32.2 | 47.5 | 20.3 | | | 12.9 | | | 3.11 |
| 1980 | 36.2 | 42.6 | 21.2 | | | 14.5 | | | 3.15 |
| 1981 | 37.3 | 39.0 | 23.7 | | | 16.0 | | | 3.27 |
| 1982 | 38.9 | 39.5 | 21.6 | | | 17.5 | | | 3.33 |
| 1983 | 37.4 | 31.1 | 31.5 | | | 20.1 | | | 3.48 |
| 1984 | 37.0 | 30.4 | 32.6 | | | 23.2 | | | 3.36 |
| 1985 | 38.6 | 33.0 | 28.5 | | | 26.4 | | | 3.09 |
| 1986 | 38.7 | 34.9 | 26.4 | | | 29.4 | | | 3.07 |
| 1987 | 33.5 | 36.2 | 30.3 | | | 34.7 | | | 3.15 |
| 1988 | 29.8 | 38.9 | 31.3 | | | 44.0 | | | 3.24 |
| 1989 | 27.3 | 38.6 | 34.1 | | | 54.6 | | | 3.62 |
| 1990 | 25.1 | 39.2 | 35.7 | 396.00 | 351.39 | 65.4 | 158.8 | 38.8 | 4.00 |
| 1991 | 22.8 | 39.7 | 37.5 | 482.60 | 410.89 | 77.1 | 187.6 | 45.1 | 4.10 |
| 1992 | 20.8 | 39.3 | 39.8 | 597.30 | 499.56 | 93.6 | 222.0 | 54.7 | 4.07 |
| 1993 | 19.7 | 38.1 | 42.2 | 760.30 | 617.48 | 116.3 | 268.6 | 67.6 | 3.90 |
| 1994 | 19.4 | 36.6 | 43.9 | 991.50 | 769.74 | 146.9 | 332.6 | 86.3 | 3.65 |
| 1995 | 18.0 | 35.6 | 46.4 | 1 239.50 | 915.63 | 177.9 | 401.3 | 112.9 | 3.54 |
| 1996 | 17.0 | 32.3 | 50.6 | 1 494.90 | 1 214.52 | 221.4 | 467.4 | 150.7 | 3.81 |
| 1997 | 16.4 | 30.8 | 52.8 | 1 771.40 | 1 425.31 | 258.6 | 537.8 | 177.9 | 4.05 |
| 1998 | 16.0 | 29.1 | 54.8 | 1 906.92 | 1 771.80 | 294.9 | 625.9 | 194.6 | 4.36 |
| 1999 | 15.8 | 28.3 | 55.9 | 2 193.12 | 1 854.38 | 321.7 | 702.0 | 203.2 | 4.51 |
| 2000 | 15.5 | 25.6 | 59.0 | 2 624.24 | 1 962.39 | 361.9 | 813.7 | 214.7 | 4.62 |
| 2001 | 15.9 | 24.1 | 60.0 | 2 792.95 | 2 232.98 | 393.8 | 841.2 | 244.8 | 4.58 |
| 2002 | 15.7 | 26.6 | 57.7 | 3 448.24 | 2 341.79 | 450.7 | 987.1 | 259.3 | 4.81 |
| 2003 | 17.0 | 27.2 | 55.9 | 4 150.32 | 2 433.78 | 509.5 | 1 108.9 | 274.7 | 4.85 |
| 2004 | 17.0 | 29.3 | 53.6 | 4 939.21 | 2 651.08 | 583.9 | 1 261.9 | 301.6 | 4.75 |
| 2005 | 17.9 | 29.9 | 52.2 | 6 305.57 | 2 354.34 | 662.3 | 1 126.4 | 315.8 | 4.68 |
| 2006 | 18.1 | 32.6 | 49.3 | 7 174.73 | 2 668.61 | 748.8 | 1 248.3 | 361.9 | 4.55 |

续表

| 年份 | 卫生总费用构成（%） ||| 城乡卫生费用（亿元） || 人均卫生费用（元） ||| 卫生总费用占GDP（%） |
|---|---|---|---|---|---|---|---|---|---|
| | 政府卫生支出 | 社会卫生支出 | 个人卫生支出 | 城市 | 农村 | 全国 | 城市 | 农村 | |
| 2007 | 22.3 | 33.6 | 44.1 | 8 968.70 | 2 605.27 | 876.0 | 1 516.3 | 358.1 | 4.35 |
| 2008 | 24.7 | 34.9 | 40.4 | 11 251.90 | 3 283.50 | 1094.5 | 1 861.8 | 455.2 | 4.63 |
| 2009 | 27.5 | 35.1 | 37.5 | 13 535.61 | 4 006.31 | 1314.3 | 2 176.6 | 562.0 | 5.15 |
| 2010 | 28.7 | 36.0 | 35.3 | 15 508.62 | 4 471.77 | 1490.1 | 2 315.5 | 666.3 | 4.98 |
| 2011 | 30.7 | 34.6 | 34.8 | 18 571.87 | 5 774.04 | 1 807.0 | 2 697.5 | 879.4 | 5.15 |
| 2012 | 30.0 | 35.6 | 34.4 | 21 065.69 | 6 781.15 | 2 056.6 | 2 969.0 | 1 055.9 | 5.36 |

资料来源：中华人民共和国国家统计局编，1979~2013年各年份中国统计年鉴，中国统计出版社。

表4-4　　　　1990~2012年中国农村乡镇卫生情况

| 年份 | 乡镇卫生院治疗人次（亿次） | 乡镇卫生院入院人数（万人） | 乡镇卫生院病床使用率（%） | 乡镇卫生院出院者平均住院日（天） |
|---|---|---|---|---|
| 1990 | 10.65 | 1 958.00 | 43.4 | 5.2 |
| 1991 | 10.82 | | 43.5 | 5.1 |
| 1992 | 10.34 | | 42.9 | 5.1 |
| 1993 | 8.98 | | 38.4 | 4.6 |
| 1994 | 9.73 | | 40.5 | 4.6 |
| 1995 | 9.38 | 1 960.00 | 40.2 | 4.6 |
| 1996 | 9.44 | 1 916.00 | 37 | 4.4 |
| 1997 | 9.16 | 1 918.00 | 34.5 | 4.5 |
| 1998 | 8.74 | 1 751.00 | 33.3 | 4.6 |
| 1999 | 8.38 | 1 688.00 | 32.8 | 4.6 |
| 2000 | 8.24 | 1 708.00 | 33.2 | 4.6 |
| 2001 | 8.24 | 1 700.00 | 31.3 | 4.5 |
| 2002 | 7.1 | 1 625.00 | 34.7 | 3.99 |
| 2003 | 6.91 | 1 608.00 | 36.2 | 4.21 |
| 2004 | 6.81 | 1 599.00 | 37.1 | 4.43 |
| 2005 | 6.79 | 1 622.00 | 37.7 | 4.63 |
| 2006 | 7.01 | 1 836.00 | 39.4 | 4.62 |
| 2007 | 7.59 | 2 662.00 | 48.4 | 4.82 |

# 第4章 中国农村贫困家庭代际传递发生与扩散的诱因及机理分析

续表

| 年份 | 乡镇卫生院治疗人次（亿次） | 乡镇卫生院入院人数（万人） | 乡镇卫生院病床使用率（%） | 乡镇卫生院出院者平均住院日（天） |
|---|---|---|---|---|
| 2008 | 8.27 | 3 312.72 | 55.8 | 4.44 |
| 2009 | 8.77 | 3 807.72 | 60.7 | 4.79 |
| 2010 | 8.74 | 3 630.38 | 59 | 5.17 |
| 2011 | 8.66 | 3 448.78 | 58.1 | 5.58 |
| 2012 | 9.68 | 3 907.50 | 62.1 | 5.68 |

资料来源：中华人民共和国国家统计局编，1991~2013年各年份中国统计年鉴，中国统计出版社。

表4-5　1990~2012年中国农村村居卫生情况

| 年份 | 村卫生室个数（个） | 村办的村卫生室个数（个） | 乡卫生院设点的村卫生室个数（个） | 联合办的村卫生室个数（个） | 私人办的村卫生室个数（个） | 其他办的村卫生室个数（个） | 设卫生室的村数占行政村数（%） |
|---|---|---|---|---|---|---|---|
| 1985 | 777 674 | 305 537 | 29 769 | 88 803 | 323 904 | 29 661 | 87.4 |
| 1990 | 803 956 | 266 137 | 29 963 | 87 149 | 381 844 | 38 863 | 86.2 |
| 1995 | 804 352 | 297 462 | 36 388 | 90 681 | 354 981 | | 88.9 |
| 1996 | 755 565 | | | | | | |
| 1997 | 733 624 | | | | | | |
| 1998 | 728 788 | | | | | | |
| 1999 | 716 677 | | | | | | |
| 2000 | 709 458 | 300 864 | 47 101 | 89 828 | 255 179 | 16 486 | 89.8 |
| 2001 | 698 966 | | | | | | |
| 2002 | 698 966 | | | | | | |
| 2003 | 514 920 | | | | | | |
| 2004 | 551 600 | | | | | | |
| 2005 | 583 209 | 313 633 | 32 396 | 38 561 | 180 403 | 18 216 | 85.8 |
| 2006 | 609 128 | 333 790 | 34 803 | 36 805 | 186 524 | 17 206 | 88.1 |
| 2007 | 613 855 | 340 082 | 33 633 | 33 649 | 186 841 | 19 650 | 88.7 |
| 2008 | 613 143 | 342 692 | 40 248 | 31 698 | 180 157 | 18 348 | 89.4 |
| 2009 | 632 770 | 350 515 | 45 434 | 31 035 | 183 699 | 22 087 | 90.4 |
| 2010 | 648 424 | 365 153 | 49 678 | 32 650 | 177 080 | 23 863 | 92.3 |
| 2011 | 662 894 | 372 661 | 56 128 | 33 639 | 175 747 | 24 719 | 93.4 |
| 2012 | 653 419 | 370 099 | 58 317 | 32 278 | 167 025 | 25 700 | 93.3 |

资料来源：中华人民共和国国家统计局编，1986~2013年各年份中国统计年鉴，中国统计出版社。

#### 4.2.3.4 父辈健康状况受损,因病致贫传递子辈

农村贫困代际传递家庭中部分父辈由于营养不良、疾病、残疾以及意外事故冲击导致劳动能力受损,劳动生产效率下降,产出水平下降。产出水平下降严重影响到家庭资金的积累,有限的积累往往只能支付医疗医药费用。有限的积累以及刚性的支出相互叠加导致家庭处于贫困状态。对于这种状态的家庭,父辈需要子辈的照顾,子辈即或是有能力外出务工获取更高的收入,但是受到父辈的拖累而不得不在家劳作,如果父辈的身体状况得不到好转,子辈又无法外出务工将导致子辈陷入贫困。

#### 4.2.3.5 农村公共服务体系不健全,服务能力低下

从表4-6中可以看出,1991~2012年,监测地区新生儿死亡率、婴儿死亡率、5岁以下儿童死亡率以及孕产妇死亡率四项指标都在不断下降,下降的原因在于城乡公共服务水平在不断得到提高,公共服务水平的提高是社会健康稳定和谐发展的基本需要。但是,我们也可以发现,1991~2012年,城市监测地区新生儿死亡率、婴儿死亡率、5岁以下儿童死亡率以及孕产妇死亡率均显著低于农村监测地区相对应的新生儿死亡率、婴儿死亡率、5岁以下儿童死亡率以及孕产妇死亡率。换句话说,城乡公共服务体系差距是显著的,广大农村地区公共服务供给能力显著不足。新生儿死亡率、婴儿死亡率、5岁以下儿童死亡率以及孕产妇死亡率四项指标是反映一个地区健康水平的重要指标。农村地区公共服务体系不健全服务能力低下是农村贫困家庭代际传递外在原因之一。

表4-6　　1991~2012年中国监测地区5岁以下儿童和孕产妇死亡率

| 年份 | 新生儿死亡率(‰) ||| 婴儿死亡率(‰) ||| 5岁以下儿童死亡率(‰) ||| 孕产妇死亡率(1/10万) |||
|---|---|---|---|---|---|---|---|---|---|---|---|---|
| | 合计 | 城市 | 农村 | 合计 | 城市 | 农村 | 合计 | 城市 | 农村 | 合计 | 城市 | 农村 |
| 1991 | 33.1 | 12.5 | 37.9 | 50.2 | 17.3 | 58.0 | 61.0 | 20.9 | 71.1 | 80.0 | 46.3 | 100.0 |
| 1992 | 32.5 | 13.9 | 36.8 | 46.7 | 18.4 | 53.2 | 57.4 | 20.7 | 65.6 | 76.5 | 42.7 | 97.9 |
| 1993 | 31.2 | 12.9 | 35.4 | 43.6 | 15.9 | 50.0 | 53.1 | 18.3 | 61.6 | 67.3 | 38.5 | 85.1 |
| 1994 | 28.5 | 12.2 | 32.3 | 39.9 | 15.5 | 45.6 | 49.6 | 18.0 | 56.9 | 64.8 | 44.1 | 77.5 |
| 1995 | 27.3 | 10.6 | 31.1 | 36.4 | 14.2 | 41.6 | 44.5 | 16.4 | 51.1 | 61.9 | 39.2 | 76.0 |
| 1996 | 24.0 | 12.2 | 26.7 | 36.0 | 14.8 | 40.9 | 45.0 | 16.9 | 51.4 | 63.9 | 29.2 | 86.4 |
| 1997 | 24.2 | 10.3 | 27.5 | 33.1 | 13.1 | 37.7 | 42.3 | 15.5 | 48.5 | 63.6 | 38.3 | 80.4 |

# 第4章 中国农村贫困家庭代际传递发生与扩散的诱因及机理分析

续表

| 年份 | 新生儿死亡率(‰) ||| 婴儿死亡率(‰) ||| 5岁以下儿童死亡率(‰) ||| 孕产妇死亡率(1/10万) |||
|---|---|---|---|---|---|---|---|---|---|---|---|---|
| | 合计 | 城市 | 农村 | 合计 | 城市 | 农村 | 合计 | 城市 | 农村 | 合计 | 城市 | 农村 |
| 1998 | 22.3 | 10.0 | 25.1 | 33.2 | 13.5 | 37.7 | 42.0 | 16.2 | 47.9 | 56.2 | 28.6 | 74.1 |
| 1999 | 22.2 | 9.5 | 25.1 | 33.3 | 11.9 | 38.2 | 41.4 | 14.3 | 47.7 | 58.7 | 26.2 | 79.7 |
| 2000 | 22.8 | 9.5 | 25.8 | 32.2 | 11.8 | 37.0 | 39.7 | 13.8 | 45.7 | 53.0 | 29.3 | 69.6 |
| 2001 | 21.4 | 10.6 | 23.9 | 30.0 | 13.6 | 33.8 | 35.9 | 16.3 | 40.4 | 50.2 | 33.1 | 61.9 |
| 2002 | 20.7 | 9.7 | 23.2 | 29.2 | 12.2 | 33.1 | 34.9 | 14.6 | 39.6 | 43.2 | 22.3 | 58.2 |
| 2003 | 18.0 | 8.9 | 20.1 | 25.5 | 11.3 | 28.7 | 29.9 | 14.8 | 33.4 | 51.3 | 27.6 | 65.4 |
| 2004 | 15.4 | 8.4 | 17.3 | 21.5 | 10.1 | 24.5 | 25.0 | 12.0 | 28.5 | 48.3 | 26.1 | 63.0 |
| 2005 | 13.2 | 7.5 | 14.7 | 19.0 | 9.1 | 21.6 | 22.5 | 10.7 | 25.7 | 47.7 | 25.0 | 53.8 |
| 2006 | 12.0 | 6.8 | 13.4 | 17.2 | 8.0 | 19.7 | 20.6 | 9.6 | 23.6 | 41.1 | 24.8 | 45.5 |
| 2007 | 10.7 | 5.5 | 12.8 | 15.3 | 7.7 | 18.6 | 18.1 | 9.0 | 21.8 | 36.6 | 25.2 | 41.3 |
| 2008 | 10.2 | 5.0 | 12.3 | 14.9 | 6.5 | 18.4 | 18.5 | 7.9 | 22.7 | 34.2 | 29.2 | 36.1 |
| 2009 | 9.0 | 4.5 | 10.8 | 13.8 | 6.2 | 17.0 | 17.2 | 7.6 | 21.1 | 31.9 | 26.6 | 34.0 |
| 2010 | 8.3 | 4.1 | 10.0 | 13.1 | 5.8 | 16.1 | 16.4 | 7.3 | 20.1 | 30.0 | 29.7 | 30.1 |
| 2011 | 7.8 | 4.0 | 9.4 | 12.1 | 5.8 | 14.7 | 15.6 | 7.1 | 19.1 | 26.1 | 25.2 | 26.5 |
| 2012 | 6.9 | 3.9 | 8.1 | 10.3 | 5.2 | 12.4 | 13.2 | 5.9 | 16.2 | 24.5 | 22.2 | 25.6 |

资料来源：中华人民共和国国家统计局编，1992~2013年各年份中国统计年鉴，中国统计出版社。

### 4.2.4 迁移诱因与贫困家庭代际传递的形成

不少农村贫困代际传递家庭由于缺乏必要的资金和必要的社会网络，使不少贫困家庭的成员难于走出自己长期生活的区域，无法接收外界新思想、新理念和新风尚的洗礼，难于外出务工获取更高的非农收入，导致家庭成员无法通过人口流动获取信息，人力资本存量水平难以得到更新，人力资本增量难以得到提升。长此以往，这部分群体就容易陷入坐井观天、故步自封的困境。对于贫困家庭而言，流动性约束受制于物质资本的缺乏以及人力资本的缺乏，物质资本的缺乏导致人力资本投资不足，人力资本投资不足则形成低水平的人力资本存量，人力资本增量高度依赖人力资本存量。贫困家庭的成员由于人力资本水平的低下，其生产能力、经营能力、交易能力以及社会活动能力都受到极大的约束，以致贫困家庭的社会流动性严重不足。在市场经济的时代背景下，流动性不足的贫困家庭成员难以融入社会发展的主流，难以获取非农收入。相对于整个社会而言，自给自足性质的小农经济所形成的社会网络其同质性很高，其经济价值偏低，相对于工业文明、现代文明所形成的社会关系网络，后者所具有的经济价值以及社会影响力是前者所无法相比的。而贫困家庭由于受到社会流动性不足的刚性约束，他们难以进入主流社会所形成的相应社会网络，也就只能够在底层级的社会网络中生活生存，从而难以获取相应的发展机会，在这样的生态下，贫困家庭的子辈要想走出贫困的农村、走出贫困的家庭而脱贫致富就显得力不从心，其父辈的贫困被子辈复制。因此，贫困家庭社会流动性不足是贫困家庭代际传递形成的重要因素。

### 4.2.5 工作经验积累诱因与贫困家庭代际传递的形成

农村贫困家庭中的劳动力由于缺乏必要的人力资本，除了拥有自己的体力之外没有任何一技之长，因此，不少贫困者只能够从事简单、繁重的农业生产劳动，他们从事的农业生产劳动基本上属于自给自足模式的生产劳动，这样的生产劳动依赖的是简单劳动的投入，按照传统生产方式、方法开展生产劳动，该生产过程所积累的经验由于循环累积的作用，导致贫困家庭只能够获取微薄的收入，维持简单的家庭农业再生产，有的贫困家庭甚至连起码的温饱都难以解决。由于缺乏必要的人力资本水平，有的贫困者离开村庄到城市打工同样从事的是劳动强度大的简单劳动，而这种简单劳动获取的报酬仅能够维持基本生存，所积累的工作经验对于改变贫困现状所起的作用有限，由于就业层次低端，积累的工作经验难以转化为获取较高经济收入的人力资本。有的贫困者离开村庄到城市找寻具有较高收入的工作，但是受自身素质的限制，他们当中绝大多数只能够在城市的非正规部门就业，而在非正规部门工作所积累的工作经验难与市场主流契合，积累的经验往往是低端劳动力市场上所谓的"打擦边球""踩红线"的谋生手段，而这类行为是不受法律保护的，所获取的经验积累也就难以转化成与市场主流要求相适应的人力资本积累。总之，传统经验以及低附加值的工作经验往往只能够确保维持简单再生产的家庭生计需要，不能够较大程度提高家庭生产经营的水平、能力和扩大家庭生产规模，导致缺乏脱贫必要的资金积累。与此同时，传统经验的积累往往成为新技术新方法引进的障碍。因此，农村贫困家庭劳动者的经验积累局限在传统的经验积累和低技术含量的经验积累，贫困家庭人力资本水平低下也就难以提高家

## 第4章 中国农村贫困家庭代际传递发生与扩散的诱因及机理分析

庭的收入水平,贫困家庭则可能发生代际传递,乃至无法走出贫困的陷阱,这就是农村贫困家庭代际传递形成的所在原因之一。

### 4.2.6 歧视诱因与贫困家庭代际传递的形成

适者生存不适者被淘汰的弱肉强食的丛林法则在市场竞争社会也广泛存在,有些强势群体和个人往往因为优越感而歧视社会上的弱势群体、边缘群体。贫困家庭往往既是弱势群体也是边缘群体。因为社会的歧视,贫困村家庭难以获得有利、有效的社会发展、经济发展的成果。而某些拥有强势社会资本的人和组织很少会主动关心那些弱势群体。如农村政策性金融机构理应成为农村经济发展、社会发展的助推器和农村扶贫济困的金融杠杆,但是有些农村金融机构对农村经济的发展并没有起到应有的金融助推作用,却把从农村吸收来的存款转移到城市,寻求其他的投资途径,资本的逐利性一览无余,嫌贫爱富的本性展现得淋漓尽致。农村金融资本的被抽走,导致农村资本更加缺乏,结局就是农村帮助城市发展,农业帮助工业发展,这样一种反常的现象自然导致贫困地区更加贫困。可见农村贫困家庭因为遭到社会的歧视又难以获取宝贵的资源和信息;而资源和信息的匮乏又难以改变贫困的现状,贫困现状无法改变则容易导致贫困的持续和贫困的加重,结果都容易导致贫困在代际之间传递。

在农业生产劳动中,劳动力的投入成为产出水平提高的重要生产要素,面对高强度的体力劳动,男性劳动力的优势显著高于女性劳动力的优势,尤其微观家庭男劳动力的数量是一个家庭免于或者少于遭受歧视和欺负的重要标志。一方面农村家庭仍然存在重男轻女传宗接代的宗法思想;另一方面重男轻女也是特定时代经济发展的内在需求,如在20世纪70年代末农村改革实施的家庭联产承包责任制,其中承包田的分配就是以家庭成员数量为分配标准(即按人头算),而家中男孩就能分到田,女孩都要嫁出去,承包田迟早失掉。因此,传宗接代的思想理念,农业经济发展的内在需求催生出了不少农村地区不生男孩不罢休的生育观,尽管在20世纪七八十年代实行了最为严厉的"计划生育"基本国策,[①] 但是违法违规超生的现象并没有得到完全遏制。作为对超生的惩戒,国家采用了对超生征

---

① 目前,国家人口生育政策已经开始调整,允许"双独"或者"单独"子女组成家庭可以生育二孩,本书此处论及的政策实施,是在此调整前的情况。

收社会抚养费的政策，社会抚养费征收政策本来是一个用于遏制超生的制度安排，但是在人们思想意识并未真正得到改观的环境下，这种制度安排并没有遏制部分农村地区的超生现象，但是对于社会抚养费的征收是比较严厉的，社会抚养费征收无疑成为部分农村家庭步入贫困的一个诱因。由于子女多，再加上支付了具有惩戒意义的社会抚养费，致使在20世纪80年代出生的部分多子女农村家庭缺乏必要的人力资本投资，这部分家庭成为农村贫困代际传递的组成部分。

## 4.3 农村贫困家庭代际传递扩散的社会资本诱因分析

农村贫困家庭社会资本不足，影响他们难以充分获得脱贫机会，致使贫困代际扩散；本节也是依据分析框架中社会资本视角提出的贫困代际传递的扩散机制展开分析的。

### 4.3.1 社会网络诱因与贫困家庭代际传递扩散

#### 4.3.1.1 社会网络同质低端，经济价值增值有限

家庭是社会的细胞，农村地区由于自给自足的小农经济导致家庭活动范围往往局限于同村或者同组之内。农村贫困地区基础设施落后、交通不便，通信网络不发达等，这些客观条件形成了农村地区乡村社会相对封闭、主流文明对乡村社会影响力有限的境况。在贫困的农村地区，处于同一村庄的人群交往与交流基本上是固定的，他们所形成的社会网络具有高度同质性。处于同质性社会网络中的家庭之间拥有相同的社会资源，该社会网络是整个社会群体中层级最低的熟人社会网络，除了在生产上互帮互助之外，在进入外界更广阔的社会网络上获取资源的能力有限。这种低层级的网络无法为网络中的成员带来较高的经济价值，也就是网络同质性所表现的等级层次偏低，难以带来较高的经济价值。尽管如此，该网络的存在还是必要的也是必需的，因为该网络维系了村庄的稳定与和谐，与此同时，这种低层次网络的交易行为解决了贫困家庭在农业生产忙碌及重大事情时的燃眉之急，至少可以遏制贫困家庭代际传递的进一步恶化。当然，身处该网络中的贫困家庭在没有异质性资源可以运用时，其在自身所拥有的社会资源之内无法实现资源配置时，其目标就难以实现，其家庭的贫困将会继续。因此，贫困家庭所拥有的社会网络的同质性和底端性导致缺乏有经济价值增值性的网络交易行为，这是农村贫困家庭代际传递扩散形

## 第4章 中国农村贫困家庭代际传递发生与扩散的诱因及机理分析

成的基本原因。

**4.3.1.2 社会网络的排他性,贫困家庭融入困难**

人是社会的人,家庭是社会最小的细胞,在正常情况下,每个人和家庭都或多或少拥有一定的社会资源,不过社会资源的层级是不同的,高层级的社会资源掌握更多的信息和拥有更多可支配的社会资源,能够为网络内的群体带来经济上的价值,而低层级的社会资源具有的经济价值有限或者根本就不具备经济价值。古语云"物以类聚、人以群分",在当今社会,每个人都从属于不同的社会关系网络,每个家庭同样从属于不同的社会关系网络。农村贫困代际传递家庭所拥有的社会资源大多数都是与他们具有同质性的贫困群体,这种同质性的社会资源难以发挥相应的作用和功能。阶层之间的分化使得从低层级进入高层级非常困难,处于低层级的农村贫困家庭绝大多数只能在同质性的社会关系网络内交流。

也就是说,各层级的社会网络都具有对应的排他性。越是较高层级的社会网络其排他性越强。从底层级的社会网络进入到较高层级的社会网络需要支付一定的成本,如通过物质资本或者人力资本的积累提高自己的竞争能力进入到更高序列更高层级的领域和行业工作,就会拥有相应的较高层级的社会网络。农村贫困家庭成员由于诸多因素的限制,其进入较高层级的社会网络的概率较低,而较高层级的社会网络所具有的排他性是不会主动向低层级的农村贫困家庭开放并积极接纳他们成为该社会网络中的一个成员。社会阶层的分化背后就是较高层级的社会网络排斥较低层级社会网络与他们的融通,农村贫困家庭在无外力帮助下很难进入较高层级社会网络,获取较高收入的机会是极度稀缺的,从而贫困家庭的子辈就很容易沿袭父辈的贫困。因此,较高层级社会网络的排他性是农村贫困家庭代际传递扩散形成的社会原因。

**4.3.1.3 父辈社会网络资源存量缺乏,影响子辈脱贫发展**

社会网络资源借助相应的组织平台和载体为网络内的成员提供诸如信息、培训机会以及工作再分配等。中高端社会网络能够为网络中的成员带来回报率较高的经济价值和较大的社会影响力。对于农村贫困代际传递家庭来讲,贫困的父辈拥有较高层级的社会资源存量是有限的,有的贫困家庭基本上与中高端层级的社会网络无缘。本来社会网络资源是可以在家庭中和家族中得到传递和扩散的,但是前提条件必须拥有相应的中高层级的社会网络,而绝大多数贫困代际传递家庭的父辈不具备这个前提条件。当父辈的社会网络资源存量不足或者社会网络资源处于低层级时，子辈能够从父辈那里继承和扩散的社会网络资源是相对稀缺的。子辈的社会网络资源不足，则其通过社会选择获取较高报酬的工作机会相对受到限制，在竞争的市场中也因为社会网络资源的不足而处于竞争的劣势。其实对于某些贫困家庭而言，也不乏具有比较优势的人力资本，但他们往往受制于社会网络资源的不足而难以进入主流社会（如农村贫困家庭子女大专或大学毕业，虽然人力资本水平提高了，比起其他家庭子女毕业后，很难找到理想的工作岗位，其社会资本匮乏不无是个中原因之一）。因此，父辈社会资源的缺乏是导致子辈复制父辈贫困的一个根本要素，是贫困代际传递扩散的不可忽视的内在因素。

### 4.3.2 组织化程度诱因与贫困家庭代际传递的扩散

#### 4.3.2.1 贫困乡村组织化程度不足，为贫困家庭服务欠缺

在农村地区，尤其是在贫困的农村地区，普遍存在社会组织稀缺以及现有的社会组织服务能力难以满足人民群众的有效需求。近年来，随着农村"空心化"的蔓延，不少村庄几乎处于社会的真空地带。健全有力的村级党团组织会起到良好的引导作用，能够把相应的本地贫困人群集聚在相应组织之内，让他们有组织依靠，让他们有群体认同感。农村地区的乡（镇）一级组织具有举足轻重的重要作用，对于乡（镇）一级组织工作只能加强不能削弱，一度时期内不少专家建议削弱乡镇一级组织，这个建议是不切合实际的。现在的乡（镇）一级组织由于经历了先前的合并阶段，导致现在的乡（镇）一级覆盖的村庄更多，由于受制于人事编制的限制，很多工作无法有效开展。乡（镇）一级的工作开展如果得力、得当、得时的话，很多农村问题是可以得到较好解决的。事实上不少贫困地区的（镇）一级组织工作不力，村庄一级的党团组织涣散，在农村地区为农民服务、特别是为贫困家庭志愿服务的组织是相当稀缺的。由于缺乏必要的组织作为平台和载体，贫困家庭的诉求、愿景难以得到实现，组织的稀缺和组织服务能力的不足是农村贫困家庭代际传递扩散的组织原因。

#### 4.3.2.2 基层组织软弱涣散，缺乏引领贫困家庭致富的带头人

一个村庄或家庭都应该有自己的核心成员，核心成员如果能力强、水平高则村庄或家庭都能够获得预期良好的发展。但农村贫困代际传递家庭

# 第4章 中国农村贫困家庭代际传递发生与扩散的诱因及机理分析

却缺乏有能力的核心成员,导致家庭难以走出贫困代际传递的陷阱。而贫困家庭所在的村庄如果有一个或者一群发家致富的带头人做示范和引领作用,贫困家庭则有可能截断贫困代际传递,走出贫困陷阱。通过浏览新闻资讯以及查阅相关文献,笔者发现在自然资源人口结构和人力资本水平相同或者相近的相邻村庄,有的村庄比较富裕,有的村庄却比较贫困。分析原因,发现富裕村庄的村级组织比较给力,村支部书记或者村主任是发家致富的能手,他们不仅自己发家致富还带领本村群众一起发家致富,典型的例子就是华西村以及南街村,他们之所以共同富裕与具有企业家才能的村支部书记和村级领导班子的较强领导能力是分不开的。然而,在现实生活中,在农村地区尤其是在贫困农村地区,基层组织软弱涣散与基层领导能力不强的现象是客观存在的,他们缺乏带头组织群众致富的能力,且与人民群众的关系不融洽,面对这样的组织状况,贫困家庭代际传递是可能扩散的。

### 4.3.2.3 农村公益性组织匮乏,贫困家庭难以跳出贫困陷阱

公益性组织能够较好地借助组织平台和载体来影响和促进农村贫困家庭人力资本水平的提高,公益性组织能够借助相应的网络为农村贫困家庭提供诸如就业、咨询、培训以及科普知识宣传的渠道,能够把分散的、各自为政的农村贫困家庭组织起来形成合力,通过培训、咨询和宣传提升贫困家庭认识新事物、接受新事物、更新和替代贫困亚文化是一种较好的选择。现实情况是在农村地区尤其是在贫困农村地区,公益性组织普遍缺乏,并且公益性组织由于诸多因素也没有能够发挥应有的力量,因此,可以认为,农村地区公益性组织的匮乏是农村贫困家庭代际传递扩散难以走出贫困陷阱的原因之一。

## 4.3.3 信任资源诱因与贫困家庭代际传递的扩散

在农村地区尤其是贫困农村地区,有不少贫困代际传递家庭其实拥有较好的自然资源和可以发掘的好项目,但是,要把潜在的资源优势转化为有利的经济优势,把潜在的可以发掘的好项目转化成可以带来可观收入的现实项目,需要跨越不少门槛,其中最重要的门槛是资金门槛,而贫困农村代际传递家庭自身缺乏资金积累,由于物质资本的匮乏,从而诱致社会部分组织、机构及群体对贫困家庭信任不足。亲戚邻居也往往无力或者不愿意提供资金支持使得他们虽然拥有资源和潜在项目而无法走出贫困的陷

阱。贫困家庭物质资本的匮乏难以有效扩大生产，难以进行投资融资的信用担保，导致农村金融部门对贫困家庭信任不够，担心贷给贫困家庭的贷款难以按时收回，从而不愿意为农村贫困家庭提供贷款。在农村地区，尤其是在贫困农村地区，金融部门对农村经济发展支持力度比较脆弱，农民发展生产开发资源很难顺利在当地金融部门融资。农村金融部门有责任有义务为农村贫困地区经济发展贡献力量，而不能只是从农村吸纳存款转入大中城市投资获取收益。除此之外，部分农村贫困家庭还面临着农业生产资料供应部门的不信任，他们不愿意也没有动力为急需农业生产资料的贫困家庭提供信用支持，结果往往导致贫困家庭无法进行家庭再生产；还有部分扶贫机构、公益性组织在信任不足的前提下，不能充分引导社会提高扶贫资源的减贫效率，也就对那些极度贫困的家庭难以提供有效率的扶贫安排。总之，农村贫困地区贫困家庭由于信任资源的缺乏，导致本来可以通过信用融资以及得到相应的帮扶就可以走出贫困的境地，结果却依然深陷贫困，因此，信任资源匮乏是农村贫困家庭贫困代际传递扩散的重要因素。

### 4.3.4 合作发展诱因与贫困家庭代际传递的扩散

演化经济学与博弈论都认为，与竞争一样，合作发展能够带来效率、带来剩余，有了效率，收入水平就容易得到提高，有了剩余，家庭就容易进行物质资本积累。但是，在贫困农村地区，农户基本上都属于一家一户的分散生产经营，社会化、组织化程度稀缺。对于贫困家庭来说，由于诸多因素的作用，他们大多处于封闭状态远离社会与组织。具体说来，农村地区贫困家庭在五个方面缺乏合作发展：一是缺乏与亲戚之间的合作发展。俗话讲"穷在闹市无人问，富在深山有远亲"，在现实生活中，不少贫困家庭的亲戚家庭相对富裕，但是受传统文化的影响使得他们彼此之间很少相互往来。二是缺乏与邻居之间的合作发展。在农村地区，邻居（富裕家庭与贫困家庭）之间的合作具有不可替代性，离开了邻居的合作，很多事情将难以有效解决。贫困家庭缺乏必要的物质资本，无力购买齐全的生产资料和生活资料，如果贫困家庭能够与邻居开展合作，则贫困家庭会降低购买生产资料、生活资料的资金，从而就可以把有限的资金投入到扩大再生产以及人力资本投资等方面。这里有两种情况，一种是贫困家庭与邻居贫困家庭之间的合作，能够显著提高彼此之间应对风险的能力；另一

# 第4章 中国农村贫困家庭代际传递发生与扩散的诱因及机理分析

种是贫困家庭与邻居富裕家庭之间的合作，能够显著提高彼此双方的福利水平。但是，在农村贫困地区，大部分贫困家庭所在地的人文生态存在一定缺憾，导致贫困家庭难以与邻居之间开展合作发展，从而贫困家庭无法通过合作降低相应的生产成本、经营成本甚至生活成本，有限的资金被挤占，无法形成资金积累，也就无法分享合作发展带来的效率与剩余。三是缺乏与扶贫机构、公益组织之间的合作发展。由于恶性循环累积的影响，不少贫困家庭缺乏与外界沟通的自觉和主动，甚至有的贫困家庭排斥和拒绝来自扶贫机构、公益性组织所提供的指导与帮助，在这种情况下，贫困家庭失去了相应融入更高层级社会组织网络的机会和发展平台。四是缺乏与各类合作组织的合作发展。如缺乏与农村帮扶互助组、农业合作社的合作等，导致贫困家庭基本处于自然的自发状态，难以借助外力推动自己发展。五是缺乏与龙头企业的合作发展，导致贫困家庭部分农业剩余产品难以商品化，失去资金积累的机会与走出贫困陷阱的概率。总之，贫困家庭缺乏与亲戚、邻居和组织以及企业的合作发展，贫困家庭就失去了通过合作发展带来的效率和剩余，可以预期的是该类农村贫困家庭难以走出贫困陷阱，可以说合作发展的缺乏是农村贫困家庭代际传递扩散的又一重要原因。

## 4.3.5 互惠互利诱因与贫困家庭代际传递的扩散

互惠互利能够形成稳定的人际网络、稳定的社会结构、稳定的交易关系，互惠互利还能够达到交易者之间的利益均衡。从互惠互利与信任、合作的联系看，互惠互利能够促进稳定的信任关系，能够促进稳定的合作关系，能够建立稳定的伙伴关系。信任扩展的前提下，合作的开展才能够推动互惠互利网络的蓬勃发展。从理论上讲，农村贫困家庭与农村贫困家庭、农村贫困家庭与邻居家庭、农村贫困家庭与富裕家庭、农村贫困家庭与扶贫机构、农村贫困家庭与公益性组织、农村贫困家庭与企业通过互惠互利可以增进彼此双方的经济福利，能够有效降低农村贫困家庭发生贫困代际传递扩散的风险，但是，在农村现实情况中，农村贫困家庭往往处于比较尴尬的地位，即或是有互惠互利，但是互惠互利的水平偏低、覆盖面窄。虽然农村贫困家庭之间的互惠互利关系比较容易构建，但是彼此双方经济发展能力有限，尽管互惠互利能够降低贫困家庭的有关风险，但是彼此的合作带来的互惠互利收效甚微。贫困家庭与富裕家庭开展合作的案例是存在的，但是绝大多数贫困家庭与富裕家庭难以构建有效的互惠互利关系，以致互惠互利的覆盖面受制约，其原因在于互惠互利的构建需要一定的前提和基础，如信任、理解、尊重与仁爱。不少农村贫困家庭与扶贫机构以及公益性的组织很少构建信任、合作关系，彼此之间缺乏深度的沟通和理解，也就很难达到彼此之间的互惠互利。与此同时，不少农村贫困地区基层党团组织处于瘫痪或半瘫痪状态，潜在的组织力量没有发挥出来，如通过基层组织牵头可以构建贫困帮扶互助组、贫困发展基金，通过该举措可以有效提高互惠互利水平。农村贫困家庭由于信任不足，展开合作受阻，无缘与农村金融机构、农业龙头企业构建稳定的互惠互利关系，如果金融机构与龙头企业愿意与贫困家庭开展合作，则贫困家庭就比较容易走出贫困陷阱。总之，农村贫困家庭由于互惠互利层级偏低以及难以与富裕家庭、金融机构、企业、扶贫机构、公益组织构建稳定的互惠互利关系，基层组织的柔弱不能够发挥应有的潜能，从而导致农村贫困家庭走出贫困的概率偏低，可以说，互惠互利的匮乏是农村贫困家庭发生贫困代际传递扩散的重要诱因之一。

## 4.4 农村贫困家庭代际传递运行机理与贫困陷阱

### 4.4.1 农村贫困家庭代际传递运行机理分析

本书在第3、第4章分别从三个方面论述了农村贫困家庭代际传递的演化、发生以及扩散机制：一是基于演化经济学的视角从惯例、模仿、循环累积、协同演化以及行为演化方面论述了我国农村贫困代际传递历史演进机制；二是基于人力资本理论的视角从教育投资、健康投资以及迁移投资等方面论述了农村贫困家庭代际传递的发生机制；三是基于社会资本理论的视角从社会网络、信任、合作、组织以及互惠等方面论述了农村贫困家庭贫困代际传递扩散机制。本部分在农村贫困家庭代际传递的演化机制、发生机制以及扩散机制的基础之上来归纳农村贫困家庭代际传递的运行机理。

农村贫困家庭代际传递演化机制、发生机制以及扩散机制之间不是相互独立的关系，彼此之间是相互影响、相互作用以及互为因果关系。首先，通过惯例、模仿、循环累积、协同演化以及行为演化的分析，说明在没有外力帮助和内因作用下，贫困家庭往往沿着贫困路径无法走出传统的

# 第4章 中国农村贫困家庭代际传递发生与扩散的诱因及机理分析

生产方式、经营模式以及生活模式,从而导致贫困家庭物质资本积累不足,人力资本投资受到刚性约束,于是人力资本水平低下。其次,低下的人力资本水平导致贫困家庭的劳动力无法在激烈竞争的就业市场上参与有效竞争,很难获取较高非农就业水平的机会,导致获取较高收入的概率显著下降,家庭收入不足无法提高家庭的福利,从而导致贫困家庭已经形成的惯例、模仿、循环累积、协同演化以及行为演化依然无法改变。与此同时,物质资本积累短缺,人力资本水平的低下,最终影响获取较高经济价值回报机会的社会资本能力不足。最后,社会资本的不足以及社会资本的低经济价值性,将导致贫困家庭的劳动力无缘进入较高层级的社会关系网络,尤其社会信任度低、组织化程度不够,合作、互惠难以展开,必然在就业市场上处于劣势,获取具有较高经济价值回报的机会与便利的概率就偏低。这样,社会资本不足反过来制约了贫困家庭提高人力资本投资的能力,进而诱发贫困家庭生产、经营以及生活在低水平上按照惯例、模仿、循环累积、协同演化以及行为演化的机理重复往返,在贫困陷阱中越陷越深。因此,农村贫困家庭代际传递的运行机理是演化机制、发生机制以及扩散机制综合作用的结果。

### 4.4.2 贫困陷阱与农村贫困家庭代际传递

下面按照贫困陷阱理论对贫困家庭代际传递发生的"陷阱"状况作一些分析。

#### 4.4.2.1 贫困恶性循环与农村贫困家庭代际传递

在农村贫困家庭中存在着一些互相联系、互相作用的"恶性循环",这些"恶性循环"导致经济的负外部性发生;在农村贫困家庭中起主要作用的是"贫困恶性循环"。这种恶性循环包括供给层面的恶性循环和需求层面的恶性循环。恶性循环的起点和终点都是农村贫困家庭人均收入水平低下。农村贫困家庭"贫困恶性循环"产生的最根本的原因在于资本不足,农村贫困家庭经济发展的最大障碍在于资本形成不足。农村贫困家庭一旦出现贫困恶性循环的时候,其子辈跳出贫困陷阱的可能性偏低,于是就会出现农村贫困家庭代际传递。

#### 4.4.2.2 低水平均衡陷阱与农村贫困家庭代际传递

农村贫困家庭还存在低水平均衡和中等水平均衡。当农村贫困家庭的人均收入低于某一水平时,贫困家庭收入增长部分会被诸如人口的增加、意外灾害以及重大疾病等所消耗掉,从而导致贫困家庭人均收入低于先前的某一低水平,这就是低水平均衡;当农村贫困家庭人均收入高于某一水平时,家庭收入的增幅部分不会被人口增加、意外灾害以及重大疾病等所完全消耗,因此,会形成新的财富积累,导致农村贫困家庭人均收入水平提高,当农村贫困家庭人均收入水平不再增加,在其他条件没有发生改变的前提下,这种均衡状态是一种中等水平均衡状态或中等收入陷阱,如果脱贫家庭比较长久停顿在中等收入水平的均衡状态,一旦家庭遭遇特殊状况(如重大疾病、重大事故或自然灾害)返贫的风险就加剧了,当然大多数农村贫困家庭要跳出低水平均衡陷阱的束缚,必须加大投资力度,确保家庭收入增加水平高于家庭支出水平,才有可能跳出低水平均衡陷阱。但是,对于绝大多数农村贫困家庭来说,家庭收入增长的力量总是小于家庭支出的增长力量,使得家庭长期处于低水平均衡陷阱,从而最终导致贫困家庭的子辈同样处于贫困的境遇,于是,当贫困家庭长期处于低水平均衡陷阱时,贫困家庭代际传递就会落入贫困陷阱。

#### 4.4.2.3 临界最小努力与农村贫困家庭代际传递

农村贫困家庭人均收入水平低下,使得家庭资本积累无法达到家庭经济发展脱贫所需要的最低规模水平,从而导致农村贫困家庭无法跳出低收入恶性循环的贫困陷阱。在诸多因素的综合作用下,农村贫困家庭经济增长的驱动力小于经济增长的阻碍力,从而导致农村贫困家庭人均收入水平长期处于低水平均衡状态。要扭转此状况,农村贫困家庭在经济发展的初始阶段投资率要足够高,确保家庭收入增长率超过家庭支出增长率,只有这样家庭人均收入才有可能得到提升,而家庭人均收入水平显著提高会产生一个"临界最小努力",以推动农村贫困家庭的经济发展,跳出低水平均衡陷阱,实现家庭收入水平持续、稳定与快速增加。但是,对于绝大多数农村贫困家庭来说,缺乏的就是"临界最小努力"的实力,导致家庭长期处于低水平均衡陷阱。于是,当贫困家庭出现不具备"临界最小努力"的能力时,贫困家庭截断代际传递,摆脱贫困陷阱的可能性就小。

#### 4.4.2.4 贫困循环累积与农村贫困家庭代际传递

农村贫困家庭人均收入低—农村贫困家庭营养、教育、卫生、医疗服务需求不足—农村贫困家庭人力资本水平下降—农村贫困家庭劳动者素质下降—农村贫困家庭竞争能力缺乏—农村贫困家庭生产效率下降—农村贫困家庭产出水平恶化—农村贫困家庭人均收入更低,这就是从演化经济学

# 第4章 中国农村贫困家庭代际传递发生与扩散的诱因及机理分析

来解释的贫困循环累积。显然,在农村贫困家庭中家庭低收入进一步强化贫困,使贫困陷入"低收入与贫困的累积性循环"的恶性循环之中。对于农村贫困家庭来说,大部分贫困家庭在没有外力的推动下,往往无法摆脱经济上的贫困,经济上的贫困使得贫困家庭的子辈与父辈一样遭遇"低收入与贫困的累积性循环"的恶性循环之中。于是,贫困家庭就会出现"低收入与贫困的累积性循环"所诱致的代际传递的贫困陷阱。客观地讲,农村贫困家庭代际传递陷阱主要是由这种循环因果积累所导致的。

## 4.5 农村贫困家庭代际传递的主要命题

### 4.5.1 命题1:人力资本水平与家庭贫困代际传递成负相关关系

如前所述,人力资本包括人力资本存量和人力资本增量两部分,正规教育、营养水平是形成人力资本存量的重要方面,在职培训、干中学以及迁移是形成人力资本增量的重要方面。相比较而言,受教育程度越高的人具有较高的人力资本存量,而注重人力资本积累的人,则其人力资本存量会得到增加与改进。人力资本水平较高的家庭,其经济发展的能力,获取财富的能力相对较高,于是家庭贫困代际传递发生的可能性会大大降低,由此提出命题1。

### 4.5.2 命题2:社会资本能够有效降低贫困代际传递

社会关系网络为人的低层次需求和高层次需求提供了载体和平台。网络行动者相互之间信任的建立有助于交易活动低成本的推进,能有效避免资源浪费,从而提高资源配置效率。一般而言,社会网络是个人获取资源的最为重要的途径,处于社会网络中的个体和群体,由于拥有相应的网络资源,其获取稀缺资源的机会要远远高于被排斥在社会网络之外的个体和群体,这些稀缺资源机会的拥有对于提高其收入水平和提高其社会竞争能力的有着极为重要的影响。尤其在信息不对称的前提下,当信息是一种稀缺资源时,获取有经济价值的信息需要支付一定的成本。处于同一社会网络的个人和组织获取网络内部的信息相对便捷和便宜,有的信息可能是零成本获取。与此同时,社会资本能够有效解决"激励相容"问题。社会资本能通过网络规范和网络联系协调,有助于合作和团结。具有较高社会资本的网络成员融资水平较高，承担风险的能力较强，特别是风险偏好者可能会进行高风险高收益的投资活动，从而带来高收益的概率大大增加。社会资本在使用的过程中不会像物质资本的使用存在有形损耗，相反社会资本在使用的过程之中会得到增加，社会资本存量的增加和增量的扩大，会使社会资本不断得到集聚和积累，这将有助于降低贫困代际传递。于是提出命题2。

### 4.5.3 命题3：公共服务水平的提高有助于降低贫困代际传递

通过前面相关章节的论述可以知道，农村贫困家庭贫困的致因是多方面的，其中因病致贫是值得关注的，仅从贫困群体公共医疗服务的不足方面看，农村贫困地区卫生保健资源差，重大疾病以及长期慢性疾病等都会导致一个家庭陷入贫困。在农村贫困地区，不少家庭（主要是贫困家庭）不会积极主动地去预防疾病的发生，就是疾病发生之后，贫困家庭选择的不是及时治疗而是选择拖、抗。其根本原因就是家庭经济支付能力有限，加上医疗检查费用和药费的猛涨，贫困家庭是不堪重负的。如果贫困家庭享有基础医疗保险（尤其是大病统筹保险），就可以大大降低家庭的医疗支出风险。享有医疗保险的家庭有一定的抗风险能力，其生存与生活的压力相对较低，不会过度储蓄，不会压低正常水平的消费，从而有能力拿出一部分资金用于物质资本积累和增加人力资本积累的投资。当风险被社会分散以后，贫困者及家庭则会回归主流生活方式，可见公共服务水平提高也会降低贫困家庭发生代际传递的概率。为此提出命题3。

以上理论命题成立与否，还待下一章的实证检验分析加以证明。

# 第 5 章　中国农村贫困家庭代际传递实证分析

本章实证研究包括两个方面的内容。首先，从静态的角度研究有哪些因素对农村家庭贫困有影响；其次，从动态的角度研究农村贫困家庭代际传递发生与扩展的主要因素是哪些，并对第 4 章提出的理论命题加以证明。

## 5.1　基于截面数据的实证分析

### 5.1.1　数据来源

数据来源于 2012 年 5 月重庆市流动人口动态监测问卷调查，重庆市人口计生委按照国家计生委的统一部署，对重庆市所辖区县中的 23 个区县 86 个样本镇街、200 个样本村中居住时间在 1 个月以上、年龄为 15～59 岁流动人口进行了现场问卷调查。结果显示，流入重庆市内家户（包含重庆市市外流入和重庆市市内跨区县流入）3 997 户，涉及其家庭成员共 11 995 人；重庆市流出到市外家户 6 113 户，涉及其家庭成员共 18 669 人。对于 3 997 户被访谈的流入人口家庭（访谈对象本人）中，就业的流动人口为 3 460 人，所占比例为 86.56%，其中，农村户籍就业流动人口 2 529 人，非农村户籍就业流动人口 931 人，占比分别为 73.09% 和 26.91%。

### 5.1.2　统计性描述

样本年平均纯收入为 6 316 元，样本年平均纯收入中值为 4 663 元，样本年平均纯收入众数为 3 109 元，样本年平均纯收入标准差为 9 960.78，收入差距相对显著。按照 2012 年国家 2 300 元贫困标准计算，样本父辈、子辈纯收入低于 2 300 元的为 62 对 124 人，样本人均纯收入高于 2 300 元的为 453 对 906 人。样本就业流动人口平均受教育年限为 10.66 年,其中标准差为 2.389,平均说来样本受教育程度相当于高中或中专二年级水平;平均而言,样本流动人口平均工作年年限 6.19 年,标准差为 4.496。样本男性就业流动人口比例高出女性就业流动人口比例 5.6 个百分点,其中男性占比为 52.8%,女性占比 47.2%;样本就业流动人口已婚比例为 55.3%,样本就业流动人口未婚比例为 44.7%,已婚比例高出未婚比例 10.6 个百分点;样本流动人口跨省流动占比 42.3%,市内跨区县流动占比 57.7%,前者低于后者 15.4 个百分点;样本流动人口业余时间与他人来往的比例为 31.7%,样本流动人口业余时间与他人不来往的比例为 68.3%,前者低于后者 36.6 个百分点,数据说明流动人口业余时间与他人交流互动的比例偏低;样本流动人口业余时间上网浏览通信的比例为 69%,样本流动人口业余时间没有上网浏览通信的比例为 31%,浏览通信的人数是不浏览通信人数的 2.23 倍,数据表明新生代就业流动农村人口比较注重业余时间的人力资本投入;数据显示样本流动人口享有城镇职工医疗保险的比例为 28.7%,没有享有城镇职工医疗保险的比例为 71.3%,换句话说超过七成的样本流动人口在流入地没有享受到城镇职工医疗保险,由此可见公共服务的均等化距离预期目标尚有较大差距;数据显示样本流动人口吸烟者比例为 27%,不吸烟者比例为 73%,数据表明了绝大多数就业流动人口比较注重自己的身体健康,吸烟有害健康的理念比较深入人心,不过从调研的情况来看,吸烟的人比不吸烟的人具有更强的社会交际能力。具体见表 5-1。

表 5-1　　　　2012 年重庆市农村户籍就业流动人口相关数据

| 变量名称 | 样本量 | 均值 | 标准差 | 最小值 | 最大值 |
| --- | --- | --- | --- | --- | --- |
| 文化程度(年) | 1 030 | 10.66 | 2.389 | 0 | 16 |
| 人均纯收入(元) | 1 030 | 6 315.97 | 9 960.78 | 311 | 115 026 |
| 是否读书看报学习(是) | 1 030 | 0.6903 | 0.46260 | 0 | 1 |
| 工作经验(年) | 1 030 | 6.19 | 4.496 | 0 | 24 |
| 是否有城镇职工医疗(是) | 1 030 | 0.2874 | 0.45276 | 0 | 1 |
| 是否吸烟(是) | 1 030 | 0.2699 | 0.44412 | 0 | 1 |
| 性别(男性) | 1 030 | 0.5282 | 0.49945 | 0 | 1 |
| 婚姻(已婚) | 1 030 | 0.5534 | 0.49738 | 0 | 1 |
| 流动范围(市外) | 1 030 | 0.4233 | 0.49432 | 0 | 1 |

资料来源:2012 年重庆市人口和计划生育委员会流管处。

### 5.1.3 变量选择说明

被解释变量为样本家庭 2012 年人均年纯收入，样本家庭 2012 年人均年纯收入等于样本家庭 2012 年年家庭收入减去样本年家庭总支出之后除以样本家庭的人数。2012 年国家贫困标准线为人均纯收入 2 300 元，人均年纯收入高于 2 300 元的样本农村家庭为非农村贫困家庭，样本低于和等于 2 300 元的农村家庭为农村贫困家庭，设定样本家庭人均年纯收入在 2 300 元以上者为 1，设定样本家庭人均年纯收入 2 300 元及 2 300 元以下者为 0。主要解释变量包括：（1）文化程度，小学文化程度以下为 0 年，小学文化程度为 6 年，初中文化程度为 9 年，高中文化程度为 12 年，中专文化程度为 12 年，大专为 15 年，本科为 16 年，硕士研究生为 19 年；（2）工作经验与阅历，从便于计量和对比的角度选取就业流动人口第一次离开户籍地到本次抽样调查时的年限作为工作经验的替代变量；（3）业余时间是否读书看报学习（读书看报学习 = 1，不读书不看报不学习 = 0）；（4）是否享受城镇职工医疗保险（享受 = 1，没有享受 = 0）；（5）业余时间是否与他人来往（来往 = 1，不来往 = 0）；（6）是否吸烟（吸烟 = 1，不吸烟 = 0）。控制变量包括：（1）性别（男性 = 1，女性 = 0）；（2）婚姻状况（已婚 = 1，未婚 = 0）。

### 5.1.4 模型构建

由于被解释变量为是否为贫困家庭，其结果要么是贫困家庭要么不是贫困家庭，因此，其结果是一个二元离散选择变量，基于此，本书的模型选择为二元 Logistic 回归模型。通过二元 Logistic 回归模型来估计不同因素对家庭贫困的影响。本部分主要探究人力资本、社会资本以及公共服务对于农村家庭是否能够有效降低家庭贫困。结合具体实际以及研究的方便，模型设定为：

$$\text{Prob}(y=1) = \frac{e^z}{1+e^z} \qquad (5-1)$$

其中，$z = \alpha_0 + \alpha_1 edu + \alpha_2 exp + \alpha_3 exp^2 + \alpha_4 x_1 + \alpha_5 x_2 + \alpha_6 x_3 + \alpha_7 x_4$；$y = 1$ 表示样本家庭不存在贫困，$y = 0$ 表示样本家庭存在贫困；$edu$ 表示受教育年限；$exp$ 表示工作经验与阅历，$exp^2$ 表示工作经验与阅历的平方；$x_1$ 表示

业余时间是否上网浏览通信，是否读书看报学习作为人力资本增量代理变量；$x_2$表示是否享有公共服务，在这里用是否享有城镇职工医疗保险作为公共服务的代理变量；$x_3$表示社会资本解释变量，在这里用业余时间是否与他人来往以及是否吸烟作为社会资本的代理变量；$x_4$表示性别以及婚姻等控制变量。

### 5.1.5 实证分析

#### 5.1.5.1 模型回归分析

分析软件为 spss 20.0 软件，对模型进行回归分析，表 5-2 列示了十个模型的回归分析结果。模型 1 是针对文化程度、工作经验与阅历、工作经验及阅历的平方以及读书看报学习变量进行回归的结果，模型 2 是在模型 1 的基础上增加了控制变量性别变量以及婚姻变量回归的结果，对比发现模型 2 与模型 1 相对应的回归系数的符号没有发生改变，且对应的显著性也没有发生改变，表明回归的结果具有稳定性；模型 3 是针对公共服务变量及是否享有城镇职工医疗保险回归的结果；模型 4 是在模型 3 的基础之上增加了控制变量性别变量以及婚姻变量回归的结果，对比可以发现对应的系数符号没有发生改变，显著性也没有发生改变，表明回归具有稳定性；模型 5 是针对社会资本变量（业余时间与他人来往）回归的结果，模型 6 是在模型 5 的基础之上增加了控制变量性别以及婚姻回归的结果，对比模型 5 与模型 6 的回归结果发现对应的系数符号没有发生改变，显著性也没有发生改变，表明回归具有稳定性；模型 7 是针对样本对象是否吸烟回归的结果，模型 8 是在模型 7 的基础之上增加了控制变量性别变量以及婚姻变量回归的结果，可以看出吸烟对于非贫困家庭具有显著性影响；模型 9 是针对文化程度变量、工作经验与阅历变量、工作经历与阅历变量平方、读书看报学习变量、城镇职工医疗保险变量、业余时间与他人来往变量、吸烟变量回归的结果；模型 10 是在模型 9 的基础之上增加了控制变量性别变量以及婚姻变量回归的结果。从模型 1 到模型 10 我们可以发现：对应的主要解释变量系数的符号没有发生改变，显著性有一定变化，模型 1 到模型 8 各自侧重于人力资本变量（存量、增量）、公共服务变量、社会资本变量以及是否吸烟变量进行回归的结果，为了综合分析上述变量对于农村家庭贫困的影响作用采用模型 10 作分析。

# 第5章 中国农村贫困家庭代际传递实证分析

表5-2 农村家庭二元 Logistic 模型回归分析结果

| 变量 | 文化程度 | 工作经验与阅历 | 工作经验与阅历平方 | 读书看报学习 | 有城镇职工医疗保险 | 与他人来往 | 吸烟 | 性别 | 已婚 | 常量 | 样本容量 | Cox & Snell R方 | Nagelkerke R方 |
|---|---|---|---|---|---|---|---|---|---|---|---|---|---|
| 模型1 系数 | 0.02 (0.032) | 0.146*** (0.056) | −0.004 (0.004) | 0.100 (0.166) | | | | | | 0.705* (0.383) | 1 030 | 0.027 | 0.041 |
| 模型2 系数 | 0.012 (0.033) | 0.138** (0.056) | −0.003 (0.004) | 0.148 (0.152) | | | | 0.313** (0.152) | 0.967*** (0.172) | −0.020 (0.415) | 1 030 | 0.059 | 0.088 |
| 模型3 系数 | | | | | 1.081*** (0.085) | | | | | | 1 030 | 0.000 | 0.001 |
| 模型4 系数 | | | | | 0.391** (0.153) | | | 0.379** (0.150) | 1.070*** (0.152) | | 1 030 | 0.052 | 0.077 |
| 模型5 系数 | | | | | | 1.091*** (0.087) | | | | | 1 030 | 0.000 | 0.000 |
| 模型6 系数 | | | | | | 0.456*** (0.146) | | 0.368** (0.146) | 1.060** (0.150) | | 1 030 | 0.051 | 0.075 |
| 模型7 系数 | | | | | | | 1.008*** (0.082) | | | | 1 030 | 0.006 | 0.009 |
| 模型8 系数 | | | | | | | 0.450*** (0.140) | 0.216 (0.216) | 1.055*** (0.152) | | 1 030 | 0.053 | 0.079 |
| 模型9 系数 | 0.030 (0.033) | 0.144** (0.056) | −0.004 (0.004) | 0.065 (0.167) | 0.110* (0.170) | 0.727*** (0.159) | 0.381** (0.175) | 0.224 (0.208) | 1.037 (0.149) | | 1 030 | 0.032 | 0.048 |
| 模型10 系数 | 0.003 (0.034) | 0.136** (0.057) | −0.003 (0.004) | 0.121 (0.153) | 0.125* (0.175) | 0.966*** (0.173) | 0.347* (0.208) | | | −0.026 (0.420) | 1 030 | 0.063 | 0.093 |

注：*、**、*** 分别表示统计量值在低于10%、5%以及低于1%的水平上显著。

#### 5.1.5.2 实证检验结果说明

(1) 人力资本存量与贫困。人力资本存量对于非贫困家庭影响不显著，但是回归的系数为正，表明人力资本存量与非贫困家庭是正相关关系。受教育程度是人力资本存量形成的关键因素，文化程度越高的人其人力资本积累相对较高，拥有较高人力资本存量的农村户籍就业流动人口具有较高的市场就业能力。人力资本存量对于非贫困家庭影响不显著的原因在于农村户籍就业流动人口整体文化程度不高，平均受教育程度只有10.66 年，其较低层次的人力资本积累无法满足市场对高层次人才的需要，相比人力资本存量较高的城市居民，农村户籍就业流动人口相对说来从事的产业层次处于低端，主要在非正规部门就业。

(2) 干中学与贫困。从回归的结果来看，工作经验与阅历对于非贫困家庭在低于 5% 的水平上影响显著，且回归系数的符号为正，表明工作经验越多与阅历越丰富的就业流动人口发生贫困的概率很低，反之发生贫困的概率较高。干中学理论是发展经济学的重要理论之一，也是人力资本理论的重要组成部分，工作经验是干中学的核心之所在，阅历是人生厚重的重要组成部分，阅历是人力资本积累和增值的重要部分。在市场经济的时代背景下，追求个人效用及家庭效用最大化成为理性的选择之一，就业流动人口在流动的过程当中增长了见识、扩大了视野、提高了才干。在激烈的市场竞争中，具有一定经验和技能的劳动者成为市场追捧的对象，他们能够为企业主带来较高的经济利益。与此同时，具有一定经验和阅历的部分农村户籍就业流动人口往往会在具有一定资本积累之后自己创业当老板，这部分人的收入往往较高。

(3) 业余时间读书看报学习与贫困。回归结果表明，业余时间读书看报学习对于非贫困家庭影响不显著，但是回归系数的符号为正，表明业余时间读书看报学习对于降低贫困是有益的。业余时间读书看报学习对于非贫困家庭影响之所以不显著，可能的原因在于农村户籍的就业流动人口业余时间相对有限，且上班期间由于劳动强度较高，因此业余时间有效投入读书看报学习的时间不足，尚不能够形成有力的人力资本增量积累，但不可否认的是业余时间看不看书、读不读报、学习不学习是有很大差别的。读书看报学习的人与时代同步的概率较高，一定的阅读和学习能够给阅读者、学习者带来知识积累，当知识积累到一定程度，在适当的条件下，知识的力量就很容易转化为更高效率的生产能力和创造财富的能力。

## 第5章 中国农村贫困家庭代际传递实证分析

(4) 公共服务供给与贫困。从回归结果来看,享有城镇职工医疗保险的农村户籍就业流动人口对于非贫困的影响在低于10%的水平影响是显著的,且回归系数的符号为正。也就是说享有城镇职工医疗保险的农村户籍就业流动人口其发生贫困的概率较低。农村户籍就业流动人口在流入地享受城镇职工医疗保险能够有效刺激其本人及家庭用于对健康人力资本的投资,因为风险的分散而诱致的收入效应也将促使其本人和家庭进行消费升级,从而有助于增加健康人力资本。后顾之忧的下降也可能把部分资金用于提升自己技术能力和知识储备,从而增加人力资本水平,提高的人力资本水平有助于收入水平的提升,从而间接遏制贫困的发生。

(5) 业余时间同他人经常往来与贫困。回归结果显示,业余时间与他人经常来往对非贫困在低于1%的水平上影响显著,回归系数的符号为正,表明业余时间与他人经常来往的其家庭发生贫困的概率偏低,相反业余时间不与他人来往的其家庭发生贫困的概率偏高。业余时间同他人经常往来在变量选择时,是作为社会资本的代理变量的。而社会资本理论表明拥有一定社会关系网络的人,该网络能够为处于网络中的群体带来相应的经济价值,获取有用信息的成本偏低,能降低交易成本,有更多的机会和资源提升自己和发展自己;并且与老乡来往能够降低在陌生城市的恐惧感和提高自己在陌生城市的安全感,与本地人来往能够有更多的机会去了解和把握本地的风俗人情,融入本地的概率相对较高,与同是流动人口的非老乡来往能够更多了解五湖四海的风俗人情,能够无形提升自己和不同民族不同风俗的人相处的能力。在现实生活中,有很多潜在的机会因为彼此双方缺乏交流缺乏了解而白白丧失。中国特殊的国情和传统文化决定了"熟人社会"偏好主导了很多人的交易方式。而善于与不同人群交流的人,其沟通能力和把握机会的能力相对较高。很多经验证据都清楚表明社会资本对流动贫困人口收入的增加有着显著的促进作用。从理论上讲,这也是社会资本中组织资源对破解贫困有着重要作用。

(6) 吸烟与贫困。吸烟对于非贫困在低于10%的水平上影响显著,回归系数的符号为正,表明吸烟的农村户籍就业流动人口其收入要显著高于不吸烟的就业流动人口收入,相应其家庭发生贫困的概率就低。从社会资本理论的视野而言,吸烟的人总体上善于与他人分享,社会沟通能力要强于不吸烟的人,这与中国的传统文化和中国的现实国情基本上是一致的；从心理学的角度而言，每个人都不同程度地存在一定的压力，如果压力积累到一定程度而无法得到合理的释放，则很容易陷入亚健康状态，严重的则会出现影响家庭稳定和社会稳定的可能，而吸烟的人往往通过吸烟的方式让自己的压力得到适当的释放。但是从人力资本理论或卫生健康经济学的角度而言，过度吸烟不利于身体健康，会损耗其人力资本存量，增加其潜在的医疗成本，最终影响其收入稳定增长。总体而言，吸烟对于身体是不利的，但是马克思主义哲学原理则告诉人们任何事物都有其有利和不利的方面，问题的关键在于把握好度，充分地把有利的一面发挥出来。

（7）其他变量与贫困。性别、婚姻对非贫困的影响不显著，从回归系数的符号来看，男性及已婚的农村户籍就业流动人口非贫困概率要高些。可能的原因在于农村户籍就业流动人口在城市里面主要从事的是劳动密集型产业以及主要分布在非正规部门就业，而这些行业及部门对劳动力体力要求相对较高，显然男性在这方面占有优势，从而获取的劳动报酬较高；已婚的就业流动人口由于家庭纽带的原因，目标明确、责任感更强，往往精打细算，资金积累能力较强。

### 5.1.6 结论

第一，人力资本尤其是通过干中学积累的人力资本能够显著降低家庭贫困发生的概率；第二，社会资本较高的农村户籍就业流动人口家庭贫困的概率显著低于社会资本较低的农村户籍就业流动人口家庭贫困的概率；第三，公共服务的有效供给能够有效降低农村户籍就业流动人口的家庭贫困；第四，有吸烟习惯的农村户籍就业流动人口其家庭贫困的概率显著低于那些不吸烟的农村户籍就业流动人口家庭贫困概率，男性农村户籍就业流动人口家庭贫困显著低于女性农村户籍就业流动人口家庭贫困概率，子辈已婚的农村户籍就业流动人口家庭贫困的概率低于子辈未婚的就业流动人口家庭贫困的概率。

本部分从静态的角度研究表明，人力资本不足、社会资本欠缺以及社会公共服务稀缺的农村家庭发生贫困的概率较高，那么农村贫困家庭代际传递的发生与扩展又有哪些影响因素？接下来的部分将利用动态面板数据展开研究一探究竟。

## 5.2 基于 CHNS 数据的实证分析

### 5.2.1 数据来源

本节实证分析所用的数据来自中国健康和营养调查数据（China Health and Nutrition Survey，CHNS）。该数据库是由美国北卡罗来纳大学（University of North Carolina at Chapel Hill）卡罗来纳人口中心与中国疾病控制与预防中心联合调查和创建，数据涵盖了我国东部地区的辽宁、黑龙江、江苏、山东，中部地区的河南、湖北、湖南以及西部地区广西和贵州，从 1989 年开始，先后于 1989 年、1991 年、1993 年、1997 年、2000 年、2004 年、2006 年、2009 年开展了 8 次调查，每次调查涉及 200 个左右的城市、乡村样本点，每个被调查社区的样本家庭为 20，全部样本家庭在 4 000 户左右。CHNS 涵盖的内容主要包括社会人口学特征、人口健康、医疗保健、保险、营养、计划生育、家庭收入、社会服务等方面的内容，该数据库被学者们认为是研究当前国内城乡居民收入、营养及健康状况最好的微观数据库。

1989~2009 年，时间跨度为 20 年，基本上接近一代人的跨度，本部分对中国农村贫困家庭代际传递的实证分析运用 CHNS 的 8 次调查所涉及的相关数据，父辈与子辈的年平均收入是最核心的数据，以 1 美元/天的国际通用贫困标准线为基准，如 2009 年我国的贫困标准为 2 493 元（2009 年，1 美元 = 6.8279 元人民币）。重要变量缺失的家庭不在本研究之列，符合本研究标准的样本家庭为 2530 户贫困家庭。采用 Stata12.0 版统计软件对数据进行整理和分析。对农村贫困家庭代际收入弹性进行测算，对农村贫困家庭父辈和子辈的物质资本、人力资本、社会资本以及公共服务进行了分析，以此揭示代际传递的主要特征，再证明第 4 章理论分析所提出的三个命题。

### 5.2.2 统计性描述

农村贫困代际传递家庭父辈平均受教育年限为 4.36 年，子辈平均受教育年限为 7.65 年，子辈平均受教育年限比其父辈多出 3.29 年，可以看出，贫困代际传递家庭父辈子辈受教育的层级偏低，相当于小学和初中文化程度。农村贫困家庭父辈就业率为 71.85%，子辈就业率为 72.27%，平均来说，子辈就业率略高出父辈就业率 0.42 个百分点，两者之间差异性不大。农村贫困代际传递家庭父辈年收入均值为 1 512.37 元，子辈年收入均值为 1 434.95 元，父辈比子辈收入平均高出 77.42 元。农村贫困家庭父辈不享有医疗保险的比例是 80.53%，子辈不享有医疗保险的比例为 88.17%（见表 5-3），显然贫困家庭的父辈和子辈绝大多数被排斥在基本社会保障之外。

表 5-3    农村贫困家庭主要变量定义及统计描述

| 变量 | 均值 | 标准差 | 变量 | 均值 | 标准差 |
| --- | --- | --- | --- | --- | --- |
| 父辈年龄 | 48.23 | 15.41 | 子辈年龄 | 16.42 | 11.53 |
| 父辈受教育年限 | 4.03 | 4.36 | 子辈受教育年限 | 7.65 | 3.53 |
| 父辈就业状况 | 71.85 | 0.51 | 子辈就业状况 | 73.27 | 0.48 |
| 父辈收入情况 | 1 512.37 | 1 913.56 | 子辈收入情况 | 1 434.95 | 1 650.86 |
| 父辈医疗保险 | 19.47 | 0.65 | 子辈医疗保险 | 11.83 | 0.87 |

资料来源：中国健康和营养调查数据库。

### 5.2.3 变量选择说明

被解释变量为子辈收入的对数值，解释变量包括父辈收入的对数值、父辈的年龄、子辈的年龄，后者为控制变量。基于数据结构以及便于分析，在本节的实证分析中，把人均年收入作为物质资本的代理变量，把受教育年限作为人力资本的代理变量；把是否参加工作作为社会资本的代理变量，之所以这样选取，原因在于人们在工作当中通过接触、交流与合作，彼此交流信息，彼此相互信任，构成相应的社会关系网络，把是否享受医疗保险作为公共服务的代理变量。

### 5.2.4 模型构建

通过代际收入弹性系数可以很好地衡量贫困代际传递，目前，学术界主要采用对数线性回归来测量代际收入的流动性，本部分的实证研究也采用对数线性回归模型来进行回归分析。模型设定为：

$$\lg c\text{-}income_i = \beta_0 + \beta_1 \lg f\text{-}income_i + \beta_2 x_i + \varepsilon_i \quad (5-2)$$

$$\lg c\text{-}income_i = \beta_0 + \beta_1 \lg f\text{-}income_i + \beta_2 c\text{-}age_i + \beta_3 f\text{-}age_i + \varepsilon_i \quad (5-3)$$

其中，模型（5-2）为基本模型，$\lg c\text{-}income_i$ 表示的是第 $i$ 个家庭中子辈的持久性收入的对数形式；lg f-income$_i$ 表示的是第 $i$ 个家庭中父辈的持久性收入的对数形式；$x_i$ 表示的是控制变量；$\varepsilon_i$ 表示残差项；$\beta_1$ 表示弹性系数，$\beta_1$ 的取值范围为 [0, 1]，$\beta_1$ 估计值越大说明收入的代际流动性越差，表明代际传递性较强。模型（5-3）为扩展模型，lg c-income$_i$ 表示的第 $i$ 个家庭中子辈的持久性收入的对数形式；lg f-income$_i$ 表示的是第 $i$ 个家庭中父辈的持久性收入的对数形式；c-age$_i$ 表示的是子辈的年龄；f-age$_i$ 表示的是父辈的年龄，父辈的持久性收入是主要解释变量，父辈和子辈的年龄是控制变量。

### 5.2.5 实证分析

#### 5.2.5.1 农村贫困家庭代际收入流动性分析

从表5-4中的估计结果可以看出，农村贫困家庭代际收入弹性系数为0.326，在低于5%的水平上显著，0.326远远大于0，表明对于贫困代际传递家庭而言，收入流动性弱，收入代际继承性强，贫困子辈在收入上容易受到贫困父辈经济弱势的显著影响。

表5-4　　　农村贫困家庭代际收入流动性回归分析结果

| 变量名称 | 系　数 |
| --- | --- |
| 父辈收入 | 0.326**<br>(-0.0734) |
| 父辈年龄 | 0.00475<br>(-0.0098) |
| 子辈年龄 | 0.0512**<br>(-0.0154) |
| 常数项 | 0.0512**<br>(-0.0154) |

注：** 表示统计量值在低于5%的水平上显著。

#### 5.2.5.2 农村贫困家庭父辈和子辈贫困传递特征的相关性分析

从表5-5中可以看出，农村贫困家庭父辈和子辈的人力资本、社会资本、物质资本以及公共服务都具有正相关关系，且相关性均在低于5%的水平上显著，表明农村贫困家庭在物质资本、人力资本、社会资本以及所享受的公共服务方面具有显著的代际传递性。

对于物质资本而言，农村贫困家庭父辈和子辈的相关系数为0.3893，且在低于5%的水平上显著，农村贫困家庭获取物质资本尤其是获取货币化收入的能力偏低，这种正相关性的客观存在会降低农村贫困家庭跳出贫困陷阱、摆脱贫困制约的概率。

对于人力资本而言，农村贫困代际传递家庭父辈和子辈受教育年限的相关系数为0.3439，且在低于5%的水平上显著；由于城乡收入差距的客观存在，城乡教育资源配置失衡，与城镇居民相比，广大农村地区居民难以享受到优质教育资源。"穷二代"较低的人力资本水平在一定程度上会影响"穷二代"子女的人力资本水平，造成贫困代际传递的概率偏高，命题1得到检验。

对于社会资本而言，农村贫困代际传递家庭父辈和子辈受教育年限的相关系数为0.2869，且在低于5%的水平上显著。农村贫困代际传递家庭的父辈所从事职业大多属于社会层级偏低的职业，无法融入社会声誉、社会地位以及经济价值较高的社会圈子内，从而无法提升自己的社会资本水平，与社会资本正的相关性的存在，说明贫困家庭的父辈影响到子女拥有的社会资本水平起点偏低，贫困家庭代际传递容易扩散，命题2得到验证。

对于公共服务而言，农村贫困代际传递家庭父辈和子辈拥有公共服务的相关系数为0.5625，且在低于5%的水平上显著。贫困家庭父辈所享受的公共服务水平是比较低下的，而正相关性的存在，贫困的子辈同样享受着偏低的公共服务，命题3得到检验。

表5-5　　　　　　农村贫困家庭父辈和子辈相关系数分析

| 名　称 | 相关系数 |
| --- | --- |
| 父辈和子辈物质资本 | 0.3893** |
| 父辈和子辈人力资本 | 0.3439** |
| 父辈和子辈社会资本 | 0.2869** |
| 父辈和子辈所享受的公共服务 | 0.5625** |

注：** 表示统计量值在低于5%的水平上显著。

### 5.2.6 结论

本节实证研究采用CHNS数据库对中国农村贫困家庭的代际传递问题进行分析研究，采用对数线性回归模型对中国农村贫困家庭代际传递进行

## 第5章　中国农村贫困家庭代际传递实证分析

回归分析，并通过相关性分析方法对中国农村贫困家庭代际主要特征开展了分析，其结论如下：

（1）1989~2009年，中国农村贫困家庭的代际传递比较显著，子辈收入对父辈收入的依赖性显著，这是说明贫困家庭代际传递的基本物质条件。

（2）1989~2009年，农村贫困家庭父辈和子辈的人力资本水平具有显著的正相关性，贫困家庭父辈的人力资本水平低，其子辈的人力资本水平也偏低，这是说明贫困家庭代际传递发生的重要因素。

（3）1989~2009年，农村贫困家庭父辈和子辈的社会资本水平具有显著的正相关性，贫困家庭父辈的社会资本水平低，其子辈的社会资本水平也偏低，这是说明贫困家庭代际传递扩散的重要因素。

（4）1989~2009年，农村贫困家庭父辈所享受的公共服务水平和子辈所享受的公共服务水平具有显著的正相关性，贫困家庭父辈享受的基本医疗比例偏低，其子辈所享受的基本医疗比例同样偏低，这是说明贫困家庭代际传递具有持续性的重要因素。

本部分实证分析从动态的角度研究表明，父辈人力资本不足、社会资本欠缺以及社会公共服务稀缺的农村贫困家庭，其发生贫困代际传递的概率较高，那么如何有效截断农村贫困家庭代际传递的发生与扩展？接下来的第6章将从物质资本、人力资本以及社会资本等方面加以研究探讨，提出相应的对策建议，供相关部门参考。

# 第6章 中国农村贫困家庭代际传递的治理策略分析

在前几章研究农村贫困家庭代际传递演进、发生和扩散的基础上，本章研究中国农村贫困家庭代际传递的治理问题，目前中国农村贫困家庭代际传递的治理是一个系统工程，不仅涉及集中连片特困地区的扶贫攻坚，而且涉及经济政策、社会政策和公共政策诸多方面，如有效截断贫困家庭代际传递链条涉及的内容广泛，如解决"三农"问题、推进新农村建设、统筹城乡协调发展、加快农村社会保障体系建设、大力发展农村公共服务体系、精准扶贫到村到户到人头等。本章结合前面章节的研究，立足中国国情，提出农村贫困家庭代际传递治理的相关建议。

## 6.1 反贫困战略

贫困的治理涉及经济改革、社会发展、公共管理等方方面面，是一个系统工程，为了全面深入地治理贫困，笔者认为需要贯彻执行五个方面的战略，分别是科教兴国战略、城乡统筹协调发展战略、继承传统文化的社会融合战略、区域协调均衡发展战略以及贫困治理上位升级战略。

### 6.1.1 扎实推进科教兴国战略

第二次世界大战后的德国以及日本能够在较短的时期内迅速崛起，再度成为发达国家，原因在于德国和日本无论是在战前还是在战后对国民教育的高度重视和投入。健全的教育体系、均衡的城乡教育结构、一流的师资队伍为两国积累了高素质的人力资源储备。除了德国、日本之外，其他发达的国家同样高度重视和投入教育的发展。发达国家的强大在于人力资本水平的强大，其人力资本的存量和增量则是源于发达的教育。与发达国

# 第6章 中国农村贫困家庭代际传递的治理策略分析

家相比，我国在科学教育方面仍然存在短板和瓶颈。科技创新、管理创新能力与国家发展的真实需求不匹配，国家的竞争能力整体上有待加强和提升，否则难以在激烈竞争的国际舞台上立足和胜出。因此，国家需要重新审视和把握科教兴国战略，毫不动摇地推进和深化科教兴国战略，这是从智力上治理贫困家庭代际传递的国家层面的战略规划。

## 6.1.2 城乡统筹协调发展战略

自新农村建设战略实行以来，农村地区整体上得到了进一步发展，为整个社会的良性循环和整个国家经济的良性运转提供了动力和保障。新农村建设的正面作用和功能是显著的，但由于我国特殊的国情和诸多历史因素的叠加，使得我国农村地区的基础设施相对短缺，尽管新农村建设实施以来国家在农村地区进行了大量投资，但是，相对来说，农村地区的整个经济发展、社会发展的配套设施与农村地区潜在的需求是相差甚远的，为了进一步推动农村地区的经济发展、社会发展以及文化发展，需要进一步加强新农村建设，新农村建设不能半途而废。新农村建设的有力推进，能够进一步推动农村基础设施建设，能够有效扩大和完善农村地区公共服务体系，能够进一步推动农业现代化、农业产业化发展，增加农村居民收入，有力开启潜在的农村消费市场。通过新农村建设能够围绕特色农业、生态农业、乡村旅游形成农产品深加工、精加工的农村工业和服务市场，能够在农村地区内部有效吸纳一部分当地农村劳动力，达到非农就业的就地转移消化，让农村城镇化，提高农民生活品质，实实在在地实现自己的"梦想"。继续实施新农村建设这对于改善农村贫困家庭的生活福利社会福利是一件利好的大事情，对整个社会稳健发展是一个大战略。尤其是在经济结构增速处于换挡期、经济结构处于调整期以及新惠农政策处于消化期的关键时刻，广大的农村地区为我国经济发展提供了回旋的余地，做好国内农村地区这一篇大文章，有助于我国的深度反贫困，有助于经济的可持续发展。

自从城市经济改革全面推行以来，城乡收入差距在不断扩大，所诱发的贫困家庭代际传递问题时有发生，引起了全社会的关注。城乡收入差距产生的根本原因在于城乡发展的失衡，一段时期，国家采取的是城市发展偏好的发展战略，通过采取价格"剪刀差"以及对农村少投入或者投入严重不足为工业和城市的发展积累资金，导致农村缺乏发展的相应物质基础。伴随我国经济实力的逐步增强，工业反哺农业、城市反哺农村的实力已经具备，国家有较为充足的资金着手解决好发展好"三农"问题。城乡统筹协调发展战略的实施有助于城乡收入差距的缩小和城乡公共服务资源的均衡，这是从城乡"二元结构"上治理农村贫困家庭代际传递的战略选择。

### 6.1.3 继承传统文化的社会融合战略

没有自己特色的民族无法成为世界优秀民族，更无法引领其民族的长远发展。在人类历史发展的长河中，中华民族曾经以其博大精深的胸怀海纳百川，屹立于世界民族之林，究其原因，除了经济的繁荣之外，更重要的是具有五千年历史的中华文化在发挥作用。中国传统文化的精髓主要体现在忠、孝、仁、义、礼、智、信等方面。这些文化精髓的演进曾在历史上营造出了包容宽松、秩序稳定的社会氛围。取其传统文化的精华，对于当今树立中国自信理念、推进社会主义核心价值观体系建设是有积极意义的，因为在价值取向多元化的今天，国家需要整合文化力量，树立理想信仰，提高民族凝聚力、民族向心力。继承和发扬优秀的传统文化、彰显和迸发优秀传统文化的生命力是时代发展的必然选择。而当前中华民族伟大复兴的"中国梦"的全面实现需要优秀传统文化做精神层面、意识形态层面的思想资源支撑。因此，国家需要实施继承传统文化的社会融合战略，这是从匡正贫困文化上治理农村贫困家庭代际传递的战略举措。

### 6.1.4 区域协调均衡发展战略

目前贫困主要集中在中部、西部地区，西部地区的贫困尤为突出。区域之间的非均衡发展有继续扩大的态势，区域非均衡发展会导致部分区域过度发展，而其他区域发展则显得不足，区域非均衡发展还会导致优质的人力资源过度集中在某些区域，从总体上来看，这种人力资源配置会降低整个社会的发展水平。因此，缩小区域之间的差距，有效提高贫困相对集中区域的发展，需要进一步实施区域协调均衡发展战略。区域协调均衡发展战略最主要的是突出西部大开发发展战略、中部崛起战略以及东北振兴战略，这三大区域发展战略的稳步推进，能够显著缩小区域之间发展失衡的不利局面。从目前的形势来看，国家需要继续给予中西部相关省份更多的资金投入和政策支持，增强相应省份内生发展的物质基础，使中西部地区经济发展、社会发展、民生改善整体上有一个显著性的提高。东北地区，历史包袱较重，国有经济比重相对较高，但是，东北地区作为老工业基地具有较好的发展基础，因此，对于东北振兴来说，主要侧重于面向市场进行转轨升级。推行区域协调均衡发展战略，这是从集中力量攻克农村剩余贫困在区域上的聚集，从而治理特定区域内农村贫困家庭代际传递的战略安排。

### 6.1.5 贫困治理上位升级战略

贫困在任何社会任何时代都客观存在。贫困是发展中国家最常见的一种经济社会问题，发达国家同样存在贫困，只是更多地呈现相对贫困，这些国家为贫困者提供的经济保障福利能够确保贫困者的正常人格尊严和应有的社会地位。改革开放以来，我国伴随着经济的稳步发展以及国家扶贫开发的绩效使得绝对贫困基本消失，但是，相对贫困问题却逐渐突显出来。相对贫困群体属于弱势群体，目前该群体的数量和规模相对较大，该群体中的部分群体由于这样那样的原因导致劳动能力丧失或者劳动能力低下，在没有外力介入的情况下，这部分群众的生活十分窘迫，有的可能返回绝对贫困连基本的生存都无法保障。社会主义的本质是削除剥削、消除压迫，最终实现共同富裕。让全体中国人都过上有尊严的生活，应该是"中国梦"的内涵之所在，国家需要精准扶贫、给力扶贫，让每一个有一定劳动能力的贫困者能够截断贫困代际传递，走出贫困陷阱，至于暂时无力走出贫困陷阱的贫困群体，国家要给予他们正常的生活保障，使其和非贫困群体一样有尊严地活着。因此，国家需要从战略层面考量，把贫困治理上升为一项国家战略，这是把治理农村贫困家庭代际传递列入国家长远发展规划的战略考虑。

## 6.2 农村贫困家庭代际传递治理对策思考

### 6.2.1 基于物质层面的对策思考

在前面对贫困家庭代际传递运行机制的分析上，虽对物质资本贫乏影响贫困代际传递着墨不多，但并不意味对此治理可有可无，因此，这里也提出相应的对策思考。

#### 6.2.1.1 坚持民生导向，提高农村贫困家庭非农就业收入水平

就业是民生之本，就业是获取收入的载体和平台，生存权和发展权是公民的基本权利，农村贫困家庭的脱贫与稳定在于贫困家庭要有稳定的可持续生计收入。一是切实加强贫困家庭子女在受教育方面的扶持力度，提高贫困家庭受教育子女的受教育年限，让贫困家庭的子女有效完成相应的学业，提高他（她）们的非农就业能力；二是切实加强对贫困家庭劳动力的非农就业培训力度，通过免费培训，提升他（她）们的非农就业水平；三是尽量确保贫困家庭至少有一个劳动力享有参加非农就业的机会和岗位，这需要政府及相关职能部门做好指导、协调和援助。

#### 6.2.1.2 切实为创业者搞好配套服务，减少创业者创业成本和市场交易成本

在经济结构转型时期，在宏观经济面临下行压力的局势下，国家提出"大众创业，万众创新"的方针，这从治理贫困代际传递对策看，要切实需要采取措施搞好有条件的贫困者的创业保障，稳定其创业预期。这需要综合运用财政手段、金融手段、法律手段、收入手段等措施，扶持和鼓励发展投资少、就业门槛低、就业容量大的第三产业，大力发展民营经济和中小型企业，鼓励和支持微型企业的创立与发展。创业就业是社会安定之基，但就业的前提是需要有足够的就业机会和就业岗位，只有就业岗位的增加，愿意就业的劳动者才能有就业机会。因此，需要进一步深化改革，营造宽松和谐的社会创业环境，为想创业的贫困群体提供创业的便捷和服务条件，需要减少不必要的行政审批，更需要提高政府机关的行政效能，坚决杜绝政府机关的不作为、乱作为，把不作为提升到和打击腐败一样的层面来对待。创业环境的宽松、便捷以及创业成本的下降，必将充分释放社会潜在的创业活力，市场将充满生机，社会将充满活力，贫困群体的福利水平将会在创业过程中得到进一步的改善和提高。

#### 6.2.1.3 资本密集型产业与劳动密集型产业协调发展

资本密集型产业的大力发展，有利于提高产业竞争力，有利于提高地方经济实力，有利于推动创新产业的发展，有利于推动自主研发的发展，但是资本密集型属于资本有机构成高的行业，对于劳动力的容纳是有限的，而当前的产业结构调整升级的现状及发展趋势决定了我国一方面要毫不动摇地进行资本密集型产业的发展，另一方面需要毫不动摇地进行劳动密集型产业的发展。劳动密集型产业的就业容纳能力强，合理的劳动密集

# 第6章  中国农村贫困家庭代际传递的治理策略分析

型产业的布局与发展，对于有效解决就业问题是必需的、必要的，是一项事关稳定与发展大局的战略。

### 6.2.1.4  发展县域经济有效促进当地农村经济可持续发展

对于广大农村地区来说，县域经济的有效发展、科学发展能够较好地解决农村地区农村凋敝、农业衰败、农民失利的不利局面。农村贫困地区的发展仅靠中央的支持与中央财政的转移支付是不够的，过度依赖财政转移支付的发展是缺乏动力机制的发展，缺乏内生能力发展的贫困地区是不可能摆脱贫困、跳出贫困陷阱的，必须做到外部输血与内部造血并重，因地制宜发展县域经济，提高县域经济的发展能力，就地吸纳农村劳动力，降低当地劳动力外出流动的交易成本，提高当地社会的财富水平和消费水平，减少农村贫困家庭的数量，降低农村贫困家庭代际传递的概率，而且能够提高农村城镇化建设水平。与此同时，县域经济的良性发展，还可以有效化解因大量的流动人口外出务工所导致的农村社会综合征问题。需要强调的是县域经济发展一定要先前做好规划、统筹谋划，县域经济的发展一定要充分考虑本地的实际情况和人文风俗，一定要与本地的资源禀赋、区位优势相结合，充分注重本地的比较优势，避免出现低水平重置与低水平复制的县域经济发展模式，同时，还要注重智力投资、要注重管理创新，充分尊重知识、尊重人才、尊重群众的首创精神，提高资源利用效率，促进当地经济良性发展。

### 6.2.1.5  与经济发展水平相协调动态调整提高扶贫标准

总体来看，当今中国社会的贫困状况与20世纪50~90年代的贫困状况显著不同，当今的贫困主要体现在相对贫困，过去那种赤贫已不多见了。依据我们在前面的论述知道农村贫困家庭的贫困与农村贫困家庭代际传递的因素是多维的，但综合起来贫困的直接表现就是收入的低下，收入的低下带来一系列的恶性循环，因此，增加农村贫苦家庭的收入是缓解农村贫困家庭的最为直接的方法之一。根据我国宏观经济发展的实际，我国在2010年经济总量已经超过了日本达到了世界第二，我国拥有海量的外汇储备，国家整体上相对富裕，因此，国家有实力拿出更多的资金来扶贫。需要改变过去那种"片撒胡椒面式"的扶贫方式，要集中必要的财力实施精准扶贫。对于农村贫困代际传递家庭来说，这个目标群体是中国农村精准扶贫的主要对象，对于这个目标群体，一般力量的资金是难以改变其贫困状况的，需要加大资金扶贫的力度，让这一目标群体能够比较有尊严地生活，让他们有一定经济实力去切实提高自己的发展能力，因此，国家需要动态调整和提高扶贫标准，让其精准发力，形成有助于绝大多数贫困代际传递家庭跳出贫困陷阱的扶贫标准临界点，贫困代际传递才可能有效缓解。

#### 6.2.1.6 提高资源利用效率，缓解贫困地区贫困家庭人与自然的矛盾

目前部分地区土地资源的承载容量已经接近或超过极限，必须从战略高度重视土地资源，尤其是耕地资源减少所导致的粮食安全问题尤为重要。首先，在切实保护现有耕地的同时，加大土地整治力度，增加耕地总量，并加强城市化进城中土地集约、高效利用。其次，提高耕地复种指数，加大农业科技投入，发展科技农业，增加粮食单产，把粮食生产作为考核相关政府部门的一个指标。从粮食安全的层面谋划第一产业的发展。再次，目前部分地区水资源不能能满足经济、社会发展的需求，特别是部分地区水环境污染比较突出，而且部分地区的水利设施不足，已有的水利设施比较脆弱，存在不少"病""危"设施，应对自然灾害的能力欠缺，存在的风险较大，水资源危机成为制约不少地方人口承载容量的"短板"和经济发展的瓶颈。对此，必须采取有效措施引导城乡居民节约用水，大力开发水资源循环利用项目，有规划地进行水利基础设施建设，以此来增加水资源储备。最后，部分贫困地区森林覆盖率低于全国平均水平、人均森林面积低于全国平均水平。为此，在进一步保护现有森林资源的同时，继续推进封山育林建设，把封山育林作为民生战略。目前部分地区河流污染状况依然存在，局部地区情况比较恶劣，需要加大环保投入，加大环保违法查处力度，强化居民环保意识，鼓励技术创新，减少环境污染，进一步改善环境。这是从自然环境、资源承载容量的角度缓解和遏制农村贫困地区贫困家庭发生代际传递的基本举措。

### 6.2.2 基于人力资本层面的对策思考

#### 6.2.2.1 高度重视农村教育发展，统筹城乡教育资源，提高农村教育水平

不解决好城乡教育均衡的发展问题，缩小城乡差距以及截断贫困代际传递链条将是一句空话。像西方经济发达国家和新兴工业化国家无一例外地证明教育是社会发展、经济发展、民生改善、核心竞争力的基础与前提，任何忽视教育发展的民族注定是一个失败的民族，任何一个忽视教育

# 第6章 中国农村贫困家庭代际传递的治理策略分析

的政府都注定要咽下痛苦的苦果。针对目前的情况,国家一定要把对教育的投入放在重要地位,教育主管部门一定要高度重视农村基础教育的发展,不要再人为地制造教育上的不公平。

改革开放以来,我国经济成就虽然举世瞩目,但是困扰我国可持续发展的"二元经济"结构体制并没有得到实质性的解决。"二元经济"结构最深层次的制度原因在于教育制度的不合理,在于城乡教育资源的不均衡,教育不公平是新时期发展不公平的最大障碍。由于教育起点上的不公平,导致农村地区尤其是经济落后的贫困地区,其人力资本的积累与提升就要受到极大的削弱。但是教育公平的实现需要中央政府制定强有力的措施,实施公平发展的宏观调控,否则公平就成为底层社会民众的一种奢望。

第一,加强农村九年义务教育,确保贫困家庭适龄儿童享受到法律规定的九年义务制的最基本教育,对于前期农村地区小学教育集中进镇所导致的部分小学生辍学,国家教育主管部门要高度重视这一问题,解决好贫困地区、偏远山区的子女有效接受义务教育。

第二,在农村地区,加强职业技术教育,在办好高中教育的基础上,大力发展职业技术教育,让初中毕业之后的学生有一个更好的选择,通过职业技术教育,提高因不能继续上大学而走向社会参与工作的贫困家庭子女就业技能。

第三,加强对贫困流动人口的职业技术培训,提高贫困流动人口参与市场竞争就业能力。

第四,在农村贫困地区,在实行九年义务教育的基础之上,可以适当考虑加入职业教育的相关课程,通过职业教育课程的学习,把适合走这条道路的学生分流出来,送进职业中专和职业高中进一步学习,提高他们的就业能力基础,这样可以从本质上解决农村贫困地区及偏远山区或少数民族地区贫困家庭发展能力,这是最有效的扶贫方略。

第五,为适应社会发展、经济不断增长的需要,在完善正规教育的同时,继续鼓励民间资本进入教育领域,鼓励并支持私立学校和民办学校的发展,增加技术类院校的比例,有针对性地开办各类课程、各种长短期技术技能培训班,允许大专院校做出更灵活的课程安排。

### 6.2.2.2 做好农村贫困家庭的健康保健工作

农村贫困家庭由于收入相对较低,可支配收入有限,农村贫困家庭一旦遇到重大疾病、慢性疾病以及意外事故往往就陷入生存绝境，有的贫困家庭由于支付不起昂贵的医药费而不去看病吃药，结果导致身体健康受损，有的甚至付出生命代价，给家庭发展脱贫带来毁灭性打击。这种现象的发生和持续是社会主义制度优越性所不相容的。值得关注的是，在当前市场经济的时代背景下，医疗体制改革没有到位，医药没有分开，以药养医的现象还没有根本扭转，农村贫困家庭成员看病难、看病贵的问题还比较突出。这样，在农村贫困地区看病贵、看病难这种现象不解决好，全社会健康素质提升将是一句空话。多渠道全方位建设以农村社区为依托的平价医疗卫生服务体系，建设好乡镇卫生院、村社卫生室，有效解决老百姓看病难、看病贵是一种现实所需，这样做有利于让农村贫困家庭受益，同时能够有效提升农村贫困家庭的健康人力资本素质。

卫生保健是身体健康的重要内容，是提高群众生活质量和生命质量的重要基础。在农村地区特别要健全完善公共卫生体系，提高其技术装备水平和服务供给能力，在做好卫生知识宣传和环境卫生工作的同时，逐步拓宽服务领域，深入开展生殖保健、孕产妇保健、婴幼儿保健、高龄老年保健等服务，深度做好各种传染病和地方病的预防及控制工作，切实提高贫困群体的自我保健能力。

### 6.2.2.3 有效提供农村地区老年人群晚年健康生活所需的教育需求

农村贫困地区除了少部分老年人参加社会化养老之外，绝大多数老年人是依靠分散在各自子辈家庭及家庭附近养老。老年人在养老时，除了基本的物质需求之外，更多的是需要得到精神层面的需求。心理孤独以及缺乏必要的老年生活知识成为当前及未来一段时期农村地区老年人普遍存在的一种现象。为了缓解贫困家庭或留守家庭老年人的孤独以及提高老年人晚年生活的幸福指数，国家需要依据经济社会发展的实际，把办好农村地区老年大学提上议事日程。办好农村老年大学，提高老年大学的使用率，要结合老年人的身体、心理需求和社会和谐建设的需求，积极探索与合理开设适合老年人学习与生活的课程。相关部门要发挥好老年大学这个组织平台，开展老年人之间的互助，有效降低贫困家庭老年人的心理孤独，通过相关知识的传播，切实提高贫困和留守老年人生活的质量。以上举措可以有效缓解农村贫困家庭进入养老周期父辈自理生活的能力，将会提高他们应有的生活质量，尤其是对农村贫困代际传递家庭的子辈起到了一定的帮扶作用，可以一定程度缓解农村贫困代际传递家庭子辈的养老负担。

# 第6章 中国农村贫困家庭代际传递的治理策略分析

## 6.2.2.4 构建空巢家庭、留守妇女和留守儿童的关爱及帮扶制度,提高农村贫困家庭应对风险的能力和水平

在广大的农村区域,尤其是在经济滞后的贫困村,空巢家庭、留守伴侣和留守儿童成为当前及未来一段时期内难以有效化解的社会综合症,这种社会综合症状已经成为社会和谐发展的不可回避的问题,这种现象尤其是在农村地区的贫困家庭表现得更加突出,已经到了迫切需要解决的地步。于是构建空巢家庭、留守伴侣和留守儿童的关爱及帮扶制度,在一定程度上可以免除流动人口外出的后顾之忧,提高这部分群体的幸福感和对社会发展的认同感,提高他们的生活质量、学习能力和发展能力。这一制度的构建需要多部门交流与合作,确保目标的实现,一定要避免政出多门,互相推诿的低效率不作为甚至难作为的现象发生。要将分散的社会力量积聚起来,使其发挥更大的作用,考虑到卫生与计生部门的网络健全和对留守人口问题、健康问题相对了解的比较优势,政府可以考虑由卫生与计生部门牵头作为管理和服务主体,其他相关部门通力协作与配合,有效解决问题,提高社会稳定度,让农村的老百姓尤其是贫困的农村家庭老百姓对于自己的未来有一个稳定的良好的发展预期。

## 6.2.2.5 积极试行农村居民的城镇落户制度,提高贫困家庭流动性

户籍制度作为一种制度安排,在新中国成立初期,发挥了应有的功能和作用,但是随着社会的不断进步,经济的不断发展,市场经济的逐步完善,以前的户籍制度已经是一种非常僵化、非常落后的制度安排了,这种制度的落后性在于从制度层面巩固和深化城乡"二元经济"体制。由于户籍制度没有得到实质性解决,新生代农民工要想融入就业地社会是非常艰难的,新生代农民工绝大多数有一定的文化水平,有自己的理想信念,是社会主义经济发展的建设者,但是因为户籍问题,他们的子女无法在就业地接受正规教育,严重影响农民工市民化进程的顺利开展。户籍制度的破冰已经是刻不容缓的社会问题,这个问题不解决好,我国的城乡"二元经济"结构将无法从根本上解决。我国作为发展中的大国,工业化与城市化建设在未来20年内将保持快速发展,人口城镇化也会保持稳步增长。户籍制度的破题关键在于要剥离附加在城镇户籍上的利益和福利,户籍制度不能再是城乡二元结构的守护神,应该放开。这样才会有利于人口管理,才会有利于城镇化建设。户籍制度改革要深入,不能只注重形式上的改革,户籍制度本身所承载的福利要与城市化进程的需求有效结合,不能因为户

籍制度的障碍而使城市化进程滞后于时代的大发展。人口流动既是一种社会现象更是一种经济现象，人口流动是一种理性行为的体现。对于具有一定条件的农村贫困家庭的农民工，其就业所在地政府应该搞好规划，创造条件接纳他们，把他们和本地市民同样对待，这样做的结果，可以推动当地城镇化的有效发展，对于当地农民工弱势群体人力资本积累更是一件利好的举措，这样的举措有助于部分农村贫困家庭通过合理的流动，告别不易人居、发展受限的恶劣环境，从而在一定程度上可以遏制部分农村贫困家庭贫困代际传递的发生。

### 6.2.3 基于社会资本层面的对策思考

#### 6.2.3.1 构建贫困群体社会网络

如前所言，农村贫困群体所处社会最底层，社会地位低微，所处社会网络层级偏低。低层级的社会网络是农村贫困家庭代际扩散的一个重要原因，因此，要截断农村贫困家庭代际传递扩散需要构建贫困群体的社会网络，让贫困群体能够分享社会网络给他们带来的发展机遇与发展能力。整体来看，构建农村贫困群体社会网络可以从以下三个方面考虑：一是切实提高农村贫困家庭应有的人力资本水平。人力资本水平的提高，才有可能把握住相应的发展机会，也才有能力融入更高层级的社会网络。二是加强农村贫困地区组织化建设力度。通过组织化建设（如建立农村扶贫互助组、合作社、社区扶贫服务机构等），发挥组织的力量，农村贫困家庭借助相应的平台和资源融入层级更高社会网络的概率将得到提高。三是构建强势群体与农村贫困家庭互动合作机制，通过该机制的启动（如干部与贫困家庭结对子扶贫、机关事业单位的定点扶贫、东西部地区对口扶贫等），将有助于农村贫困家庭融入更高层级的社会网络，如通过"结穷亲"可以使农村贫困家庭从行政机构、事业单位、社会公益组织以及企业获取一定帮助，从而提高他们的社会网络层级。

#### 6.2.3.2 提高贫困群体组织化程度

我国经过大规模的并组（社）、并村以及乡镇合并调整之后，不少贫困地区组织覆盖能力有限，不少贫困村组甚至处于组织覆盖的盲区。没有组织做后盾和支撑，农村贫困地区的贫困家庭很难截断贫困代际传递扩散的恶性循环链条。提高贫困群体组织化程度可以从以下三个方面考虑：一是夯实贫困地区乡镇一级行政组织建设以及村一级的"两委"建设。结合

## 第6章 中国农村贫困家庭代际传递的治理策略分析

我国国情，需要精简的是县、市（地级）、省级乃至国级部门富余的行政人员，需要加强的恰恰是最基层的乡镇一级组织的力量，乡镇下面需要进一步强化村级"两委"组织力量建设。结合国家财力，做好中央专项转移支付，动态调整和提高贫困地区乡镇一级的公务员的收入水平，进一步提高贫困地区村级一级"两委"工作人员收入水平。从收入保障上确保他们安心工作，只有这样，他们才有可能提高工作效率，提高为基层群众服务的热情和水平，尤其是为农村贫困家庭提供积极周到的服务水平，真正起到扶贫到户到人头的精准扶贫桥头堡作用。二是构建贫困地区贫困家庭与市场对接的中介组织。不少贫困地区有丰富的资源禀赋，但是缺乏必要的信息沟通，很难将资源禀赋优势转化为资本，加速了农村贫困家庭贫困代际扩散的趋势。因此，在农村贫困地区构建该类生产经营中介组织对于减少农村贫困家庭代际传递扩散作用是显而易见的。三是在农村贫困地区，构建真正意义上的为贫困家庭服务的公益性组织。通过公益组织的牵线搭桥，可以有效提高农村贫困家庭融入社会组织的程度，为了确保该类公益性组织的作用，需要加强对该类公益性组织进行监督、约束和考核，让公益回归真正的本色。可以说，农村贫困家庭组织化水平的提高，将会有效减轻农村贫困家庭贫困代际传递扩散的程度。

### 6.2.3.3 搭建贫困群体与社会信任的平台

一般来讲，信任的建立，主要包括两个方面：一是依赖彼此双方的动态性的重复博弈，在此博弈的过程中，彼此之间能够达成相互信任。二是依靠制度，制度包括正规制度和非正规制度。在正规制度、非正规制度引领、约束、惩戒的约束下，有助于人们诚信为人、诚信处事、诚信交易。可见，搭建农村贫困群体与社会信任平台，可以有效地提高农村贫困家庭拥有相应的社会资本，增加家庭获取更高财富水平的能力，对于截断农村贫困家庭代际扩散具有重要意义。搭建贫困群体与社会信任平台可以从以下三个方面考虑：一是加强农村地区贫困家庭群体的诚信引导和教育宣传；二是政府出面担保或者引入第三方组织做担保，积极培育农村贫困家庭的社会信任水平，在贫困家庭遭遇不可抗拒的风险时，经过评估确认对方实在无力偿还欠款时，政府有责任做最后的托底人，以帮助贫困家庭能够参加专业合作社生产经营和龙头企业的农产品深加工原料生产等；三是在不断完善农业银行的"贴息扶贫贷款"政策的同时，农村金融机构可以拿出一部分资金作为专项基金用于农村贫困家庭的生产发展，在一定周期内对农村贫困家庭发展实行免息或者低息政策，权当是"贴息扶贫贷款"或"小额信贷"的一种补充，对于这样做的金融机构应当给予政策性支持和鼓励。

### 6.2.3.4 促进贫困群体的合作发展

对于农村贫困群体来讲，通过合作可以使相关家庭彼此分散的资源得到优化配置，减少冗余生产资料购买，节约相应的资金支出，促进贫困家庭资金积累，用于具有较高经济回报率方面的投资，从而提高家庭产出水平。从某种角度而言，合作增进了农村贫困家庭的劳动生产力，因此，通过合作，农村贫困群体将会分享到合作带来的效率以及合作带来的剩余。农村贫困地区特殊的人文地理环境，切实需要促进贫困群体的合作发展，通过合作发展降低贫困群体的发展风险，截断农村贫困群体贫困代际传递扩散的链条。如何才能促进贫困群体的合作发展？需要从四个方面入手：一是贫困家庭之间的合作。贫困家庭之间的合作前提是：贫困家庭所在地的人文环境要得到改进和提高。因此，需要加大宣传力度，提高大家的团结意识、合作意识。乡镇一级的相关职能部门需要做好这方面的工作，村级基层组织需要发挥排头兵、桥头堡的作用。二是贫困家庭与富裕家庭之间的合作。在农村地区，有的贫困家庭物质资本欠缺但是劳动力丰富，有的富裕家庭物质资本丰富但是往往缺乏劳动力，因此，需要通过社会力量以及行政力量来促成这两类家庭彼此之间的合作，则彼此双方的福利水平都将得到提高，农村贫困家庭代际传递的扩散将会得到遏制。三是对农村在组建各类经济合作组织时，政府要鼓励将贫困家庭纳入合作组织，并按照纳入贫困家庭的数量多少，在资金、技术、培训等方面予以扶持。四是构建农村贫困家庭与各类扶贫机构、公益性组织的合作机制。通过该合作机制，贫困家庭有可能获取相关机构及公益性组织所提供的资金支持、技术支持和技能培训，可以更大程度地缓解农村贫困家庭代际传递的扩散。

### 6.2.3.5 扶持贫困群体的互惠互利

从第2章、第4章的有关论述知道，互惠互利能够形成稳定的人际往来，互惠互利能够形成稳定的交易关系，互惠互利能够达到交易者之间的利益均衡，互惠互利能够促进稳定的信任关系、合作关系以及伙伴关系。农村贫困家庭若能够分享互惠互利带来的经济价值的外溢性，对于截断农村贫困家庭贫困代际传递的扩散是必要的。可从以下六个方面构建有助于农村贫困群体的互惠互利：一是构建农村贫困家庭之间的互惠互利关系；

## 第 6 章 中国农村贫困家庭代际传递的治理策略分析

二是构建贫困家庭与富裕家庭之间的互惠互利关系；三是构建农村贫困家庭与农村金融机构之间的互惠互利关系；四是构建农村贫困家庭与涉农企业之间的互惠互利关系；五是构建农村贫困家庭与扶贫机构之间的互惠互利关系；六是构建农村贫困家庭与公益性组织之间的互惠互利关系。以上六个方面关系的确立和实质性运转，需要政府、有关部门和公益性组织牵头，扎实开展与互惠互利有关的宣传、发起、沟通以及达成等工作，需要加大对基层政府部门与此相关的考核力度，尤其是要加大扶贫机构的考核力度，借助行政力量及社会力量促成农村贫困群体分享到互惠互利带来的便捷、便利和经济价值增值的好处。

### 6.2.4 基于公共服务层面的对策思考

#### 6.2.4.1 完善政府公共服务职能建设，健全公共服务体系建设

公共服务的发展是一个社会健康发展、有序发展、和谐发展的内涵所在，公共服务的资金来源是全体纳税人，公共服务理应覆盖到更多的群体。西方发达国家的公共服务建设可以为我们国家提供一定的参照借鉴，公共服务一定要体现出公共服务的本质内涵。纵向来看，政府公共职能建设虽然迈出了关键性的步伐，公共服务的能力和水平都有相当程度的提高，但是社会整体上公共服务仍然显得不足；横向来看，与发达国家相比，我国的公共服务水平显得尤为不足，即或是与同为发展中的不少发展中国家相比，我国的公共服务水平更需要提升。提升农村地区的公共服务水平是当前和今后一段时期内最为迫切的民生需求之一，国家需要统筹规划，提高转移支付的力度和水平，对农村地区尤其是农村贫困地区，要做到与经济社会发展水平相协调的公共服务体系建设，建立健全农村教育、就业、人口迁移、住房改建、医疗卫生保健、生态环境保护等公共服务工作体系，此举对于遏制农村贫困家庭代际传递具有根本性的影响作用。

#### 6.2.4.2 农村保障网络的建设是贫困家庭"安居乐业"的关键所在

在城市化、工业化的发展过程中，必须搞好社会保障配套建设，才能有效降低社会隐患的风险。社会保障制度的健全是城市化、工业化持续良性科学发展的坚实基础，更是农村社会稳定的保障。社会保障网络的构建能够有效分散农村贫困家庭的风险，可以使贫困家庭把有限的资金用于生产发展、人力资本提升，有效规避社会系统性风险给他们所带来的灭顶之灾。为此，要构建好相对完善的农村社会保障体系网络，要确保农村地区

的最低生活保障、医疗保障、养老保障、住房保障、饮用水安全保障等民生基本保障。其中，最低生活保障要根据经济社会发展的变化，动态调整和提高保障金额。

总体而言，我国已经面临"中等收入陷阱"挑战，如何有效跨越这个区间，启动农村消费市场是个关键，需要大力发展农村社会保障体系建设，消除农村居民的后顾之忧，提高农民的收入水平，增加农村贫困群体的购买力，只有这样不仅扩大内需、维持经济持续增长，而且能避免跌入贫困陷阱；所以，有效截断农村贫困家庭代际传递链条，农村社会保障网络的建设则是"定海神针"。

### 6.2.4.3 继续加强人口计划生育服务工作，有效遏制农村贫困家庭代际传递发生

第一，高度重视出生人口素质。出生人口素质既关系到每个家庭的幸福，也关系整个社会的发展。自从《婚姻登记条例》颁布实施后，婚前检查的数量大为减少，这就务必需要通过宣传教育使人民群众高度重视出生人口素质问题，动员相关部门密切配合，简化程序、降低收费标准和开展上门服务等措施，引导群众自觉实行婚检，把好优生第一关。要深入开展优生优育降低出生缺陷发生。

第二，在农村地区把"关爱女孩行动"和"救助贫困母亲活动"常态化。通过全社会的广泛参与与行动，让男女平等的理念深入人心，特别是要创造条件保证偏远、贫困地区女孩100%的入学率和九年义务教育的完成。结合全国部分地区"重男轻女"思想的客观存在，针对女性在就业中所遭受的性别歧视以及所占就业比例较低的状况，结合女性自身特点，建议由妇联牵头，其他部门积极配合，有针对性地、系统地开展贫困女性继续教育和职业教育活动，尤其是要加大对中西部地区农村贫困地区的女性继续教育和职业教育活动，使这项活动制度化、常态化。

第三，保持男女性别结构平衡，是人口再生产的客观规律，也是维护社会稳定的基本前提。目前，我国人口性别比总体虽趋于正常范围，但区域之间性别情况差异较大，农村贫困地区的性别比偏高，从某种程度上表明传统的"养儿防老"的家庭保障观念在贫困家庭中还普遍存在，这种思想观念在短时间内不会得到有效改观，为此，全社会应该清醒地认识到治理出生人口性别比偏高依旧是一项长期、艰巨的工作。要充分认识到治理出生人口性别是促进人口均衡发展的自然基础。

# 第6章 中国农村贫困家庭代际传递的治理策略分析

以上三点对于遏制农村贫困地区贫困家庭代际传递的发生、扩散作用是不可低估的。

### 6.2.5 基于其他层面的对策思考

#### 6.2.5.1 加大贫困地区政府反贫困绩效考核力度，构建扶贫工作失职或不作为的问责制度

市场经济不是万能的，市场经济有其自身的缺陷和不足，需要政府科学地进行干预。贫困地区党政干部带领群众脱贫致富是其工作中的重点，对于贫困地区党政干部的考核要把反贫困绩效作为考核的重点，中国的国情决定了行政力量的有效介入反贫困是比较有效率的，除了加大贫困地区党政干部的反贫困绩效的考核力度之外，应该探索和建立扶贫工作失职或不作为的制度，将扶贫工作绩效纳入对干部升迁降用的考察指标中。贫困是一个动态的过程，经济无论多么发达，相对贫困必定存在，而人与人之间能力的异质性以及其他综合因素所导致的相对贫困是无法避免的，因此，构建扶贫工作绩效的考核问责制度是必要的。

#### 6.2.5.2 合理科学的扶贫制度安排是截断农村贫困家庭代际传递的必然选择

截断农村贫困家庭代际传递是一项任务艰巨、意义深远的时代使命。由于反贫困是一项涉及不同部门不同目标的系统工程，各部门基于各自的部门利益考量和各自职责不同，在面对反贫困目标对象时很容易出现政出多门、互相扯皮现象，这样将降低反贫困目标效率的实现，对此我们要有清醒的认识。需要根据实践当中出现的新情况、新问题、新挑战，政府部门在制定反贫困政策时应该充分调研，多方听取，统筹兼顾，多方协调，前瞻性地预测和应对将要出现的不利局面，通过合理的反贫困制度安排，过滤掉反贫困中出现的行政低效率、资源消耗浪费、挪用挤占专项扶贫资金等各种违法违规现象，避免和杜绝利用政策倒挂的不良制度安排而挑战我国深度反贫困大业的推进，促使我国的反贫困事业走上可持续的发展道路，实实在在地提高贫困家庭的经济福利、社会福利，让贫困代际传递不再发生或减少发生。

## 6.3 研究展望

中国农村贫困家庭代际传递研究具有较强的理论和现实意义，本书的

研究是中国贫困问题系列研究中的一部分,这部分涉及的贫困对象是反贫困的难点和"瓶颈",本书的研究涉及的学科较多,要想达到较高的研究成果存在一定的难度。农村贫困家庭在东部地区、中部地区以及西部地区都客观存在,尽管主要分布在中西部地区,但是获取详细的数据存在很大的难度,因此,有些研究结论只能说是比较接近真实的边界和方向。中国农村贫困家庭的精准扶贫和有效截断贫困代际传递的链条,需要大量调查研究,尤其计量分析需要准确翔实的时间序列数据和动态面板数据。

为了更好地把本书研究项目深入下去,综合来看需要考虑如下三个方面:

第一,组建研究团队,分工合作。本书研究项目属于宏观、中观和微观三观结合的领域,涉及的区域广泛、学科较多,因此,要想达到理想的研究成果,需要组建研究团队,研究团队由具有经济学、管理学、社会学、伦理学、人口学、地理学以及历史学等学科背景的人员组成。

第二,争取扶贫机构的支持,建立相关资料数据库。基于中国国情,要想把中国农村贫困家庭代际传递与治理研究深入下去,需要得到扶贫机构的支持,这样可以确保调研的深入和调研工作的开展,同时有利于节省成本,提高研究成果的产出效率,达到学术研究与政府扶贫需求相匹配。

第三,深化和细化改革开放以来中国农村贫困家庭代际传递的演变历史研究。在本书写作过程中,阅读和参考了大量有关中国贫困家庭代际传递的文献资料,参考和借鉴了国内知名的经济史和经济思想史方面的经典著作,但是,截至目前,对于我国农村贫困家庭代际传递的历史演进尚缺乏较为深入的理论与实证分析。本书对于中国农村贫困家庭代际传递从经济史学的视野做了一定的探索,尚不够深入,笔者期望在今后的研究与写作中能够比较深入地写一本具有更高学术水平的中国农村贫困家庭代际传递与治理方面的著作。

# 参 考 文 献

[1] 毕瑨,高灵芝.城市贫困代际传递的影响因素分析——基于社会流动理论的视角[J].甘肃社会科学,2009(2):16-19.

[2] 于垚.从社会资本角度解读农民工贫困[J].江西蓝天学院学报,2010(12):47-49.

[3] 彭新万.当代中国农村贫困:性质、原因及政策选择——基于社会排斥视角的分析[J].理论与改革,2008(4):71-73.

[4] 刘志,张兴平,董杰.对打破西部农村"贫困文化恶性循环"的思考[J].攀登,2007(5):104-107.

[5] 刘同德.关于打破西部地区贫困恶性循环的思考[J].青海师范大学学报(哲学社会科学版),2005(4):17-20.

[6] 吴莹莹.基于人力资本的代际贫困研究[J].消费导刊,2009(12):96.

[7] 吴海杰.基于社会排斥视角的农村贫困与反贫困新思路[J].经营管理者,2010(6):39-40.

[8] 彭新万.基于社会排斥视角的中国农村长期贫困与消除的政策选择[J].华北电力大学学报(社会科学版),2008(2):48-51.

[9] 谭贤楚,朱力.基于社会转型的贫困问题及其治理[J].前沿,2010(3):140-142.

[10] 王爱君,肖晓荣.家庭贫困与增长——基于代际传递的视角[J].中南财经政法大学学报,2009(4):24-29.

[11] 马新.教育公平对切断贫困代际传递的作用[J].现代教育管理,2009(1):19-22.

[12] 董晓波.农村反贫困战略转向研究——从单一开发式扶贫向综合反贫困转变[J].社会保障研究,2010(8):151-179.

[13] 林闽钢,张瑞利.农村贫困家庭代际传递研究——基于CLMN数据的分析[J].农业技术经济,2012(1):29-35.

[14] 王爱君. 女性贫困、代际传递与和谐增长 [J]. 财经科学, 2009 (6): 47-54.

[15] 张兵. 贫困代际传递理论发展轨迹及其趋向 [J]. 理论学刊, 2008 (4): 46-49.

[16] 李晓明. 贫困代际传递理论述评 [J]. 广西青年干部学院学报, 2006 (3): 75-84.

[17] 谢勇, 李放. 贫困代际间传递的实证研究——以南京市为例 [J]. 贵州财经学院学报, 2008 (1): 94-97.

[18] 李晨, 曾月. 贫困文化在农民工及其子女群体中的代际传递及影响 [J]. 经济论坛, 2013 (7): 165-169.

[19] 王瑾. 破解中国贫困代际传递的路径探析 [J]. 社会主义研究, 2008 (1): 119-122.

[20] 林福美, 向黎明, 陈全功. 山区少数民族贫困代际传递研究——以宣恩县为例 [J]. 民族论坛, 2014 (2): 52-55.

[21] 银平均. 社会排斥视角下的中国农村贫困 [J]. 思想战线, 2007 (1): 11-19.

[22] 张爽, 陆铭, 章元. 社会资本的作用随市场化进程减弱还是加强？——来自中国农村贫困的实证研究 [J]. 经济学（季刊）, 2007 (1): 539-560.

[23] 周莹洁. 提高城市贫困者的脱贫能力——从社会资本角度看城市反贫困 [J]. 黑河学刊, 2007 (9): 132-134.

[24] 肖冬平. 我国农村贫困代际传递的成因探析——一个社会资本的视角 [J]. 湖南涉外经济学院学报, 2008 (3): 7-12.

[25] 李昕. 我国农村贫困代际传递的机制分析 [J]. 郑州轻工业学院学报（社会科学版）, 2011 (2): 66-71.

[26] 李晓明. 我国山区少数民族农民贫困代际传递的基本特征 [J]. 内蒙古社会科学（汉文版）, 2005 (11): 150-152.

[27] 陈文江, 杨延娜. 西部农村地区贫困代际传递的社会学研究——以甘肃M县四个村为例 [J]. 甘肃社会科学, 2010 (4): 18-23.

[28] 甘露. 西部欠发达地区农村贫困的致因分析——基于贫困代际传递论与贫困陷阱论比较 [J]. 延边大学学报（社会科学版）, 2010 (4): 117-120.

[29] 郭利芳，陈顺强. 彝区农村贫困代际传递的影响因素分析——基于文化理论的视角 [J]. 中国科技投资, 2013 (9): 242-243.

[30] 何笑笑. 义务后教育公平: 打破农民工贫困代际传递关键环节 [J]. 中国证券期货, 2011 (10): 224-225.

[31] 朱玲. 在生命的起点阻止贫穷的代际传递 [J]. 中国人口科学, 2008 (1): 31-36.

[32] 张立冬. 中国农村贫困代际传递实证研究 [J]. 中国人口·资源与环境, 2013 (6): 45-49.

[33] 韩春. 中国农村贫困代际传递问题根源探究 [J]. 经济研究导刊, 2010 (16): 46-48.

[34] 陈云凡. 中国未成年人贫困影响因素分析 [J]. 中国人口科学, 2009 (4): 71-80.

[35] 陈全功，程蹊. 子女教育、代际支持与家庭贫困的变动——基于14省区农村住户调查数据的分析 [J]. 华中科技大学学报（社会科学版）, 2007 (4): 86-90.

[36] 陈全功，程蹊. 子女教育、代际支持与家庭贫困的变动 [J]. 市场与人口分析, 2007 (3): 77-82.

[37] 陈全功，程蹊. 子女教育与家庭贫困的代际变动 [J]. 西北人口, 2007 (5): 36-38.

[38] 何石军，黄桂田. 中国社会的代际收入流动性趋势: 2000~2009 [J]. 金融研究, 2013 (2): 19-32.

[39] 杜雯雯，曹乾. 贫困、收入差距与城镇居民健康 [J]. 人口与经济, 2009 (4): 8-12.

[40] 朱农，骆许蓓. 收入增长、不平等和贫困——中国健康与营养调查数据分析 [J]. 中国人口科学, 2008 (2): 12-23.

[41] 唐青叶. "贫困"的多模态表征 [J]. 北京科技大学学报（社会科学版）, 2012 (12): 60-66.

[42] 姚毅. 城乡贫困动态演化的实证研究——基于家庭微观面板数据的解读 [J]. 财经科学, 2012 (5): 99-108.

[43] 周亚虹，许玲丽，夏正青. 从农村职业教育看人力资本对农村家庭的贡献——基于苏北农村家庭微观数据的实证分析 [J]. 经济研究, 2010 (10): 55-65.

[44] 杨立雄. 从人道到人权：穷人权利的演变——兼论最低生活保障制度实施过程中存在的问题 [J]. 湖南师范大学社会科学学报, 2003 (5)：50-54.

[45] 雷勇, 王明黔, 柴莹. 贵州省农村妇女贫困与反贫困问题研究 [J]. 经营管理者, 2012 (1)：17-18.

[46] 陈亚萍. 论多生、超生与农民贫困 [J]. 人口与经济, 2006 (6)：22-25.

[47] 彭干梓. 论中国农民的贫困与农村的积弱 [J]. 湖南农业大学学报 (社会科学版), 2000 (6)：19-22.

[48] 叶普万, 周明. 农民工贫困：一个基于托达罗模型的分析框架 [J]. 管理世界, 2008 (9)：174-176.

[49] 樊勇. 贫富问题探源 [J]. 理论学刊, 2003 (11)：50-53.

[50] 丁冬, 王秀华, 郑凤田. 社会资本、农户福利与贫困——基于河南省农户调查数据 [J]. 中国人口·资源与环境, 2013 (7)：122-128.

[51] 姚毅. 社会资本视角下贫困问题研究的文献综述 [J]. 甘肃农业, 2011 (10)：11-13.

[52] 王朝明, 胡棋智. 收入流动性测度研究述评 [J]. 南开经济研究, 2008 (3)：131-151.

[53] 解垩. 私人转移支付与农村反贫困 [J]. 中国人口科学, 2010 (5)：13-23.

[54] 李金铮. 题同释异：中国近代农民何以贫困 [J]. 江海学刊, 2013 (2)：160-168.

[55] 徐平华. 西部农村反贫困与农业剩余劳动力转移 [J]. 当代经济研究, 2006 (6)：59-61.

[56] 杨希玲. 新生代农民工贫困代际传承对策分析 [J]. 农业经济, 2012 (4)：50-52.

[57] 齐良书. 新型农村合作医疗的减贫、增收和再分配效果研究 [J]. 数量经济技术经济研究, 2011 (8)：35-52.

[58] 李学术, 徐天祥. 云南省少数民族贫困地区农户生态经济行为研究：现状与构想 [J]. 云南财经大学学报, 2006 (10)：62-67.

[59] 姚毅, 王朝明. 中国城市贫困发生机制的解读——基于经济增长、人力资本和社会资本的视角 [J]. 财贸经济, 2010 (10)：106-113.

[60] 潘从文，胡棋智. 中国城乡低收入动态的实证研究——基于收入流动性分析的视角 [J]. 中国经济问题，2010 (5)：31-41.

[61] 王朝明，姚毅. 中国城乡贫困动态演化的实证研究：1990~2005 年 [J]. 数量经济技术经济研究，2010 (3)：3-15.

[62] 王洪亮，刘志彪，孙文华，胡棋智. 中国居民获取收入的机会是否公平：基于收入流动性的微观计量 [J]. 世界经济，2012 (1)：114-143.

[63] 周恩静，胡棋智. 中国农村贫困居民收入流动性研究 [J]. 人口学刊，2011 (3)：37-46.

[64] 白帆，林燕，胡棋智. 中国农村贫困状态依赖的实证研究——基于收入流动性分析视角 [J]. 软科学，2011 (7)：81-86.

[65] 王朝明，胡棋智. 中国收入流动性实证研究：基于多种指标测度 [J]. 管理世界，2008 (10)：30-40.

[66] 李君甫. 走向终结的村——山区人口流失、社会衰微与扶贫政策思考 [J]. 理论导刊，2006 (5)：41-43.

[67] 王朝明，周宗社. 就业流动人口收入差距影响因素的模型估计与政策含义——基于重庆的经验数据 [J]. 天府新论，2015 (1)：117-124.

[68] 贺东航，孔繁斌. 公共政策执行的中国经验 [J]. 中国社会科学，2011 (5)：61-79.

[69] 李演萍，涂乙冬. 组织公民行为的价值取向研究 [J]. 管理世界，2011 (5)：1-7.

[70] 杨文，孙蚌珠，王学龙. 中国农村家庭脆弱性的测量与分解 [J]. 经济研究，2012 (4)：40-51.

[71] 程令国，张晔. "新农合"：经济绩效还是健康绩效？[J]. 经济研究，2012 (1)：120-133.

[72] 王俊，龚强，王威. "老龄健康"的经济学研究 [J]. 经济研究，2012 (1)：134-150.

[73] 曾红颖. 我国基本公共服务均等化标准体系及转移支付效果评价 [J]. 经济研究，2012 (6)：20-32.

[74] 王弟海. 健康人力资本、经济增长和贫困陷阱 [J]. 经济研究，2012 (6)：143-155.

[75] 罗楚亮. 经济增长、收入差距与农村贫困 [J]. 经济研究，2012 (2)：15-27.

[76] 白重恩,李宏彬,吴斌珍. 医疗保险与消费:来自新型农村合作医疗的证据 [J]. 经济研究,2012 (2):41-53.

[77] 叶德珠,连玉君,黄有光,李东辉. 消费文化、认知偏差与消费行为偏差 [J]. 经济研究,2012 (2):80-92.

[78] 黄凯南. 不完全合同理论的新视角——基于演化经济学的分析 [J]. 经济研究,2012 (2):133-145.

[79] 张勋,刘晓光,樊纲. 农业劳动力转移与家户储蓄率上升 [J]. 经济研究,2014 (4):130-142.

[80] 黄玖立,冼国民,吴敏,严兵. 学校教育与比较优势:解构作为渠道的技能 [J]. 经济研究,2014 (4):172-186.

[81] 李实,万海远. 劳动力市场培育与中等收入陷阱 [J]. 经济研究,2014 (4):187-191.

[82] 邹铁钉,叶航. 形式公平与运行效率的替代效应 [J]. 经济研究,2014 (3):115-129.

[83] 王明珠,徐梦娜,王河森. 利他行为能够降低代理成本吗?——基于家族企业中亲缘利他行为的实证研究 [J]. 经济研究,2014 (3):144-157.

[84] 武延方,夏刚. 城镇化驱动下的区域经济发展——中国城镇化与区域经济发展国际研讨会综述 [J]. 经济研究,2014 (3):185-189.

[85] 何兴强,史卫. 健康风险与城镇居民家庭消费 [J]. 经济研究,2014 (5):34-48.

[86] 章元,许庆,邬璟璟. 一个农业人口大国的工业化之路:中国降低农村贫困的经验 [J]. 经济研究,2012 (11):76-87.

[87] 严成梁. 社会资本、创新与长期经济增长 [J]. 经济研究,2012 (11):48-60.

[88] 罗德明,李晔,史晋川. 要素市场扭曲、资源错置与生产率 [J]. 经济研究,2012 (3):4-14.

[89] 臧文斌,刘国恩,徐菲,熊先军. 中国城镇居民基本医疗保险对家庭消费的影响 [J]. 经济研究,2012 (7):75-85.

[90] 余向华,陈雪娟. 中国劳动力市场的户籍分割效应及其变迁——工资差异与机会差异双重视角下的实证研究 [J]. 经济研究,2012 (12):97-110.

[91] 刘生龙，胡鞍钢，郎晓娟．预期寿命与中国家庭储蓄［J］．经济研究，2012（8）：107-117．

[92] 陈维涛，王永进，李坤望．地区出口企业生产率、二元劳动力市场与中国的人力资本积累［J］．经济研究，2014（1）：83-96．

[93] 孙三百，黄薇，洪俊杰，王春华．城市规模、幸福感与移民空间优化［J］．经济研究，2014（1）：97-111．

[94] 欧阳葵，王国成．社会福利函数与收入不平等的度量——一个罗尔斯主义视角［J］．经济研究，2014（2）：87-100．

[95] 陈飞，卢建词．收入增长与分配解构扭曲的农村减贫效应研究［J］．经济研究，2014（2）：101-114．

[96] 王永钦，刘思远，杜巨澜．信任品市场的竞争效应与传染效应：理论和基于中国食品行业的事件研究［J］．经济研究，2014（2）：141-54．

[97] 钞小静，沈坤荣．城乡收入差距、劳动力质量与中国经济增长［J］．经济研究，2014（6）：30-43．

[98] 雷潇雨，龚六堂．城镇化对于居民消费率的影响：理论模型与实证分析［J］．经济研究，2014（6）：44-57．

[99] 才国伟，刘剑雄．收入风险、融资约束与人力资本积累［J］．经济研究，2014（7）：67-80．

[100] 周晔馨，涂勤，胡必亮．惩罚、社会资本与条件合作——基于传统试验和人为田野实验的对比研究［J］．经济研究，2014（10）：125-136．

[101] 王朝明，郭红娟．社会资本视阈下城市贫困家庭的社会支持网络分析——来自四川省城市社区的经验证据［J］．天府新论，2010（1）：103-109．

[102] 王朝明．社会资本与贫困：一个理论框架的解释［J］．当代经济，2009（9）：11-13．

[103] 王朝明．中国农村30年开发式扶贫：政策实践与理论反思［J］．贵州财经学院学报，2008（6）：78-84．

[104] 王朝明．西部城市反贫困的政策选择［J］．经济体制改革，2002（1）：118-121．

[105] 王朝明．马克思主义贫困理论的创新与发展［J］．当代经济研究，2008（2）：1-7．

[106] 王朝明．矿产资源枯竭城市的贫困问题及其治理［J］．财经科

学, 2003 (4): 61-65.

[107] 王朝明. 邓小平共同富裕思想与城乡扶贫战略 [J]. 电子科技大学学报 (社科版), 2001 (2): 54-57.

[108] 王朝明. 城市化: 农民工边缘性贫困的路径与治理分析 [J]. 社会科学研究, 2005 (3): 119-124.

[109] 王朝明. 城市扶贫的一项制度变迁——最低生活保障及其文化伦理约束透析 [J]. 财经科学, 1999 (1): 21-23.

[110] 王朝明. 政府转型与构建和谐社会——兼论社会政策改革的滞后性 [J]. 财经科学, 2006 (1): 99-106.

[111] 王朝明. 中国新贫困问题: 城市贫困的新特征及社会影响 [J]. 人口研究, 2005 (5): 45-52.

[112] 王朝明. 缓解贫困与人文关怀 [J]. 经济学家, 2002 (6): 37-43.

[113] 程民选. 论社会资本的性质与类型 [J]. 学术月刊, 2007 (10): 62-68.

[114] 林闽钢, 张瑞利. 农村贫困家庭代际传递研究——基于CHNS数据的分析 [J]. 农业技术经济, 2012 (1): 29-35.

[115] 王朝明, 周宗社. 就业流动人口收入差距影响因素的模型估计与政策含义——基于重庆的经验数据 [J]. 天府新论, 2015 (1): 117-124.

[116] 周宗社. 人力资本、劳动者权益与迁移意愿调查分析 [J]. 中国劳动, 2015 (7): 19-23.

[117] 王朝明, 申晓梅. 中国21世纪城市反贫困战略研究 [M]. 北京: 中国经济出版社, 2005.

[118] 王朝明, 孙蓉, 聂富强, 王建忠. 社会资本视角下政府反贫困政策绩效管理研究——基于典型社区与村庄的调查数据 [M]. 北京: 经济科学出版社, 2013.

[119] 王朝明, 孙蓉, 聂富强等. 社会资本与城市贫困问题研究——一个理论框架及四川城市社区经验证据的检验 [M]. 成都: 西南财经大学出版社, 2009.

[120] 阿玛蒂亚·森. 以自由看待发展 [M]. 北京: 中国人民大学出版社, 2002.

[121] 西奥多·舒尔茨. 论人力资本投资 [M]. 北京: 北京经济学院

出版社，1992.

[122] 贾根良. 演化经济学——经济学革命的策源地 [M]. 太原：山西人民出版社，2005.

[123] 车维汉. 发展经济学 [M]. 北京：清华大学出版社，2010.

[124] 国家统计局农村社会经济调查司. 2008 中国农村贫困监测报告 [M]. 北京：中国统计出版社，2009.

[125] 国家统计局农村社会经济调查司. 2011 中国农村贫困监测报告 [M]. 北京：中国统计出版社，2012.

[126] 孙晓华. 技术创新与产业演化：理论及实证 [M]. 北京：中国人民大学出版社，2012.

[127] 白瑞雪. 演化经济学与经济学的演进 [M]. 北京：中国人民大学出版社，2012（11）：70.

[128] Evolution and Institutions: On Evolutionary Economics and the Evolution of Economics, Edward Elgar, Cheltenham, 1999.

[129] Baulch, B., McCulloch N., J3eing Poor and J3ecoming Poor: Poverty Status and Poverty transitions in Mural Pakistan. Journal of Asian and African Studies, 2002, 37 (2).

[130] Quisumbing, A. R. better rich, or better there? grandparent wealth, coresidence, and intrahousehold allocation, International food Policy Research lnstitute, 1997.

[131] Yaqub, S. lntertemporal Welfare Dynamics: Background papers Human development report, UNDP, 2001.

[132] Yamano, T., Alderman, H. and Christiaensen L., Child Growth, Shocks, and food Aid in Mural Ethiopia, American Journal of Agricultural Economics 87, 2005.

[133] Behrman, J., Pollak, R., taubman P. From parent to child: intrahousehold allocations and intergenerational Relations in the United States, Universitv of Chicago hress, 1995.

# 致　　谢

　　到西南财大攻读博士学位之前的五年，我一直在重庆市人口和计划生育科学技术研究院工作，工作期间经常到重庆市各区县调研，对重庆市各区（县）的人口学状况比较熟悉，尤其是重庆的渝东北、渝东南地区的贫困给我留下了深刻的印象。生活的砥砺以及工作的经历，内心深处对贫困现象一直比较关注，对贫困群体充满关爱，这是我选择以贫困问题研究为主题进行博士论文写作的一个基础。尽管开始打算围绕人口结构变动与经济发展来进行博士论文写作，然而最终选择了现在成稿的博士论文，也是本书成稿的基础。原因在于，研究中国农村贫困代际传递更有历史和现实意义。我是辞职之后来到西南财经大学攻读博士学位的，在我进入西南财大攻读博士学位之时，我女儿刚刚八个月，整个读博期间是不容易的，我不是一个矫情的人，但是事实不得不让我说出"不容易"三个字，尽管不容易，但我感到充实和满足。博士论文的写作过程是一个既折磨人又让人很实在的过程，不历经风雨怎么能见彩虹。

　　攻读博士学位期间、博士论文开题、写作及答辩得到了导师、老师、同学、前领导、前同事、朋友们以及家人、亲人们的关心、关爱、关怀和无私帮助。因此，借此向你们表达我发自肺腑的致谢。

　　人有旦夕祸福，天有不测风云。授业先师刘志文教授在风华正茂之时，因病不幸离开人世。刘志文教授是一个平易近人、温文尔雅、敦厚朴实、爱岗敬业、师德高尚、与人为善的好人。每每想起刘志文教授讲课、指导、交流的时候，心情特别难受，期盼先师在另一个世界健康平安。怀念先师刘志文教授，致敬先师刘志文教授。

　　论文从选题、构思、写作以及反复修改到最终定稿，都倾注了恩师王朝明教授的大量心血，恩师每一次的当面指导都不会低于三个小时，每一次的电话指导都不低于两个小时，晚上十点之后若有电话铃响，十有八九

# 致 谢

是恩师打来的电话，博士论文初稿恩师足足修改了将近一个月，第一稿几乎每一页都留下了恩师修改的痕迹，修改意见将近15页，我要把博士论文的初稿（恩师修改的）以及恩师给出的将近15页的修改意见永远保存下来，这是一笔催人奋进的精神财富。恩师视野开阔、眼光独到、治学严谨，恩师人格雅致、思想深邃、超凡脱俗，恩师严于律己、宽以待人、率先垂范。敬畏恩师，是因为恩师于无声处的引领；敬畏恩师，是因为恩师恩重如山的教诲；敬畏恩师，是因为恩师拨云见日的导向；敬畏恩师，是因为恩师任劳任怨的育人。近朱者赤、近墨者黑，桃李不言、下自成蹊。

感谢导师组刘灿教授、程民选教授和李萍教授。在博士论文开题的过程中，三位教授对开题中存在的不足提出了修改指导意见；在博士论文初稿形成之后送交三位教授评阅的过程中，三位教授都给出了详细的修改意见和应该注意的问题；在博士论文预答辩的过程中，三位教授都指出了存在的问题和必须注意的事项以及如何进一步完善博士论文的写作给出了很好的建议。三位教授的大气、大度、大爱让学生折服，三位教授的学术思想、学术功底、育人理念让学生钦佩。

在攻读博士学位期间，聆听了一批敬业、务实、志存高远的老师们的传道、授业与解惑，从他（她）们身上我学到了许多终身受益的东西，在此，向老师们致谢。他（她）们是：讲授中国经济史以及中国经济思想史的刘方健教授，讲授高级政治经济学的刘灿教授、李萍教授、蒋南平教授、赵磊教授，讲授高级计量经济学的庞皓教授、史代敏教授、张卫东教授、黎实教授，讲授高级宏观经济学的蔡晓陈副教授、杨海涛教授、刘书祥副教授，讲授高级微观经济学的凌晨博士、邢祖礼副教授、袁正教授、李毅副教授、雷震副教授，讲授经典人口学著作导读的王学义教授，讲授人口学前沿问题研究的杨成刚教授，讲授金融经济学的尹志超教授，讲授金融学经典文献导读的倪克勤教授，讲授应用微观计量经济学的徐舒副教授、马双副教授以及贾男教授，讲授发展经济学的鲁利民教授等。

感谢经济学院王玥老师、王芳老师、蒋学平老师、王敏老师、宋泽和老师等所给予的周到、热情、细致的解答和帮助，谢谢你们！

感谢西南财经大学经济学院的各位领导及老师，感谢西南财经大学研究生院的各位领导和老师，感谢西南财经大学。

令我欣慰和自豪的是，在攻读博士学位期间，认识、结交了一批德才兼备、才华横溢的博士同学，享受到了知识、学问、学术及人格魅力的正外部性，使自己感到充实、富有激情。在此，向他（们）表示感谢。他（她）们是同班同学：李向阳博士、王浩博士、李梦凡博士、马文武博士、王罡博士、于开红博士、张建伟博士、江元博士、赵亮博士、王容梅博士、李昕博士、谢少华博士、赵朋飞博士、丁如曦博士、甄小朋博士、董杨博士、刘朋博士、冯诗杰博士、许君如博士、刘佳博士、韩袈鑫博士、杨英博士、张宝丹博士。他（她）们是师兄（姐）、弟（妹）：韩文龙博士、徐成波博士、张冲博士、苟兴才博士、程莉博士、胡继魁博士、李中秋博士、杜丹博士、朱睿博博士、黄俊兵博士、黄城博士、周充博士、罗显康博士、王德新博士、刘国顺博士等；他（她）们是同级博士：唐恒书博士、冉光圭博士、张桂君博士、冉春芳博士、王瑛博士、李雪博士、桂和清博士、刘绪祚博士、张华泉博士、陈巍博士、颜海波博士、李东坤博士等。

向同门师兄、师弟、师妹致谢。从开题到博士论文定稿，得到了同门马文武博士、李梦凡博士、胡继魁博士、李中秋博士、杜丹博士、张志博士、朱睿博博士、徐成波博士、韩文龙博士的指点和帮助，尤其是得到了朋友加师弟杜丹博士的大力帮助。恩师王朝明教授的同门是一个团结、温馨、和谐、充满人文关怀的团队，作为团队的一员感到欣慰。

感谢重庆市人口和计划生育科学技术研究院的领导们，他（她）们是：李安奇院长、黄邦成书记、刘鸿副院长（已退休）、李杰副院长、赖建伟副院长、王毅副院长（已退休）、冯详林副书记（已退休）、岳平副院长，刘国辉主任、童琦所长、景秀院长、尹光辉院长、张仲焰所长、何杨主任、白亚娟主任、余忠生主任、李连兵主任、马明福所长、周署平所长、焦爽丽所长、李渝君处长、李征科长、官燮科长、陈渝科长（已退休）、陈科科长、郭红梅科长、卓小玲科长、王卫红科长、龙和东科长。

感谢重庆市卫生计生委的相关领导们，他（她）们是：王卫副主任、简丽副主任、蔡宝新副巡视员、徐枫处长、李彤处长、廖永前处长、罗昭红处长、余奇处长、袁礼文处长、冯江调研员、唐松柏处长。

# 致　谢

感谢重庆市人口和计划生育科学技术研究院计划生育技术指导所的同事们，他（她）们是：童琦、曾庆亮、陈渝（已退休）、陈和平、景秀、张志强、焦爽丽、何杨、刘俊、谢红永、陈庆。

感谢原重庆市人口和计划生育委员会发展规划与信息处的同事们，他（她）们是：蔡宝新、张建军、潘广明、蒲王蓉、裴虎、罗凌、杨洋。

家有贤妻良母，什么坎都能够迈过。读博期间，妻子李光春不辞劳苦、任劳任怨、含辛茹苦地养育着我的"小情人""小棉袄"周小炜，孩子乖巧、可爱、调皮、伶俐让我幸福无比。没有妻子光春无与伦比的理解、支持、付出，攻读博士学位的梦想是不可能实现的。向妻子李光春致谢、致歉，向女儿小炜致谢、致歉。

攻读博士研究生期间八十多岁高龄的慈母一直关注着成都、重庆的天气变化，慈母情怀难以言表，博士期间极少有时间回老家湖北秭归陪伴母亲左右，在母亲身边尽到孝道，作为儿子的我深感愧疚。

我的大哥大嫂、二哥二嫂、三哥三嫂、姐夫姐姐、侄子侄女侄媳侄婿、岳父岳母、孩子的舅舅舅妈等亲人们以及杜丹、陈宗宝、吴克波、易开刚、彭恩、谭涛、郑升勇、廖华、涂金忠、董先锋、王飞、李维莉、王恩才、王和平、向仕龙、崔学海、李峰、杨勇、郝亮、董永强、邓军、张秀丽、文敏、刘翠霞、谭灵芝、李雪垠、刘俊、何杨、白亚娟、李征、陈红娟等朋友们均给予了无私的帮助和支持，在此谢谢他（她）们。

人的一生要经历很多驿站，每一个驻足过的驿站都有自己别样和令人感动的风景！

如今，博士毕业进入重庆工商大学社会与公共管理学院已经快两年了。社会与公共管理学院是一个温馨、团结、奋进、充满活力的大家庭，置身于其中，会感受到健康向上的正能量！个人的发展离不开组织提供的平台，没有组织的保障，个人发展注定是空中楼阁！借此本书出版之际，特别感谢重庆工商大学社会与公共管理学院的领导们、同事们。我所在的劳动与社会保障系更是一个温馨的团队，这个团队有家的味道和感觉，置身于这个团队，会让自己忘记烦恼，能够在本团队工作和学习，本人荣幸之至！借此本书出版之际，我特别要感谢我所在系部的同事们，她（他）们是：李晓勤教授、李孜教授、周重阳副教授、侯明喜副教授、纪杰副教授、赖长鸿副教授、唐晓平副教授、袁俊平老师以及吴国锋老师。

重庆工商大学社会与公共管理学院特别注重学科建设与发展，特别注重科学研究。本书出版，得到了2018年重庆市"三特行动计划"特色专业——劳动与社会保障专业、2017年重庆市"特色学科专业群"——社会学专业群、重庆工商大学人口发展与政策研究中心和重庆工商大学社会学西部研究基地资助，借本书出版之际，在此深表谢忱。

此专著参阅和引用了相关作者的观点以及部分引述，在此深表感谢。

爱是一种力量，爱是一种责任，爱是一种追求，爱是一种指南。新的人生已经开启，把小爱与大爱融合起来，让人生尽量出彩。做一个传递正能量的人，不亵渎爱、不折腾爱、不让爱贬值。

周宗社

2018年3月26日于重庆工商大学